KB108609

오묘한 삶의 길 ②

한이라면 덕으로 갚아라

老子 오묘한 삶의 길 ②
한이라면 덕으로 갚아라

지은이 윤재근
펴낸이 양동현
펴낸곳 도서출판 나들목
　　　　출판등록 제6-483호
　　　　주소 136-034, 서울 성북구 동소문로13가길 27번지
　　　　전화 02) 927-2345 팩스 02) 927-3199

초판 1쇄 발행 2004년 1월 10일
초판 3쇄 발행 2014년 3월 10일

ISBN 978-89-90517-15-9 / 04150
　　　 978-89-90517-11-7(전 3권)

ⓒ 나들목, 2004

잘못 만들어진 책은 구입한 곳에서 바꾸어 드립니다.

www.iacademybook.com

노자

오묘한 삶의 길 ②

한이라면 덕으로 갚아라

윤재근 지음

나들목

"《노자老子》라는 책이 왜 현대인에게 필요할까? 현대인이 자신을 돌이켜 보고 자신의 삶을 어긋나지 않게 하는 열쇠를 마련해 주는 까닭이다. 노자老子의 말을 들으면 막힌 것이 뚫리고 닫힌 것이 열리며 얽힌 것이 풀리는 생존의 지혜를 만날 수가 있다."

만 십 년 전에 《노자》를 펴내면서 붙였던 1권 머리말의 앞부분이다. 그때 했던 말을 복간復刊 서문 앞머리에 그대로 옮겨 두고자 한다. 십 년 전 초판 머리말에서 밝혔던 바람을 다시 반복해 두고 싶다. 오히려 《노자》를 더 권하고 싶은 생각이 강해졌을 뿐이다. 미래를 창조하라는 시대가 현실로 다가와 열렸기 때문이다.

21세기를 살아갈 사람들이 노자의 말씀을 귀 기울여 듣고 명지明智와 강력强力의 삶을 누릴 수 있는 열쇠를 누구나 나름대로 찾아 헤아릴 수 있다고 본다. 그리고 소사과욕少私寡欲하고 보원이덕報怨以德하라는 노자의 말씀만이라도 새겨들으면 삶이 밝아지기 시작한다. 이기심利己心만으로 삶을 묶어 가려는 현대인의 속셈을 한마디로 파헤쳐 매듭을 풀어 보게 한다.

명지가 잘 어우러져야 삶이 낙낙하고 너그럽다. 명明이란 '내가 나를 살펴 알아내는 마음'이다. 그런 마음을 밝다〔明〕고 한다. 지智는

'내가 남을 살펴 알아내는 마음'이다. 그런 마음을 일러 잘 안다(智)라고 한다. 그래서 명을 마음속이라 하고 지를 마음 밖이라고 한다. 현대인은 명은 내버려두고 지만을 밝히려고 덤빈다. 이런 까닭으로 현대인은 속은 어두운데 바깥만 훤하게 하려고 한다. 노자의 말씀을 들으면 그런 삶이 얼마나 무겁고 괴로운지 알게 된다.

강력이 잘 어우러져야 삶이 부드럽고 부럽다. 강強이란 '내가 나를 이겨내는 힘'이다. 말하자면 공자孔子가 바란 극기克己가 바로 강이다. 그런 힘을 굳세다(强)라고 한다. 역力이란 '내가 남을 이겨내는 힘'이다. 그런 힘을 세차다(力)라고 한다. 현대인은 강을 저버리고 역만을 치우쳐 쫓기 때문에 마치 삶을 싸움터처럼 여기고 하루하루를 살아가는 꼴이다. 이 얼마나 고달픈가. 세찬 사람은 사납다. 겉으로는 세련돼 보이지만 속내에는 밀림의 법칙이란 노림수를 숨겨두고 살기 쉽다. 노자의 말씀을 들으면 그런 사나움이 얼마나 부끄러운 속임수인지를 깨우치게 된다.

《노자》를 만나면 천지天地와 더불어 하나 되어 살아야 하는 이치를 터득할 수가 있다. 현대인이 천지를 어머니 품안처럼 여기고 만물이 다 같은 목숨을 누린다는 상덕上德을 되살려 주는 노자의 말씀을 귀담아 듣기만 하면 왜 생명이 물질보다 소중한지도 깨우칠 수 있다. 우리는 편히 살자고 발버둥치면서도 그 결과는 오히려 꽁꽁 묶여 사는 처지라는 것을 발견하고 뉘우치곤 한다. 이는 소사과욕을 멀리하고 보원이덕을 잊어버린 탓이다. 나를 적게 하면(少私) 욕심이 줄고(寡欲) 원한은(怨) 덕으로써(以德) 갚아라(報). 그러면 삶이 소박하고 수수할 지언정 마음은 하염없이 편하게 하는 것임을 노자가 일깨워 준다. 그래서 노자는 성인聖人이지 철인哲人이 아니란 생각이다.

사람이 왜 우주 삼라만상과 더불어 한 목숨을 서로 나누며 같이 살아가야 하는지를 깨우치게 하는 선생은 성인만 감당한다. 노자는 그런 성인으로서는 으뜸이란 생각이다. 그래서 십 년 전 초판 머리말 끝에 이런 말을 했었다.

  "참으로 노자는 우리를 아주 작게 하면서도 아주 크게 해 준다. 그리고 노자는 우리들이 겪는 생존의 감방을 잠궈 둔 자물쇠를 열고 나올 수 있도록 열쇠를 우리 스스로 만들 수 있게 하는 비밀을 터 준다."

  이 끝말을 다시금 되풀이해 두고 싶다. 이번 《노자》세 권의 복간에서 단지 2·3권의 제목만 바꾸고 내용은 그대로 두고자 한다. 이런 뜻을 성큼 받아들여 복간을 허락해 준 나들목 양동현 사장님이 고맙다.

  2004년 1월

　몸이 아프면 병원을 찾는다. 그러나 마음이 아프면 어디 가서 그 아픔을 고치거나 달랠 수 있을까? 사람에 따라 다를 수 있을 것이다. 마음이 아프면 절에 가서 부처님께 비는 사람도 있을 것이고, 교회당에 나가 하나님께 기도하는 사람도 있을 것이다. 그 아픔이 심해 병이 되면 정신병원을 찾는 경우도 있을 것이다. 그러나 노자老子를 만나도 된다.

　인생을 고苦라고 한 것은 산다는 일이 욕심대로 되지 않음을 뜻하는 것이 아닌가! 그렇다고 세상을 탓할 것은 없다. 저마다 가슴속에 숨겨 두고 사는 욕심 탓으로 세상이 뜻대로 되지 않을 뿐이다. 욕심을 줄이면 그만큼 세상은 뜻대로 열릴 수 있다. 하지만 사람은 제 욕심을 버리지 못하는 탓으로 마음을 썩여 삭게도 하고 애를 끓여 태우기도 한다. 그래서 마음이 아픔을 당하고 병을 얻는다.

　성취의 세상일수록 욕심을 줄이는 치료법을 가르쳐 줄 선생이 필요하다. 세상은 날마다 우리를 욕심 부리게 하지만 그 갈증을 풀어 주지는 않는다. 욕심을 부리면 부릴수록 세상은 우리를 희롱하고 심하면 험하게 내팽개친다. 그러므로 내 욕심을 앞세워 세상을 짝사랑하는 것은 겹으로 자신을 괴롭히는 것과 같다.

마음이 아프지 않고 편하려면 욕심을 줄이면 된다. 그러나 욕심을 줄이는 치료는 쉽지가 않다. 그래서 선생을 잘 만나야 하는 것이다. 세상을 둘 흐르듯이 맞이하면 훈훈하고 넉넉하다. 억지를 부리면 세상은 점점 더 옹색해진다. 막막하고 답답한 것은 나 스스로 풀어야 한다. 마음을 편하게 하는 데는 약물藥物이 소용없다. 수면제를 먹고 잠을 자는 사람은 내일 밤 잠을 자기 위해서 또 약을 먹어야 하는데 이것이 반복되면 아편쟁이처럼 되게 마련이다. 스스로 제 마음을 편하게 해야 한다. 그렇게 할 수 있는 비법을 노자는 가르쳐 준다.

노자를 만나 이야기를 나누면 무겁던 마음이 가벼워지고 좁던 마음이 넓어지며 어둡던 마음이 밝아 온다. 그리고 마음을 졸이고 아프게 했던 일들이 안개처럼 걷히어 마음에 햇살이 내린다. 그것은 참으로 저마다 스스로 만나는 행복이다. 행복이 무엇이란 말인가? 그것은 자유요, 만족이 아닌가! 노자는 그렇게 되는 길을 조용히 터 준다.

윤재근

■ 차례

서 론

막힌 골목에서 되돌아 나와라

춘추 전국春秋戰國 시대에 왜 수많은 사상가들이 출현했을까? 아마도 인간이 생존의 벼랑 끝에 서 있다는 위기감 때문이었을 것이다. 수백 년에 걸쳐 수없이 많은 나라들이 나타나고 사라지면서 전쟁이 하루도 멈출 날이 없었던 춘추 전국 시대를 극복하기 위하여 사상가들은 저마다 처방을 내리고 있었다. 노자老子도 그러한 사상가 중의 하나였다.

그러나 공자孔子와 더불어 노자의 사상은 사라지지 않고 동양적 사고의 밑바탕을 이루고 있다. 공자는 인간을 인의仁義로 다스려야 한다고 했고 노자는 인간을 자연自然으로 되돌려 놓아야 한다고 했다. 그래서 공자는 무엇보다 자기를 먼저 부끄럽지 않도록 닦으라〔修己〕고 했으며 노자는 먼저 자기를 걸림 없이 버리라〔舍己〕고 충고했다. 이와 같은 두 선생의 말씀은 앞으로 더욱더 절실해질 것이다.

앞으로는 비단 총칼이 아니더라도 과거의 것보다 더 가공할 전쟁의 생리가 인간의 생존을 지배할 것이기 때문이다. 그리고 이 전쟁의 생리가 인간이란 집단으로 나타나는 것이 아니라 개인 단위로 전개되리라는 징후들이 너무나 짙다. 바야흐로 인간은 무엇보다 우선 자신을 다스리는 일에 나서야 한다.

사람의 문제는 사람이 다스려야 한다고 보았던 공자와는 달리 노자는 그렇게 할수록 상처만 더 깊어질 뿐이므로 인간을 자연이 되게 해야 한다고 보았다. 그래서 공자는 먼저 나를 닦은 다음 남을 다스릴 것(修己治人)을 앞세웠고 노자는 사람을 다스려 하늘을 섬길 것(治人事天)을 제시했다.

공자는 인간의 문화文化를 믿었고 노자는 자연自然을 믿었다. 문화는 인간의 뜻에 따라 인간에 의해서 생존의 변화를 거듭해야 한다는 것이고 자연은 인간이면 인간 그대로 생존하려고 해야지 인간을 만물과 다르다고 여기는 것이 곧 인간의 아픔을 빚어낸다고 보았다. 이러한 노자의 생각을 포일 사상抱—思想이라고 기억해도 될 것이다.

포일抱—은 자연의 도에 안긴다는 뜻으로 새기면 된다. 자연의 도는 만물은 낳았으되 차별하지 않으며 만물을 거두어 가되 분별하지 않는다는 사상이 포일抱—이다. 그러나 공자는 사람과 짐승은 서로 다르다(人獸之辨)라는 명제命題 아래에서 사람은 사람다워야 한다고 했다. 그렇게 되기 위하여 공자는 인간은 남을 먼저 사랑할 것(仁)이며, 그 사랑을 남보다 먼저 실천할 것(義)을 주창했다.

그러나 노자는 인仁을 끊어 버리고 의義를 버리라(絶人棄義)고 했다. 인을 앞세우므로 불인不仁이 빚어지고 의를 앞세우므로 불의不義가 판을 치게 되었다고 노자는 보았던 것이다. 겉으로는 인이되 속으로는 불인이고 의를 말하면서도 불의를 저질러 대는 인간의 짓들이 세상을 혼란스럽게 하고 생존을 막막하게 한다는 것이다. 노자의 이러한 말을 듣게 되면 귀가 솔깃해진다.

"문화를 향해 치닫지 말고 자연으로 복귀하라." 이렇게 수천 년 전에 이미 노자가 설파했지만 쇠귀에 경 읽기에 불과했다. 문화를 성취하기 위하여 무수한 시행착오를 범하면서도 바벨탑을 쌓으려고 했으며 태양을 제 것으로 소유하겠다고 장담했던 과부跨父처럼 겁 없이 천지를 유린하면서 인간은 힘을 탐해 왔다. 그리고 인간은 불빛을 향해 치닫는 부나비처럼 물질의 부나비가 되어 버렸다.

불빛을 탐해 질주하는 부나비는 결국 불길 속으로 들어가 타 죽고 만다. 인간은 지금 그러한 불길 속에 거의 맞닿을 지경에 이르렀다. 왜냐하면 이제는 기술 문명이 인간을 인간자본人間資本:the human capital으로 점치고 있기 때문이다. 물질은 자원이 되고 자원은 자본이 된다. 이러한 신앙이 인간을 꼼짝 못하게 조여 매고 있는 중이다. 돈이 되지 않으면 인간의 관심을 끌지 못하는 것처럼 막막한 생존의 나락으로 인간은 추락하려고 한다. 이 얼마나 위기의 벼랑 끝인가!

벼랑 끝은 더 나아갈 수 없음이다. 더 나아갈 수 없다면 발길을 돌릴 줄 알아야 한다. 덫에 걸려든 짐승을 생각해 보라. 두서너 발짝만 뒤로 물러설 줄 안다면 덫의 올가미에서 풀려날 수 있지만 그것을 몰라 덫에 걸린 짐승은 목숨을 잃고 만다. 막다른 골목에 닿았다면 되돌아가야 하는 것이다. 어디로 되돌아가 파산 상태의 나를 구할 수 있을까?

이렇게 적막하고 막막할 때 노자는 현대인에게 되돌아갈 길을 밝혀 준다. 그 길이 곧 자연의 도道이다.

수렁에 빠졌으면 몸을 움직이지 말라고 한다. 수렁에서 빠져나오려고 움직일수록 그만큼 수렁 속으로 깊이 빠지기 때문이다. 현대인을 생존의 벼랑 끝으로 몰고 온 덫의 먹이는 무엇일까? 분명 그 먹이와 덫은 서구西歐에서 밀려온 것들이다. '욕망의 충만과 성취욕은 좋은 것[善]'이라는 생각은 먹이이며, 그 덫은 '강한 것이 이기는 틀'이라는 것이다. 현대인은 지금 그 먹이에 빠져 덫에 걸려든 셈이다. 걸려든 덫의 올가미에서 빠져나오자면 뒤로 물러서야 할 것이 아닌가?

현대인은 '욕망의 충만과 성취욕은 좋은 것[善]'이라는 생각을 신처럼 믿는다. 그리고 저마다 나름대로 욕망이란 신을 가슴에 숨겨 두고 산다. 제각기 부자가 되어야 한다고 아우성치며 명성을 얻고 인기를 얻어 출세를 해야 한다고 이른바 스타 의식에 사로잡혀 몸살을 치른다. 그래서 누구나 제 잘난 맛에 산다고 거침없이 말한다. 이처럼 우리는 흔적을 남기려고 발버둥친다. 그러나 저마다 공든 탑을 세우려고 들어 이리저리 빼앗기고 찢기어 허물어지곤 한다. 그리하여 실패를 남의 탓으로 돌려 한탄하고 절망하며 목숨을 낭비하고 탕진하는 것이다. 이렇게 고달픈 순간을 맞을 때 우리는 노자의 다음과 같은 말을 들어 보면 어떨까?

자연의 도가 하는 일에는 흔적이 없다[善行無轍迹].

위와 같은 노자의 말을 곰곰이 새겨듣다 보면 억지로 돌을 쪼개 갈고 닦아 송덕비頌德碑를 제 손으로 쓸 것이 무에 있느냐는 자문自問의 소리가 들린다. 그리고 만족할 줄 아는 자가 부유하다[知足者富]는 노자의 말이 지닌 참뜻을 귀담아들을 수가 있다. 그리고 나를 없애라[無己]는 것이 무슨 뜻인지 헤아릴 수 있는 순간을 맞이하게 된다.

강해야 살아남는다는 강박관념에 사로잡혀 있는 나를 없애라. 그래야 불빛을 향해 질주하는 부나비 같던 자신의 날개를 접고 불길 속으로 추락하는 것이 아니라 허공에 떨어질 수 있을 것이 아닌가!

무중력 상태에 둥둥 떠 있는 우주인을 보면 물욕의 그물을 빠져나가 자유를 누리는 것을 눈으로 확인할 수 있다. 자기를 빈 통 속에 둥둥 떠 있게 하면 걸릴 것 하나도 없다. 이렇게 되면 힘이란 것을 다시금 생각해 볼 수 있는 일이 아닌가!

　노자는 이렇게 말했다.

　부드럽고 연약한 것이 굳고 강한 것을 이긴다[柔弱勝强剛].

　언뜻 들으면 이보다 더 엉뚱한 말은 없을 것이다. 그러나 철망은 태풍에 끊어져도 거미줄은 버텨 내지 않는가! 우리는 너무나 강해지려고만 한다. 그리하여 우리는 무섭고 잔인하다. 강해야 이긴다는 덫에 걸려들어 목숨 줄이 조이고 조여 숨이 막힐 지경이다. 이처럼 막다른 골목에서 우리의 목숨을 소중하게 하는 것은 결코 물욕物欲의 성취에 있는 것이 아니라 떨어져 나오는 데 있다는 깨우침을 맛보게 된다. 이러한 깨우침은 현대라는 기술 문명의 막다른 골목에서 되돌아 나와 자신의 소중한 목숨을 새삼스럽게 마주하며 걸을 수 있는 내밀한 길로 안내할 것이다. 그 내밀한 길을 이미 노자가 닦아 놓았다. 그 길을 걸어가다 보면 현대가 안겨 준 여러 갈래의 상처를 치유할 수 있는 처방을 얻을 수 있을 것이다.

마음 고생을 사서 할 것은 없다

문명은 인간을 편하게 하는가? 첨단 과학의 기술 문명이 인간을 자유롭게 하는가? 더 나아가 정치, 사회, 경제, 문화의 제도들이 인간을 편하고 자유롭게 하는가? 생존의 수레바퀴가 인간을 위하여 인간의 뜻대로 돌아가고 있는가? 이러한 질문을 던지는 순간마다 인간은 분해되어 가고 있다는 무서움과 마주할 것이다.

세상에는 뜻대로 되는 것이 하나도 없다. 본래 세상은 인간의 것이 아닌 까닭이다. 그러나 인간은 세상을 인간의 것이라고 우기고 고집한다. 여기서 인간이 앓고 있는 상처의 아픔이 빚어진다는 것을 노자는 처음부터 알았던 모양이다. 자연의 도를 떠나려고만 하는 인간은 고생을 사서 하게 마련임을 알았던 것이다.

자연의 도는 허虛를 쓰되 때로는 꽉 채우지 않는다[道沖而用之 或不盈]. 왜 노자는 이러한 말을 남겼을까? 인간은 한사코 빈 것[虛]을 버리고 채워진 것[實]만을 추구하려는 까닭이다. 바라는 대로 무엇인가를 꽉 채우려는 것이 곧 인간의 욕심이요, 욕망이며 심하면 허욕이고, 허세인 것이다. 인간을 절망하게 하고 아프게 하는 것은 아무리 생각해 보아도 인간이 한없이 품어 내는 욕망의 소용돌이라고 여겨진다.

모나고 예리한 것을 무디게 하라〔挫其銳〕. 인간은 모두 제 욕심을 나름대로 꽉 채우려고 신경이 날카롭고 뾰족하다. 눈에는 항상 핏기가 있고 귀에서는 벽을 치고 입에는 가시를 돋게 하며 마음속에는 무서운 살기殺氣를 숨겨 둔 채 초조와 긴장 속에서 삶을 마주하고 있는 셈이다. 이처럼 현대인은 얼마나 예리한가! 그렇게 할 것이 무에란 말인가! 이렇게 자신에게 독백을 하는 순간을 마주하면 할수록 약해지면서도 스스로 강해지는 묘한 안식을 취할 수가 있다. 그리고 나면 '때로는 꽉 채우지 않는다〔或不盈〕'는 참뜻을 헤아려 보게 된다.

좀 더 예리해지고 더욱 돋보이게 분장한다. 그렇게 분장한 것을 풀어 버리라〔解其粉〕고 노자는 속삭이는 것이다. 이 얼마나 우리를 부끄럽게 하는가! 그러나 한편 부끄러우면서도 당당해지는 희열을 우리는 만날 수 있을 것이다.

더욱 예리해지려고 더욱 눈부시게 빛을 내려 한다. 그렇게 빛나고 뽐내려고 하는 짓에서 벗어나 어울리게 하라〔和其光〕고 노자가 속삭여 주는 것이다. 눈부시게 하는 섬광을 죽여 부드럽게 하라는 뜻이다. 서로 잘났다고 아우성치며 제 자랑을 서슴없이 해야 살아남는다고 확신하는 현대인에게 이러한 말은 당치 않을 것이다. 그러나 돌이켜 보는 순간 그렇게 뽐내고 자기 선전을 해서 얻은 것이 얼마나 되느냐고 물었을 때 노자의 말은 귀에 솔깃해 올 것이다.

더욱 더 예리해지려고 철저하게 분간하려 한다. 그러나 똥 묻은 개가 겨 묻은 개를 흉보는 꼴이 되고 마는 경우를 얼마든지 본다. 나는 잘나고 너는 못나고 이렇게 가릴 것이 무에 있는가! 티끌을 묶어서 같게 하라〔同其塵〕고 노자는 타이르기도 한다. 겨 묻은 개가 어디 따로 있으며 똥 묻은 개가 어디 따로 있는가? 겨를 털고 똥을 털어 내면 다 개가 아닌가 말이다. 개이면서 개가 아닌 것처럼 할 것은 없다. 이렇게 생각해 가다 보면 침처럼 뾰족하고 칼날처럼 예리했던 마음이 서서히 무디어져 가는 순간과 마주하게 된다. 그리고 나면 매우 편안한 휴식의 즐거움을 맛볼 수가 있다.

노자는 욕심으로 꽉 차서 숨이 막힐 지경이 된 우리의 마음속을 비워 보라는 것이다. 빨랫줄에 빨래가 너무 많이 걸려 있으면 늘어지고 심하면 끊어져 버린다. 마음에다 이런저런 욕심을 잔뜩 걸어 두어 늘어지다 못해 끊어질까 봐 입술을 태운다. 이러한 순간에 처했을 때 꽉 채우지 않는다[或不盈]는 노자의 말을 들어 본 사람은 마음이 곧 욕심 줄이 아니라 자기 자신이 마음속을 그렇게 채웠다는 것을 알게 된다. 욕심을 하나씩 벗겨 나가다 결국 버리게 될 때 그보다 더 홀가분한 기분을 맛볼 수는 없을 것이다.

인간이 자기를 버린다는 것은 참으로 어려운 일이다. 저마다 호주머니를 차고 그 안에 가득히 넣어 두려고 탐을 내는 까닭이다. 욕망은 인간을 초조하게 하고 조바심을 내게 한다. 욕심의 줄에서 욕심을 걷어내 가면 조바심을 낼 것도 없고 앞뒤를 다툴 필요도 없다. 그렇게 되면 걱정이나 근심은 아침 안개가 한낮을 만난 것처럼 사라져 버린다. 마음속이 후련해지고 걸릴 것이 없어진다. 결국 마음은 덜 차 있는 셈이고 그만큼 비게 된다는 말이다. 그러나 현대인은 이러한 일을 두려워한다.

두려움에 떨 것은 없다. 왜냐하면 두렵게 하는 것을 벗어 버리면 그만이기 때문이다. 이를 두고 공자는 극기克己라고 했지만 노자는 사기舍己라고 했다. 애벌레가 성충이 되어 나비가 되자면 그 껍질을 벗어야 한다. 나비가 되어야 훨훨 날 수가 있다. 마음을 한 마리 나비가 되게 할 줄 아는 것이야말로 현대인이 자기를 찾는 비결이다.

병에 걸려 죽지 않을까? 교통사고로 죽지 않을까? 이러한 근심 걱정은 공연한 것이다. 목숨은 하늘에 있다고 하지 않는가! 물에 빠져 죽을 운명이라면 접시 물에도 빠져 죽는다고 한다. 그러나 왜 출세를 못할까? 어떻게 하면 출세를 할까? 왜 명성을 얻지 못할까? 어떻게 하면 명성을 얻을까? 왜 부자가 되지 못하는가? 어떻게 하면 부자가 될까? 이러한 근심 걱정은 인간이 사서 하는 걱정이며 근심이다. 욕망의 독소가 품어 내는 상처일 뿐이다.

문명사회는 인간에게 약을 주고 병을 준다. 생활의 편리함은 날로 늘어 가고 높아 가지만 그만큼 마음속을 불안하게 하고 초조하게 한다. 이것저것을 소유하라고 한다. 그냥 소유하는 것이 아니라 돈을 주고 사 가라고 유혹한다. 무슨 수를 써서라도 돈을 벌어야 하고 축적해야 하는 것이다. 그러나 한없이 게걸스러운 물욕을 다스릴 수가 없다. 이 얼마나 고통인가! 이처럼 현대인은 현실적인 고통을 사서 감수하고 마음 둘 바를 모른다.

물질문명은 몸을 편하게 하지만 마음을 몹시 불편하게 한다. 현대인은 약간씩은 모두 정신병자로 산다. 왜 인간은 정신병을 앓는 것인가? 이러한 물음을 스스로에게 던져 보는 사람은 그러한 병마에서 좀 벗어날 수 있다는 사실을 노자를 만나 보면 알 수가 있다.

자연의 도는 우주 만물을 어떻게 다스리고 있는가? 이에 대하여 노자는 서로 죽이고 싸우는 것이 아니라 서로 살게 하는 것[相生]이고, 서로 감추고 숨기는 것이 아니라 서로 드러내는 것[象形]이며, 서로 부수고 허무는 것이 아니라 서로 어울리게 하는 것[相成]이요, 서로 어긋나고 대립하는 것이 아니라 서로 기대는 것[相傾]이며, 서로

뿌리치고 막는 것이 아니라 서로 밀어주고 끌어 주는 것〔相隨〕이라고
풀이한다.

　서로 헤집고 서로 다투고 서로 싸우며 인간은 이렇게 살고 있는 셈
이다. 인간은 경쟁하며 사는 것이 당연하다고 다짐한다. 경쟁을 하므
로 지는 것이 아니라 반드시 이겨야 한다고 확신한다. 여기서 인간은
엇나가고 어긋나고 억지를 부리고 만다. 노자는 이를 인위人爲라고
했다.

　인위는 사람의 욕심에 따라 한사코 수작을 부리고 조작하여 자연
을 멀리 떠나가는 것이다. 그러나 무위無爲는 자연이 되는 것이다. 그
렇다고 무위가 그저 아무것도 하지 않고 있는 것은 아니다. 서로 살
게 하면 그것이 무위이며 서로 드러나게 하면 그 또한 무위이고 서로
잘 되게 하면 그것이 무위이고 서로 밀어주고 끌어 주면 그 또한 무
위이다.

　그러므로 그냥 있는 그대로인 것〔自然〕이나 무위는 같은 길이다. 이
를 노자는 도의 모습이며 작용이라고 인간에게 밝히고 있다. 노자는
왜 이러한 말을 남겼을까? 한사코 인간은 사서 고생을 하고 걱정을
하며 근심하는 어리석음을 범하고 있기 때문이다. 현대인이 노자를
가까이하면 그러한 어리석음을 뉘우치고 스스로 큰사람이 되어 인생
을 편하게 이끌어 갈 수 있다.

《노자》읽기

제28장~제54장

제28장 유有에서 무無를 깨우쳐라

암수는 천하를 안는 계곡과 같다

남녀평등의 시대라고 한다. 남자도 인간이며 여자도 인간이다. 인간이란 점에서 본다면 남녀를 둘로 볼 것이 아니라 하나로 보아야 한다. 그러나 남녀는 같지만 결코 똑같지 않다. 존재의 성질 즉 본성本性이 서로 다른 까닭이다. 목숨이 있는 것이면 모두 암수[雌雄]의 성질이 있다. 그 성질이 다른 것이다.

암수 즉 자웅雌雄은 암컷과 수컷을 말한다. 암컷과 수컷으로 그 성질을 나누어야 새끼를 낳는다. 콩을 심으면 콩이 나고 팥을 심으면 팥이 난다. 콩이 팥이 되고 팥이 콩이 되는 경우는 없다. 인간의 암수가 호랑이를 낳을 수 없고 호랑이의 암수가 여우를 낳을 수 없다. 노자는 이를 이생삼二生三이요, 삼생만물三生萬物이라고 했다.

이생삼二生三의 이二를 암수로 보아도 될 것이며, 음양陰陽의 두 힘[二氣]으로 보아도 될 것이요, 삼三을 암수가 만나게 되는 힘[氣]이라고 보아도 될 것이요, 음양의 교합이라고 보아도 될 것이다. 이러한 교합을 어렵게 말하면 충기沖氣라고 한다. 충기를 암수의 교미交尾로 생각해도 무방할 것이며 남녀의 성교性交라고 새겨도 될 것이다. 즉 성교를 하게 하는 힘을 이생삼二生三의 삼三이라고 풀어도 별로 틀릴 것은 없는 셈이다.

인간도 남녀인 암수가 성교를 해야 아이를 낳는다. 염소도 암수가 교미를 해야 새끼를 낳는다. 인간의 여자는 암컷이고 남자는 수컷이다. 이는 여타의 다른 동물들과 다를 바가 없다. 다만 짐승들은 교미를 하고 사람은 성교를 한다고 하지만 교미든 성교든 모두 다 새끼를 낳는 힘(沖氣)을 발휘하는 것에 불과할 뿐이다. 수컷에게는 정자가 있고 암컷에게는 난자가 있다고 인간은 풀이한다. 정자와 난자가 만나 합쳐지면 하나의 새끼가 탄생하는 것이다. 그러므로 암컷과 수컷은 다르다.

어찌 암수가 난자와 정자만으로 다를 것인가! 암컷을 자雌라 하고 수컷을 웅雄이라고 할 때 자웅雌雄은 음양陰陽을 말하는 것과 같다. 음은 정靜이고 양은 동動이다. 수컷의 동은 굳고 강하지만 암컷의 정은 부드럽고 연약하다. 언뜻 보면 수컷이 강해서 이길 것 같지만 약한 암컷이 강하다. 새끼를 거느린 암사자를 수사자가 범접하지 못하고 사내는 세상을 다스릴 수 있지만 그 사내를 여자가 다스린다고 하지 않는가! 노자는 이미 부드럽고 약한 것이 굳고 강한 것을 이기며(柔弱勝强剛) 멈추어 고요한 것이 성급하게 움직이는 것을 다스린다(靜爲躁君)고 했다. 이를 곰곰이 생각해 본다면 남녀평등이란 말은 인간들이 하는 주장이지 천지 만물에 두루 통하는 법은 아닌 셈이다.

그러나 인간은 존재의 탄생을 이루는 축제인 성교를 쾌락의 난장처럼 탕진하는 못된 버릇을 가지고 있다. 이른바 성욕性欲의 탐닉이 바로 그러한 난장이다. 이러한 난장 때문에 인간은 암수의 본성과 성질을 잊어버리고 타락하고 방탕하며 방종하다 망신을 당한다. 어찌 인간의 성욕에서만 난장이 빚어지는가? 물욕에서도 마찬가지다.

생물의 암수에만 음양이 통하는 것이 아니라 만사萬事에 두루 통한다. 사물에도 완급緩急이 있고 동정動靜이 있는 것이다. 모든 일에 두루 통하는 것〔萬事亨通〕을 바란다면 억지를 부리지 말 것이며 어긋나게 하지 말아야 한다. 욕심이 앞서거나 사나우면 되는 일이 없이 탈만 생긴다. 소나기는 한나절을 지속하지 못하고 돌개바람은 한나절을 견디지 못한다.

남녀의 관계는 서로의 본성에 따라 알고 지킬 것이며, 사물의 관계도 순리에 따라 넘쳐서도 안 되고 처져서도 안 된다는 것을 알고 지킨다면 그것이 곧 도道의 자연이다. 그래서 노자는 다음처럼 밝혀 두고 있다.

수컷이 어떤 것인가를 알고 암컷이 어떤 것인가를 지키면 천하를 두루 껴안는 계곡이 된다〔知其雄 守其雌 爲天下谿〕. 천하의 계곡이 되면 자연의 도와 멀어지지 않아 갓난아이로 되돌아간다〔爲天下谿 常德不離 復歸於嬰兒〕.

남매를 둔 부부가 이혼을 하겠다고 가정법원을 찾았다.

판사가 부부에게 이혼하려는 이유를 물었다. 부부였다가 이혼하겠다는 남녀는 한목소리로 성격 탓이라고 잘라 말했다. 성격 탓 하나 때문에 이혼을 하겠다는 거냐고 판사가 조용히 다그쳤다.

그러자 여자가 남편의 바람기가 사나워 도저히 같이 살 수 없다고 대답했다. 판사는 남자를 향해 사실이냐고 물었다. 남자는 여자도 바람기가 사납다고 내뱉었다.

판사가 다시 남매는 어떻게 할 것이냐고 묻자 남녀는 서로 자기가 맡겠다고 했다. 이를 지켜보던 판사는 사내아이는 남자가 맡고 여자아이는 여자가 맡으면 되겠느냐고 마치 이혼을 홍정하는 것처럼 판결을 내리려 했다.

남녀가 판사의 조정에 반기를 들면서 서로의 고집을 꺾지 않자 판사는 버럭 소리를 질렀다.

"그렇다면 고아원으로 남매를 보내라. 당신들은 부모가 될 자격이 없다. 안팎으로 바람을 피우니 자녀들이 제대로 클 수가 있는가? 당신들은 뻐꾸기나 마찬가지다. 수놈은 바람만 피우고 암놈은 알을 뱁새 둥지에 몰래 내질러 버리고 달아나는 뻐꾸기를 닮았다."

남녀는 고개를 푹 숙인 채 입을 열 수 없었다. 그렇게 한참이 지난 후에야 판사는 무겁게 입을 열었다.

"부부는 서로 참고 사는 것이오. 그렇다고 알면서 속고 살라는 것은 아니오. 뻐꾸기 부부였던 당신들이 마음을 고쳐 뱁새 부부처럼 남매를 잘 거두고 키울 수 있는 부부가 다시 되기를 바라오. 그러니 며칠 동안 깊이 생각한 다음 이혼을 하든지 말든지 하시오."

남편이 무엇인지를 알고 아내가 무엇인지를 지킨다면 남편은 아내에게로 되돌아오고 만다. 못돼 먹었다고 이혼을 하겠다면 그 사이에 태어난 아이들은 오갈 데가 없는 법이다. 부부가 된 남녀가 제 앞만 생각한다면 부부의 관계는 불장난이 되고 만다. 암수는 서로 알고 지켜야 할 것이 있다. 부부가 된 암수는 새끼의 둥지가 되어야 한다는 것을 무엇보다 먼저 알고 지키는 것이 자연의 도가 보여 주는 변함없는 덕[常德]이다. 새끼에게 둥지는 천하를 껴안는 계곡만큼이나 크고 넓은 덕이다.

산골짜기의 계곡을 보라. 이 골짝 저 골짝의 물이 모여 함께 흐른다. 계곡은 달다고 삼키고 쓰다고 뱉는 짓 따위를 하지 않는다. 다만 사람만이 싫으면 버리고 좋으면 탐하는 욕심을 부린다. 이러한 욕심은 알고 지켜야 할 것을 헌신짝처럼 버린다. 이 얼마나 못된 변덕인가! 그러나 인간이 갓 태어난 아이처럼 마음가짐을 갖는다면 호오好惡를 따지는 좁쌀은 면할 것이 아닌가! 노자는 갓난아이를 상덕常德으로 본 셈이다. 상덕은 목숨이 소중하다는 것을 보여 주고 목숨을 이롭게 하는 도道의 사랑이다. 노자는 그러한 사랑을 암수가 알고 지키는 것이 곧 자연의 도라고 밝혀 두고 있는 셈이다.

흑백黑白을 가릴 것은 없다

햇빛이 비추면 밝아지고 사라지면 어둡다. 밤낮이란 이렇게 생긴다. 그러나 밤낮은 돌고 돈다. 낮은 밤으로 밤은 낮으로 된다. 모든 것과 일에는 이처럼 명암明暗이 있게 마련이다. 언제나 밝기만을 원하는 것도 어긋난 것이며 항상 어둡기만을 기대하는 것 또한 억지일 뿐이다.

옛말에 하늘에는 주야晝夜가 있고 땅에는 금수金水가 있다고 했다. 이에 따라 모든 것[物]에는 명암이 있고 모든 일[事]에는 선악이 있다고 헤아렸다. 낮은 백白이고 밤은 흑黑이며 금金은 백이고 물은 흑이라고 보았다. 이에 따라 모든 것의 명암에서도 명明은 백이요, 암暗은 흑이라고 했으며 모든 일의 선악에서도 선은 백이고 악은 흑이라고 보았다. 그렇기 때문에 인간만사를 새옹지마塞翁之馬라고 하는 것이 아닌가!

오르막길이 있으면 내리막길이 있게 마련이다. 오르기 힘들다고 아우성을 칠 것도 없고 내려가기 쉽다고 기뻐할 것도 없다. 사는 것이 불행하다고 울부짖을 것도 없고 행복하다고 손뼉을 칠 것 또한 없다. 호사다마好事多魔라고 하지 않는가! 명암과 선악 그리고 행불행 등은 맞물려 있는 것이지 따로따로 있지 않음이 천하의 격식格式임을 노자는 알았던 모양이다. 이를 알고 지킨다면 부덕의 덫에 걸려들지 않을 것이다. 그래서 노자는 다음처럼 밝히고 있다.

흰 것이 무엇인지를 알고 검정을 지킨다면 천하의 격식이 된다〔知其白 守其黑 爲天下式〕. 천하에 두루 통하는 격식格式이 되면 변함없는 덕은 그릇될 수 없게 되어 시비是非나 분별分別이 없는 경지로 되돌아간다〔爲天下式 常德不忒 復歸於無極〕.

봉이 김 선달은 대동강 물을 팔아먹었지만 정수동은 공짜 술을 얻어 마시고 다녔다고 한다. 정수동은 속임수를 써서라도 장원급제를 해야겠다고 다짐하고서 경상도 함양에서 터벅터벅 걸어 한양의 관문이었던 과천에 이르렀다.

그는 먼 길에 온몸이 피곤하고 출출해 술 생각이 간절했다. 노자는 바닥이 나 술값은 없었지만 무작정 주막으로 들어가 주모에게 장원급제한 다음에 술값을 후하게 줄 테니 외상으로 술 한잔 마시자고 능청을 떨었다.

그렇게 말하는 사람이 어디 한둘이냐고 주모는 매정하게 쏘아붙이고 공짜 술은 줄 수 없다며 술청 안으로 들어가 버렸다. 주막 행랑채 툇마루에 우두커니 앉아서 정수동은 매정한 주모를 골려 줄 꾀를 궁리하고 있었다. 그 순간 돼지우리에서 통통하게 살진 돼지새끼들이 꿀꿀거리는 소리가 들려왔고 마당에 펴 놓은 덕석에는 술 빚을 고두밥이 햇빛에 빛나고 있었다. 드디어 묘안이 떠오른 정수동은 빙그레 웃고 돼지우리의 문을 열어 새끼들이 마당의 고두밥을 먹도록 내버려두었다.

우리에서 빠져나온 돼지새끼들이 고두밥을 주워 먹느라 마당은 금세 아수라장이 되었다. 웬 소란이냐며 주모가 부리나케 나왔다. 돼지새끼들이 술밥을 망쳐 놓고 있는 광경을 보고서는 기절초풍 직전이었다. 돼지새끼들을 우리 안으로 몰아넣느라고 진땀을 흘린 주모는 그제서야 툇마루에 우두커니 앉아 있는 정수동을 발견했다.

주모는 정수동을 향해 술밥을 먹어 치우는 돼지새끼를 그냥 보고만 있었느냐며 원망했다. 그러자 정수동은 돼지들이 맞돈을 내고 술밥을 먹는 줄 알았다고 능청을 떨었다. 어이없다는 표정을 짓던 주모는 허리춤을 붙잡고 한바탕 웃더니 "저 양반 심술이 하늘에 닿았다"고 그에 걸맞게 능청을 떤 후 술청 안으로 들어가더니 정수동을 불러들였다.

정수동이 들어가 보니 푸짐하게 술상이 차려져 있었다. 주모는 정수동에게 술을 따라 주면서 다시는 돼지우리 문에 손대지 말라고 부탁한 다음 장원급제해서 꼭 외상값을 갚으라고 일렀으며, 정수동은 말해 무엇 하느냐고 맞장구를 쳤다.

술집에 들어가 생면부지의 나그네가 외상 술을 달라고 하면 고분고분 그렇게 해 줄 주막집 주인은 없다. 돼지새끼를 몰아내 공짜로 술을 빼앗아 먹겠다는 정수동의 생각은 분명 못된 짓이다. 그러나 주모는 정수동을 관아에 고발해 범법자로 몰지 않고 공짜 술을 주었다. 인심人心이 인정人情이 되어 살맛을 준다는 것은 바로 이러한 것이다.

악행을 범하는 사람이 따로 있고 선행을 행하는 사람이 따로 있는 것이 아님을 주모는 알았다.

사물에 명암이 있는 것처럼 인간에게도 선악이 있다. 온전히 선하기만 한 사람도 없고 온전히 악하기만 한 사람도 없다. 선하면서 악하고 악하면서 선한 것이 인간이란 존재가 아닌가! 이러한 생각에 이르게 되면 흰 것을 알고 검은 것을 지키면 천하에 두루 통하는 격식이 된다는 노자의 말을 새겨들을 수 있다. 산천에 태풍이 분다고 초목이 모조리 부러지지 않고 태풍이 부는 대로 흔들리며 견딘다. 곧이어 산들바람이 불어오기 때문이다. 이처럼 인간사에도 거친 것이 있으면 부드러운 것이 있고 싫은 것이 있으면 좋은 것도 있다. 좋은 것[善, 白]을 알면 싫은 것[惡, 黑]을 어떻게 지켜야 할 지를 알 수 있다. 이를 노자는 천하에 두루 통하는 격식으로 보았던 셈이다.

윗물이 맑아야 아랫물이 맑다고 하지만 맑기만 한 물에서는 고기가 살지 못한다고 응수한다. 그렇다고 맑은 물이 반드시 선이고 흐린 물이 꼭 악이라고 단정할 수는 없지 않은가! 맑은 물도 물이고 흐린 물도 물이라는 것을 서로 알고 지킨다면 변함없는 덕[常德]에 흠집[忒]을 내지 않을 것이다!

구수하고 수수해 안온하다

화사한 꽃은 십 일을 넘지 못하고 나는 새를 떨어뜨리는 권세도 십 년을 못 간다. 후한 부자는 삼 대를 갈 수 있지만 박한 부자는 당대를 잇기가 어렵다. 이러한 말들은 모두 인생을 겪으면서 인간들이 터득한 지혜들이다. 이렇게 따지고 보면 잃어버린 영광을 되찾거나 실추된 명예를 회복하기 위하여 가시방석에 앉아 쓰디쓴 쓸개를 씹는다[臥薪嘗膽]는 것도 부질없는 일이고 원통하고 분해 이를 갈며 속마음을 썩인다[切齒腐心]는 것 또한 어처구니없는 일이 아닌가!

승리의 환희를 맛보았다면 패배의 쓴잔도 각오해야 한다. 영광이 꿀처럼 달다는 것을 안다면 굴욕이 소태처럼 쓰다는 것도 알아야 한다. 영광은 항상 영광으로 이어지고 굴욕은 항상 굴욕으로만 이어지는 법이란 없다. 밀물이 있으면 썰물이 있는 것이고 맑은 날이 있으면 흐린 날도 있다. 그러므로 영광은 행복이고 굴욕은 불행이라고 단정할 것은 아니다. 차라리 영광이 굴욕을 불러오고 굴욕이 영광을 돋보이게 할 수 있다는 것을 새겨 둔다면 마음은 한결 편할 수가 있다. 쥐구멍에도 볕들 날이 있다고 하지 않는가!

피는 꽃은 지게 되어 있고 생기 있는 풀잎도 시들어 말라 풀섶이 된다. 성공과 패배가 이웃하고 있음을 안다면 노자의 다음과 같은 말을 귀담아들어 둘 것이다.

영광이 어떤 것인가를 알고 굴욕을 지키면 천하를 넣어 둘 수 있는 텅 빈 고을이 된다[知其榮 守其辱 爲天下谷]. 천하를 넣어 둘 수 있는 텅 빈 고을이 되면 변함없는 덕은 만족되어 순박한 것으로 되돌아간다[爲天下谷 常德乃足 復歸於樸].

조선조 태종 때 정승에 올랐던 유관柳寬은 성품이 바르고 곧아서 띠로 인 집 한 칸에서 짚신과 베옷을 걸치고 사는 것으로 만족했다. 그에게 청빈淸貧은 전시용이 아니라 몸에 익은 생활이었다.

한번은 보름이 넘게 장마가 이어졌다. 지붕이 비를 감당 못해 방 안으로 빗물이 새어 들어 주룩주룩 흘러내렸다. 그러자 그는 방 안에서 우산을 받쳐들고 부인과 함께 빗물을 피하면서 우산이 없는 백성의 집에서는 어떻게 이 비를 견뎌 내겠느냐고 걱정했다. 부인은 우산이 없으면 반드시 다른 준비를 해 두었을 것이니 걱정하지 말라고 응수했다. 부인의 말에 그는 웃으며 방바닥으로 떨어져 튀는 빗방울을 가만히 보고만 있었다.

그는 집에 찾아오는 손님을 접대하는 데도 허물이 없었다. 집이 좁아 뜨락이 응접실 구실을 했다. 탁주 한 동이를 내놓고 콩자반 안주로 사발 술잔을 두어 잔씩 든 다음에야 자리를 파했다.

태종이 그의 이러한 청빈함을 듣고서는 관리들을 시켜 밤중에 가서 그의 집에 울타리를 치게 하고 선물을 내리는 일을 그치지 않았지만 유관 정승은 전혀 신경 쓰지 않고 그냥 그대로 살았다.

한편 태종 밑에는 이숙번이란 공신도 있었다. 무인武人으로 공을 세워 임금의 총애를 믿고 갖은 행패를 일삼았다. 숙번은 연일 기생을 불러 질펀하게 연회를 즐기며 사치스럽게 살았다. 숙번의 집 문턱은 벼슬을 노리는 자들의 발길로 닳았으며 그들이 들고 온 뇌물로 재산은 눈덩이처럼 불어나 숙번은 주체할 바를 몰랐다.

못된 짓을 겁 없이 했던 숙번은 결국 세종 때 귀양을 가게 되었다. 귀양살이에서도 호사를 누렸다. 첩이 곤란할 때를 대비해 숙번에게 아껴 살자고 했다. 이에 발끈한 숙번은 당장 첩의 목을 베어 없애라고 명령했다. 뿐만 아니라 귀양살이를 하면서도 졸개를 거느리고 살았다. 이처럼 이숙번은 분수에 넘치는 생활을 했으며 성질이 사나웠다.

옛말에 장님의 것을 훔치면 삼 대에 걸쳐 내리 장님이 나오고 백성의 것을 훔치면 당대에 눈총을 받고 자식들은 망나니가 된다고 했다. 숙번의 아들은 망나니 노릇을 하다가 가산을 탕진하고 살던 집까지 팔아 먹어 오갈 데가 없자, 옛날 종 집을 찾아가는 길에 굶어 객사하고 말았다. 이숙번의 꼴을 보면 옛말이 하나도 그르지 않다는 생각이 든다.

유관 정승은 영광이 어떤 것인지를 알아 굴욕을 지킬 줄 알았다. 그러나 이숙번은 영광만 알았을 뿐 굴욕이 있는 줄 몰랐던 것이다. 권세를 누리며 부귀영화를 누리는 것만을 영광으로 알았지 그러한 영광을 백성들이 수치로 여긴다는 것을 몰랐다. 그러나 유관 정승은 영광이 따로 없고 굴욕이 다른 것이 아니라 서로 이웃하는 것임을 알았다. 그래서 정승이 되었다고 영화를 누릴 것도 없고 정승을 그만두었다고 서글플 것도 없다는 것을 유관 정승은 알고 있었던 것이다.

영욕榮辱을 있는 그대로 맞이하고 보내면, 영광은 자랑스러운 것이고 굴욕은 수치스러운 것이라고 분별할 것도 없다. 무엇은 자랑스럽고 무엇은 수치스럽다고 고집하면 인간은 점점 초조해지고 작아진다. 그러나 그러한 걸림에서 벗어나면 텅 빈 고을처럼 유유하고 넉넉할 수가 있다. 자연의 도는 욕심을 부리지 않는다. 이를 텅 빈 고을〔谷神〕이라고 노자는 비유했다. 만족한다느니 불만스럽다느니 이러한 투정에서 벗어나면 그것이 곧 변함없는 덕이 아닌가! 꾸미지도 않고 다듬지도 않고 그냥 있는 그대로 수수하고 구수하게 있는 것이 곧 자연이요, 그 자연을 노자는 그냥 그대로의 나뭇등걸〔樸〕이라고 했으니 박樸은 상덕常德의 모습이다.

그러나 현대인은 나뭇등걸을 한사코 쪼개고 다듬어 별별 그릇을 다 만들어 쓰느라고 아우성이다. 말하자면 무엇이든 자원으로 만들어 자본이 되게 하여 부를 축적하고 영광만 얻자고 설친다. 이를 노자는 이렇게 말했다.

있는 그대로의 나무토막을 쪼개고 깎고 다듬으면 그릇이 된다〔樸散
則爲器〕. 그러나 성인은 있는 그대로의 것을 활용해 다스리는 장관이
된다〔聖人用之 則爲官長〕. 그러므로 크게 다스리는 것은 이 패 저 패로
갈라지지 않는다〔故大制不割〕.

영광을 사납게 탐하면 굴욕을 당하는 것이다. 이것은 부덕의 병이
되고 만다. 그러므로 있는 그대로의 것〔樸, 自然〕으로 복귀하라는 노자
의 말은 현대인이 다시 새겨들어야 할 경지인 것이다.

원문 의역

수컷이 어떤 것인가를 알고 암컷이 어떤 것인가를 지키면 천하를 두
루 껴안는 계곡이 된다. 천하의 계곡이 되면 자연의 도와 멀어지지
않아 갓난아이로 되돌아간다.
〔知其雄 守其雌 爲天下谿 爲天下谿 常德不離 復歸於嬰兒〕 지기웅 수기자 위
천하계 위천하계 상덕불리 복귀어영아

흰 것이 무엇인가를 알고 검정을 지킨다면 천하의 격식이 된다. 천하
에 두루 통하는 격식格式이 되면 변함없는 덕은 그릇될 수 없게 되어
시비是非나 분별分別이 없는 경지로 되돌아간다.
〔知其白 守其黑 爲天下式 爲天下式 常德不忒 復歸於無極〕 지기백 수기흑 위
천하식 위천하식 상덕불특 복귀어무극

영광이 어떤 것인가를 알고 굴욕을 지키면 천하를 넣어 둘 수 있는 텅 빈 고을이 된다. 천하를 넣어 둘 수 있는 텅 빈 고을이 되면 변함 없는 덕은 만족되어 순박한 것으로 되돌아간다.

〔知其榮 守其辱 爲天下谷 爲天下谷 常德乃足 復歸於樸〕 지기영 수기욕 위천하곡 위천하곡 상덕내족 복귀어박

있는 그대로의 나무토막을 쪼개고 깎고 다듬으면 그릇이 된다. 그러나 성인은 있는 그대로의 것을 활용해 다스리는 장관이 된다. 그러므로 크게 다스리는 것은 이 패 저 패로 갈라지지 않는다.

〔樸散則爲器 聖人用之 則爲官長 故大制不割〕 박산즉위기 성인용지 즉위관장 고대제불할

도움말

제28장은 인간을 다스려 자연으로 복귀할 것〔治人事天〕을 생각해 보게 하는 장이다. 공자의 수기치인修己治人은 학문學文으로 가능하지만 노자의 치인사천治人事天은 자연에 복귀하는 것으로 가능하다는 것을 헤아리게 하는 장이다.

위천하계爲天下谿의 계谿는 모든 물줄기가 모여드는 계곡을 말한다고 보면 된다.

상덕常德은 변함없는 도의 모습이라고 이해하면 된다.

영아嬰兒는 상덕을 비유한 것이라고 여기면 된다.

특忒은 틀리다, 어긋나다라는 뜻으로 새기면 된다.

무극無極은 분별의 시비를 넘어선 경지로서 상덕을 비유한 것이라고 보아도 된다.

곡谷은 텅 빈 고을을 뜻하며 특히 도道를 노자는 곡신谷神이라고 비유하고 있다. 그 곡신谷神의 곡谷으로 이해하면 된다.

박樸은 다듬지 않은 나뭇등걸처럼 꾸밈이 없는 있는 그대로의 것을 말하므로 자연을 뜻하며 자연은 곧 상덕常德이다.

박산즉위기樸散則爲器의 박樸이 자연이라면 기器는 문화인 셈이다. 박이 우주 만물의 모습이라면 기는 인위에 의해서 만들어진 것으로 새겨도 된다.

제29장 세계는 인간의 것이 아니다

세상은 소유할 수 없는 것

살아가는 데 뜻대로 되는 일이 없다고 한탄하거나 원망하는 것은 참으로 어처구니없는 일이다. 세상은 인간의 뜻에 맞추어 주기 위해 있는 것이 아니다. 이러한 사실은 틀림없는 진실이다. 제멋대로 사는 세상이라고 여기는 사람은 이러한 진실을 어기며 어긋나게 살고 있을 뿐이다.

목숨이 오는 것(生)도 다 같고 가는 것(死)도 다 같다. 그러나 인간은 그러한 생사마저 차별하려고 한다.

왕자는 귀한 몸으로 태어난 자이고 갓바치의 자식은 천한 몸으로 태어난 것이라고 여기는 것은 인간의 짓일 뿐이다. 풀씨가 풀잎을 태어나게 하는 것이나 암컷의 생쥐가 새끼를 낳는 것과 임산부가 해산을 하는 것은 천지의 입장에서 본다면 다를 바가 없다. 왜냐하면 모두 생명을 낳는 것이기 때문이다.

그러나 인간은 스스로 유별난 존재라고 자처하면서 임산부를 암컷이라고 하면 화를 내고 자녀를 새끼라고 하면 멱살잡이를 마다하지 않는다. 하지만 따지고 보면 모두 생명의 시작일 뿐이다.

목숨이란 존재는 한 번 태어나고 한 번 죽는다. 이것이 목숨의 시작이며 마감이다. 목숨이 있는 존재라면 무엇이든 이러한 생사의 순환을 한다. 그러한 순환은 목숨 밖에서 이루어진다고 보는 것이 현명하다. 목숨 밖에 목숨의 생사가 있다는 것을 운명이라고 한다. 이러한 운명이 인간의 능력 밖에 있다는 것은 누구나 다 알고 있다.

그러나 인간은 제가 타고난 팔자를 고칠 수 있다고 억지를 부린다. 이 또한 실없는 짓이다. 길흉을 따져 길한 것은 오라 하고 흉한 것은 가라고 점을 치기도 한다.

권력을 잡기 위하여, 명성을 얻기 위하여, 재물을 축적하기 위하여 별별 수단을 다 동원해 안간힘을 쏟는 것이 인간이다. 공자는 몸을 닦아[修身], 가정을 이루고[齊家], 나라를 다스리며[治國], 나아가 천하를 평정한다[平天下]고 제언한다. 그러나 노자는 이러한 단계를 허망하다고 여긴다.

왜 자신을 닦아야 하는가? 청운의 꿈을 위하여 그렇게 하라고 공자는 응해 준다. 그러나 노자는 청운의 꿈에 사로잡힌 나를 해방시키라고 한다. 세상을 정복해 제 뜻대로 다스려 보겠다는 생각보다 더 무서운 것은 없다고 본 것이다.

하나의 장군이 태어나자면 수만의 병졸이 전쟁터를 피로 물들여야 한다. 진시황은 천하를 통일한답시고 수없이 많은 사람들을 생죽음 당하게 했으며 히틀러는 제 야심을 채우기 위하여 수백만 명을 학살했다. 이 얼마나 무서운 놀음인가!

천하를 제 손안에 넣고 마음대로 해보겠다고 욕심을 내는 인간이 있는 한 인간의 생존은 춘추 전국春秋戰國의 덫에서 풀려날 수가 없다. 이 세상에서 이러한 덫을 거두어 내자면 어떻게 하면 될까?

노자는 이를 두고 이미 수천 년 전에 고민을 했었다. 인간의 힘으로 세상을 다스린다고 여기지 마라. 나아가 권력만 있으면 안 되는 일이 없다고 여기지 말 것이며 세상을 정복해 소유한다고 생각하지 말라고 다음처럼 말해 두고 있다.

장차 천하를 쟁취해 다스려 보겠다고 욕심을 내는 일이 있다면[將欲取天下而爲之] 내가 보기에는 그러한 욕심은 이루어질 수 없는 것이다[吾見其不得已]. 천하는 자연의 도가 만든 것이므로 그러한 욕심은 불가능할 뿐이다[天下神器 不可爲也]. 욕심을 내고 시도하는 자는 패할 것이고[爲者敗之], 놓치지 않으려고 틀어쥐고 있는 자는 잃을 것이다[執者失之].

은殷 나라의 주紂는 임금의 자리를 빼앗기지 않으려고 숙부를 미치광이처럼 떠돌게 했고 배다른 동생 비간比干의 몸을 갈기갈기 찢어 강물에 던졌다. 그러다가 은 나라가 망했고 주는 결국 임금의 자리를 빼앗기고 죽었다.

이러한 일이 남의 나라에만 있었던 것은 아니다. 조선조의 태종은 임금의 자리를 차지하려고 아버지의 신하들을 살육했고 형제끼리 난을 일으켜 피를 보았고 걸림돌이 된다 싶은 피붙이를 도륙하였다.

세조는 임금인 조카를 내치고 그 자리를 차지했다가 후환이 두렵다는 말을 듣고 결국 내친 조카를 목 졸라 죽여 버렸고 이에 저항하고 항거하는 옛 신하들을 역적으로 몰아 불에 달군 인두로 생살을 지져서까지 임금의 자리를 지키려고 했다. 이처럼 세상을 차지하려고 하면 할수록 해서는 안 될 일을 해야 한다.

어디 임금의 자리만 그럴 것인가? 벼슬이란 크든 작든 저마다 해서는 안 될 일을 하게 유혹한다. 선조 때 담양에 채지목蔡之穆이란 생원이 있었다. 채지목이 광양의 훈도로 있으면서 기회를 엿보다 그 고을 교생들을 불러 놓고 음모를 꾸미기 시작했다. 그 당시 세상은 정여립鄭汝立의 역모 사건逆謀事件으로 서인西人이 동인東人을 물고 늘어져 마치 벌집을 쑤셔 놓은 듯했다. 채지목은 이 틈을 이용해 벼슬길을 열어 보자고 교생들을 꼬드겼다.

역모로 몰렸던 정여립을 이발李潑이 천거했으며 이발의 동생인 이길李洁도 연루되었다. 이길과 김국주金國柱가 절친하여 무기를 뒤로 대 주었다고 고발하면 국주는 역적이 될 것이고 자기네는 상을 타게 될 것이라고 채지목은 음해의 잔꾀를 냈다. 광양의 현감을 지낸 다음 김국주는 아산의 부사로 있었던 터였다. 그는 역모에 가담한 적이 없었지만 채지목의 고변으로 고문을 받다 죽었다.

그러나 뒤에 채지목의 무고誣告가 사실로 드러나 채지목 일당은 벼슬길은커녕 반좌율反坐律에 걸려들어 생죽음을 당했다. 무고를 당해 죽었으면 무고한 자를 죽이고 무고를 당해 귀양을 갔으면 무고한 자를 귀양 보내는 것이 반좌율이었다. 고문을 받다 김국주가 죽었으니 채지목도 그러한 고문을 받고 죽어야 했다.

세상을 취하여 다스려 보겠다는 생각은 인간을 사납게 만들기 쉽다. 사나운 인간은 뾰족한 송곳과 같아 세상을 찌르고 다른 사람들이 피 흘리게 한다. 은 나라 주왕紂王이 비간의 배를 갈라 죽인 것이나 조선조의 태종과 세조가 골육을 죽인 것이나 채지목이 벼슬을 탐내 죄 없는 사람을 무고하게 죽게 한 것이나 모두 분에 넘치게 천하를 취하려는 야심에서 비롯된 것이다. 이러한 야심이 인간의 세상에서 없어진 적은 없다. 이를 노자는 분명하게 밝혀 놓은 셈이다.

세상이 제 것인 양 소유하려고 하지 마라. 세상은 인간의 뜻에 따라 있는 것이 아니다. 세상은 도의 그릇[神器]이지 인간의 그릇이 아니다. 그러므로 치자治者일수록 세상을 제 밥그릇처럼 생각하지 마라. 이러한 경고를 천하신기天下神器는 떠올리게 해 주는 것이다.

세상은 우주 만물이 더불어 있는 그릇이요, 둥지일 뿐이다. 신기神器는 공덕지용孔德之容의 그릇이 아닌가! 한량없이 큰 덕의 그릇이요, 그 그릇은 항상 텅 비어 있어서 우주 만물이 있을 자리를 얻을 수가 있다. 그러한 자리를 만물은 어떻게 얻고 있는가? 이에 대하여 노자는 다음처럼 밝혀 주고 있다.

만물은 앞에서 나가기도 하고 뒤에서 따르기도 하며[物或行或隨], 내쉬기도 하고 들이쉬기도 하며[或呴或吹], 강하기도 하고 약하기도 하며[或强或羸], 위에 실리기도 하고 아래로 떨어지기도 한다[或載或隳].

노자가 말하는 성인은 인간에게 무엇을 가르쳐 주지 않는다. 오로지 노자가 밝히는 성인은 자연에서 존재하는 비결을 찾아 그대로 따른다. 그러므로 그러한 성인은 무엇을 억지로 취하려고 하지 않는다. 심한 짓을 멀리하므로 자연히 아늑하고, 꾸밀 것도 없고 분장할 것도 없으므로 사치스러울 것도 없으며, 무엇을 탐내지 않으므로 오기를 부릴 것도 없고 자만할 것도 없어 성인은 그냥 있는 그대로 삶을 누리고 보낸다. 이러한 성인은 곧 무위의 실천자인 셈이다. 이렇게 인생을 바라본다면 세상을 소유하겠다고 턱없는 야심이나 야망을 품지 않을 것이다.

장차 천하를 쟁취해 다스려 보겠다고 욕심을 내는 일이 있다면 내가
보기에는 그러한 욕심은 이루어질 수 없는 것이다.
〔將欲取天下而爲之 吾見其不得已〕 장욕취천하이위지 오견기부득이

천하는 자연의 도가 만든 것이므로 그러한 욕심은 불가능할 뿐이다.
〔天下神器 不可爲也〕 천하신기 불가위야

욕심을 내고 시도하는 자는 패할 것이고, 놓치지 않으려고 틀어쥐고
있는 자는 잃을 것이다.
〔爲者敗之 執者失之〕 위자패지 집자실지

그러므로 만물은 앞에서 나아가기도 하고 뒤에서 따르기도 하며, 내
쉬기도 하고 들이쉬기도 하며, 강하기도 하고 약하기도 하며, 위에
실리기도 하고 아래로 떨어지기도 한다.
〔故物 或行或隨 或呴或吹 或强或羸 或載或隳〕 고물 혹행혹수 혹구혹취 혹강혹리
혹재혹휴

이와 같으므로 성인은 심한 것을 거두며, 사치를 멀리하고 검소하며,
태만하거나 오만함을 멀리한다.
〔是以聖人 去甚 去奢 去泰〕 시이성인 거심 거사 거태

도움말

제29장은 인간이 하고 싶은 대로 하는 것이 아니라 만물이 존재하는 것을 살펴서 생각하고 행동할 것을 깨우치게 하는 장이다. 하고 싶은 대로 하면 할수록 실패하고 잡으면 잡을수록 잃게 된다는 것을 헤아리게 한다. 제29장은 무위의 장인 셈이다.

취천하取天下의 취取는 민심을 얻는 것이라고 새겨도 된다. 즉 세상을 얻는 것을 뜻한다고 보면 된다.

위지爲之는 세상을 취해 다스린다고 보아도 된다.

천하신기天下神器의 신기神器는 도道의 것이라고 새기면 된다. 천天은 양陽이며 신神이고 지地는 음陰이고 귀鬼라고 보았다. 신기神器를 하늘의 그릇이라고 여겨도 되고 곡신谷神이나 현빈玄牝이라고 새겨도 무방할 것이다.

구呴는 내쉬는 것이고 취吹는 들이쉬는 것이다.

이羸는 강강强强에 대칭이 되는 뜻이며 약弱의 뜻으로 통하는 것으로 새기면 된다.

혹재혹휴或載或隳의 재載는 위에 실리는 것이고 휴隳는 아래로 떨어지는 것이라고 새기면 된다.

거심去甚은 따뜻하고 안온하며 넉넉한 마음가짐[慈]이다.

거사去奢는 수수하고 꾸밈이 없는 몸가짐[儉]이다.

거태去泰는 태만이나 오만, 오기를 부리지 않고 삼갈 줄 아는 것이므로 함부로 나서지 않는 것[不敢爲天下先]이다.

제30장 힘을 앞세우면 끝이 험하다

힘은 강할수록 종말을 재촉한다

강한 것은 항상 강하고 약한 것은 항상 약하다. 이렇게 확신하고 처신하는 것보다 더 바보 같은 짓은 없다. 언제나 강한 것이 약한 것을 이기고 약한 것은 항상 강한 것에 진다는 생각보다 더 짧은 소견은 없다. 그러나 현대인은 강한 것이 약한 것을 이긴다는 신앙을 통해 모든 것을 생각하며 처리하려고 한다. 왜 현대인은 이렇게 생존을 꾸려 가야 하는가? 현대인이 누리고 있는 문명이 철저하게 힘의 논리에 바탕을 두고 있는 까닭일 것이다.

이끼는 바위 표면에 뿌리를 붙이고 살 수 있지만 큰 소나무는 바위에 뿌리를 내리고 살 수가 없다. 소나무의 몸집만큼 큰 것을 이끼의 뿌리가 지탱할 수 없지만 이끼의 뿌리는 제 몸의 무게만큼 지탱할 수 있는 힘을 지닐 뿐이다. 그러므로 이끼의 몸집과 소나무의 몸집을 서로 비교해서 소나무의 뿌리가 이끼의 뿌리보다 무게를 지탱하는 힘이 더 세다고 판단할 것은 못 된다. 만물은 저마다 알맞은 힘만을 누리고 있을 뿐이다. 그렇게 생명력을 누리는 것을 무위라고 생각하면 된다.

모기는 제 몸을 지탱할 수 있는 만큼의 힘을 지니고 독수리는 제 몸을 지탱할 만큼의 힘을 지닌다. 생쥐가 토끼의 힘을 부러워하지 않으며 토끼가 호랑이의 힘을 부러워하지 않는다. 이처럼 제 몸을 지탱할 수 있을 만큼의 힘을 지니고 목숨을 누리는 것을 또한 자연이라고 보아도 된다.

노자는 만물이 저마다 알맞게 목숨을 누리는 것을 약하고 부드러운 것(柔弱)의 힘으로 보았고 분에 넘치게 힘을 탐하는 것을 강하고 굳건한 것(強剛)의 힘으로 보았다. 유약柔弱의 힘은 자연이요, 무위이며 강강強剛의 힘은 문화요, 인위인 셈이다. 그러므로 약하고 부드러운 것이 강하고 굳건한 것을 이긴다(柔弱勝強剛)는 노자의 말은 결국 문화보다는 자연으로, 인위보다는 무위로 살아야 함을 밝히고 있는 것이다.

그러나 만물 중에서 오직 인간만이 유약柔弱의 힘을 버리고 강강強剛의 힘을 추구하려고 한다. 현대 문명이 힘의 논리에 바탕을 두고 있다는 것은 인간이 약하고 부드러운 힘을 부정하고 강하고 굳건한 힘만을 긍정하고 있다는 풀이를 가능하게 한다.

강한 것이 약한 것을 잡아먹는다(弱肉强食)는 이론은 만물에 널리 적용되며 적응력이 강한 놈이 살아남는다(適者生存)고 주장되기도 한다. 풀을 먹는 여치를 사마귀가 잡아먹고 사마귀는 까치의 먹이가 되고 까치는 독수리의 밥이 될 수 있으므로 약육강식이 천하의 이치가 아니겠냐고 말한다. 그러나 여치는 사마귀와 싸우다 힘이 약해서 먹히는 것이 아니다. 여치가 살자면 풀섶을 갉아먹어야 하고 사마귀가 살자면 여치 같은 벌레를 먹어야 한다. 이는 목숨을 누리기 위한 먹이 사슬일 뿐 사마귀가 여치를 소유하는 것은 아니며 까치 또한 사마귀를 소유하는 것은 아니다. 만물 중에서 인간만이 소유욕에 매달려 산다.

인간은 힘을 빌려서 원하는 것을 소유하려는 뜻을 감추지 않는다. 왜 인간은 전쟁의 동물이란 말을 듣는가? 땅을 놓고 전쟁을 벌이는 것은 땅에 있는 모든 것을 독차지할 수 있다는 야욕 때문이다. 이기면 소유하고 지면 상실한다는 것이 인간의 전쟁 심리가 아닌가! 이러한 무력武力이 강할수록 승리를 보장한다는 믿음이 인간의 역사를 이어 왔다. 무엇이 무력을 강하게 하는가? 병력兵力이 그렇게 한다. 나라를 통치하는 자리에 앉은 사람은 이러한 병력과 무력으로 배수진을 치고 패권을 잡으려고 한다. 인간이 이러한 패권으로 세상을 취하려는 야심을 버리지 않는 한 인간의 생존이 편할 수 없음을 노자는 알았다. 그래서 노자는 다음과 같이 밝혀 두었다.

자연의 도로써 임금을 보좌하는 사람[以道佐人主者]은 군대의 힘으로 나라를 강하게 하지 않는다[不以兵强天下]. 군대의 힘으로 자행한 일은 그 후환을 불러오게 마련이다[其事好還]. 군대가 주둔하는 자리에는 가시가 돋아나고[師之所處荊棘生焉] 병사를 일으켜 큰 전쟁을 치른 뒤에는 흉년이 들고야 만다[大兵之後必有凶年].

수양산에서 산나물로 연명하던 백이白夷가 주周 나라 무왕武王이 은殷 나라의 폭군 주왕紂王을 쳐서 징벌했다는 소식을 들었다. 그 말을 들은 백이는 이렇게 독백을 했다.

'주 나라 무왕은 폭력을 일삼던 은 나라의 주왕을 쳐서 이겼다는 사실만 알고 있을 뿐 주왕을 징벌한 방법과 수단이 무왕의 그것과 같다는 것을 모르고 있다.'

위魏 나라 무왕武王이 서하西河에 배를 띄워 강물을 거슬러 올라갔다. 강변에는 아름다운 산천이 옹벽을 이루고 있었다. 무왕은 신하들에게 아름다운 산천을 구경하라고 권하면서 저 성벽 구실을 하고 있는 산세가 곧 위 나라를 튼튼하게 해 주는 보배라고 자랑했다.

그러자 무왕의 옆에 있던 오기吳起라는 신하가 다음처럼 직언하였다.

"나라를 튼튼하게 하는 것은 덕에 있는 것이지 험한 성벽에 있는 것은 아닙니다[在德而不在險]."

이처럼 옛날부터 나라를 경영하는 데 힘을 사용하지 말고 덕으로 다스리라는 말이 한없이 많았지만 실제로 그러한 치자治者는 찾아보기가 어렵다. 언제나 덕은 힘을 소유한 자의 변명에 불과했다. 오기吳起나 백이白夷처럼 바른 말을 하면 사약을 받거나 괘씸죄에 걸려 귀양살이를 했다. 그러한 화를 면하려면 궁궐에서 멀리 떠나 산 속에 숨어살아야 했다. 옛날에만 그랬던 것은 아니다. 지금도 여전하다.

모든 권력은 국민으로부터 나오는 것이지 통치자로부터 나오는 것은 아니라는 말이 있다. 오직 말만 있을 뿐이다. 권력을 잡고 권좌에 앉은 치자가 무력을 바탕으로 나라를 다스리면 무단 정치武斷政治가 되고 만다. 무단 정치는 총, 칼이 덕의 다스림을 잘라 버렸다는 뜻이다. 박 대통령이 보릿고개의 배고픔은 알아주었지만 무단 정치의 칼자루를 쥐고 먹을 것을 줄 테니 시키는 대로만 하라고 포고령을 남발했다.

박 대통령 시절 백성의 마음은 항상 흉년이었고 살얼음판이었다. 결국 박 대통령은 총으로 권력을 잡았다가 그 총으로 권력을 잃고 말았다. 궁정동 사건이 있던 그때 그 사람들은 강력한 힘이라는 것이 얼마나 허망한 것인가를 가르쳐 주고 무단 정치의 칼날에 금이 간 것을 보여 주었다.

힘싸움은 힘싸움을 부른다. 그저 앉아서 가만히 맞고만 있을 사람이나 나라는 없다. 내가 너를 치면 너는 나를 친다. 이것이 노자의 기사호환其事好還이다. 그래서 전쟁은 이기는 쪽이든 지는 쪽이든 상처를 입고 흉터를 남긴다. 한쪽의 군사가 다른 쪽을 치면 다른 쪽도 되받아 치게 마련이다. 이렇게 무력이 거듭 생산되는 것이다. 노자는 무력의 사용을 병兵이라고 했다. 병兵이 전쟁을 치르는 치자의 수단이 될 때 백성은 굶게 된다.

전쟁이 나면 백성은 병졸이 되어 전쟁터로 나가고 논밭에서 일을 해야 할 일꾼은 없어진다. 들은 내버려져 곡식이 자라는 것이 아니라 잡초와 가시덤불이 무성해진다. 군사가 주둔하면 왜 가시가 돋아나는지 헤아릴 수 있을 것이다.

노자는 정치를 하려면 덕으로 하라고 했다. 원한이 있으면 덕으로 갚으라[報怨以德]고 했다. 그러나 칼은 칼로 피는 피로 갚아야 한다며 적개심을 고취하고 백성을 팽팽하게 조이는 치자들이 있는 한 세상은 편할 수가 없다. 이것이 인간의 역사라면 너무나 너절하고 더럽다.

누가 싸우지 않고 이기는가

개미귀신이 한 마리의 개미를 먹이로 얻기 위하여 모래 무덤 속에서 참고 기다리며, 거미는 먹이를 얻기 위하여 거미줄을 쳐 두고 나뭇가지에 숨어 기다린다. 먹잇감을 찾아 개미귀신은 개미와 싸움을 벌이지 않으며 거미 역시 벌레와 싸우지 않는다.

개미귀신은 모래로 함정을 파 놓고 지나갈 개미를 기다린다. 모래

늪에 빠진 개미는 나오려고 발버둥을 치지만 그러면 그럴수록 흐르는 모래가 개미를 지치게 한다. 개미귀신은 이를 알고 기다릴 뿐이다. 거미줄에 걸려들어 퍼덕거리는 벌레를 보고도 거미는 미동도 하지 않는다. 거미줄에서 빠져나가려고 발버둥을 치면 칠수록 얽매일 뿐임을 거미는 알고 있는 까닭이다. 제 풀에 꺾이는 것을 알고도 자진해서 싸움을 걸어 피투성이가 될 필요는 없는 것이다.

한 마리의 토끼를 잡아먹기 위하여 온 털에 땀을 흘리며 힘을 자랑하는 호랑이는 거미나 개미귀신보다 우둔하다. 그러나 호랑이는 먹이 사냥에 온 정성을 쏟을 줄 안다. 하지만 인간은 상대보다 자기가 힘이 좀 세다 싶으면 천하가 제 것인 양 호들갑을 떨고 경쟁심을 발동시킨다. 수사슴들이 암컷을 놓고 뿔싸움으로 힘 겨루기를 하지만 짐승들의 힘 겨루기는 간단명료하다. 그러나 인간의 생존은 거의 모든 부분에서 서로 다투어 힘 겨루기를 하려고 한다. 현대를 경쟁 시대라고 하지 않는가!

인간이 생존을 경쟁의 테두리 안에서 본다면 인생도 승패의 스포츠처럼 보인다. 현대인이 인생을 승패가 있는 게임처럼 생각하고 있는 것도 사실이다. 승패가 걸려 있으면 무엇이든 힘의 저울로 그 가치를 따진다. 가장 가치 있는 것은 무엇인가? 이러한 물음에 대하여 현대인은 드러내 놓고 내색은 하지 않지만 속으로는 부富의 축적이라고 혼잣말을 한다. 그래서 이제는 무력 전쟁은 낡은 것이고 바야흐로 경제 전쟁에서 무역 전쟁에 돌입했다고 호언하게 되었고 삶의 터전을 생활전선生活戰線이라고 밝힌다. 이쯤 되고 보면 세상에 전쟁터가 아닌 곳이 없는 셈이다.

남보다 강력한 힘을 휘둘러 이겨야 한다는 강박관념에 사로잡혀 인간은 서로를 경쟁 상대로 바라보며 힘 겨루기를 해야 한다고 조바심을 낸다. 이러한 조바심은 백성을 전쟁터로 내모는 폭군의 야심과 다를 바가 없다. 노자는 이러한 조바심을 버리라고 한다. 적이 있으므로 강하게 되어야 한다고 맹세하지 말고 자기 자신에 대한 마음가짐을 과감하게 하라고 다음처럼 타이르고 있다.

무력을 쓰지 않고 덕을 행하는 자[善者]는 스스로 과감할 뿐이다[果而已]. 선자는 남에게 강력한 힘을 발휘하려고 하지 않으며[不敢以取强], 스스로 과감할 뿐 남에게 과시하지 않으며[果而勿矜], 스스로 과감할 뿐 남을 굴복시키려고 하지 않으며[果而勿伐], 스스로 과감할 뿐 교만을 떨지 않으며[果而勿驕], 스스로 과감할 뿐 결코 획득하려고 하지 않는다[果而不得已].

이제 박수근朴壽根 화백 하면 알 만한 사람은 다 안다. 박수근 화백이 저승으로 가고 난 다음 그의 그림 값이 너무나 비싸졌기 때문에 인간 박수근을 안다기보다는 그의 작품 값을 통해서 그를 알게 되었다고 하는 게 옳을 것이다. 그러나 박수근 화백은 세상을 과감하게 살다 간 선자善者이다.

그는 가난에 시달리면서도 내색한 적이 없었다. 그저 주린 배를 안고 말없이 그림만 한평생 그리며 살았을 뿐이다. 화가로서의 외길을 걷는 것이야말로 박수근 화백 자신이 스스로 택한 과감성이었다.

60년대 어느 해였던가 박 화백이 국전 심사위원이 되었다. 심사 장소가 덕수궁이라 심사하는 날, 박 화백은 그곳으로 갔다. 그러나 덕수궁 수위가 그를 붙잡은 채 왜 공짜로 궁에 들어가느냐며 호통을 쳤다.

덕수궁 출입을 관리하는 수위가 임무를 앞세워 위세를 부렸지만 박 화백은 "나 심사위원이오"라는 이 말 한 마디를 할 수 없었다. 수위 앞에 그냥 서서 면박만 당하다 할 수 없이 덕수궁 문 밖에 우두커니 서 있었다. 한참 후에야 다른 동료 심사위원이 왔다.

박수근 화백이 서 있는 모습을 보고 동료 심사위원이 반가워하며 왜 심사장으로 들어가지 않고 거기 서 있느냐고 물었다. 박 화백이 미소를 지으며 인사를 하고서는 덕수궁 입장료를 살 돈이 없어 난감해 그렇게 서 있었노라고 실토했다.

동료 심사위원이 깜짝 놀라며 심사위원은 그냥 입장할 수 있는데 무슨 입장권 타령이냐고 하면서 박 화백의 손을 잡아끌었다. 수위실 앞에 이르러 동료 심사위원이 "국전 심사위원이오" 하니까 수위가 거수경례를 올리며 입장을 허락했다. 박 화백이 뒤따라 들어가려고 하자 수위가 핏대를 세우며 또다시 무안을 주었다.

"아까 공짜로 궁에 들어가려다 들켰으면 그냥 돌아갈 일이지 왜 성가시게 하는 것이오."

앞서가던 동료 심사위원이 이 말을 듣고 뒤돌아보니까 수위가 박 화백의 손목을 잡고 밖으로 끌어내려 했다. 달려온 동료 심사위원이 수위의 멱살을 잡고 호통을 쳤다. 그러자 수위가 이 노인이 그냥 궁에 들어가려고 해 막는 중이라고 항변했다.

"이 분도 국전 심사위원이오."

동료 심사위원이 버럭 소리를 지르자 수위는 의심스러워하면서도 박 화백을 노려보며 심사위원이냐고 따졌다. 박수근 화백은 어렵사리 고개를 끄덕였다. 그제서야 수위가 죄송하게 되었다면서 입궁을 허락했다. 수위실로 들어가면서 수위가 중얼거렸다.

"거지 같은 심사위원도 있구면."

무심코 내뱉은 말을 동료 심사위원이 들었다.

괄괄했던 동료 심사위원이 이 말을 듣고 달려가 다시 멱살을 잡을 듯이 수위를 향해 사람을 잘 알아보아야 수위이지 감히 누구를 거지라고 흥보는 거냐고 호통을 쳤다. 그러나 박 화백은 동료 심사위원을 말리며 어서 들어가자고 했다.

어이가 없어진 동료 심사위원이 왜 심사위원이라고 밝히지 않고 수모를 당하며 거리에 서 있었느냐고 물었다. 그러자 박 화백은 멋쩍은 듯 미소를 지으며 이렇게 말꼬리를 흐리며 대답했다.

"내가 나를 심사위원이라고 말하기가 뭣해서 그만……."

박수근 화백은 그림을 그리는 것으로 인생을 살았다. 다른 것에는 마음을 두지 않았으므로 가난은 저절로 오는 것이요, 가난하므로 살기가 궁한 것은 당연했다. 그림을 그려야 한다는 마음가짐이 곧 박수근 화백의 과감성이었던 것이다. 노자는 이러한 과감성을 과이이果而已라고 했다.

말을 타면 마부를 생각하고 판서가 되면 정승을 꿈꾼다고 한다. 높은 자리에 오르면 목에 힘을 주고 강자에게는 약하고 약자에게는 강한 사람을 간신奸臣이라고 한다. 간신은 폭군을 만나야 제 세상을 만나는 것이고 폭군은 간신을 두어야 힘을 마음대로 휘두를 수 있는 법이다.

윗사람의 눈치나 보면서 비위나 맞추려는 자는 간 쓸개도 없는 사람이다. 대개 이러한 부류의 인간들에서 못된 짓이 벌어지고 탈이 나는 법이다. 권력이 썩은 양고기처럼 될 때는 대개 힘으로 세상을 우악스럽게 밀어붙일 때이다. 이러한 세상에서는 간신이 충복이 되고 선자善者가 역적이 되기가 쉽다.

남에게 과시하려고 하는 사람, 남을 정벌하려고 하는 사람, 교활하게 굴면서 교만을 일삼는 사람, 권세만 누리면 뇌물을 척척 받아 삼키는 사람은 힘을 쥐기만 하면 남김 없이 휘둘러 대려고 한다. 누가 상처를 입는가? 죄 없는 백성이 상처를 입고 아파서 앓게 된다. 노자는 이를 부도不道라고 했으며 이것은 항상 힘을 남용한다고 보았다.

권세가 권력을 남용하면 오래갈 수가 없다. 오죽하면 권불십년權不十年이란 말이 생겼겠는가! 이를 노자는 힘을 쓰는 것은 융성하다 쇠퇴한다〔物壯則老〕라고 밝혔다. 그러므로 노자의 부도不道란 힘을 믿고 그 힘을 남용하다 그 힘으로 험하게 망한다는 것을 말해 준다. 힘은 힘으로 인해 망하므로 그 힘은 오래가지 못하고 빨리 끝나 버린다. 이를 노자는 힘의 길은 오래가지 못한다〔不道早已〕라고 했다.

선자善者는 이러한 힘의 길을 밟지 않는다. 이러한 마음가짐은 스스로 다지고 스스로 과감하게 할 뿐 힘으로 밀어붙이지 않는다〔果而勿强〕고 했다. 선자善者가 스스로 과감하다는 것〔果〕은 무슨 뜻일까? 욕심을 부리지 않고 그냥 있는 그대로 사는 것에 만족하는 것이고 남을 밟고 자신을 앞세우려는 야망을 버리는 것으로 받아들여도 될 것이다.

原文
의역

자연의 도로써 임금을 보좌하는 사람은 군대의 힘으로 나라를 강하게 하지 않는다. 군대의 힘으로 자행한 일은 그 후환을 불러오게 마련이다. 군대가 주둔하는 자리에는 가시가 돋아나고 병사를 일으켜 큰 전쟁을 치른 뒤에는 흉년이 들고야 만다.

〔以道佐人主者 不以兵强天下 其事好還 師之所處荊棘生焉 大兵之後必有凶年〕 이도좌인주자 불이병강천하 기사호환 사지소처형극생언 대병지후필유흉년

그러므로 무력을 쓰지 않고 덕을 행하는 자는 스스로 과감할 뿐이다. 선자는 남에게 강력한 힘을 발휘하려고 하지 않으며, 스스로 과감할 뿐 남에게 과시하지 않으며, 스스로 과감할 뿐 남을 굴복시키려고 하지 않으며, 스스로 과감할 뿐 교만을 떨지 않으며, 스스로 과감할 뿐 결코 획득하려고 하지 않으며, 스스로 과감할 뿐 억지로 힘을 부리지 않는다.

〔故善者 果而已 不敢以取强 果而勿矜 果而勿伐 果而勿驕 果而不得已 果而勿强〕 고선자 과이이 불감이취강 과이물긍 과이물벌 과이물교 과이부득이 과이물강

힘을 쓰는 것은 융성하다 쇠퇴한다. 이를 부도라고 한다. 부도는 일찍 끝나고야 만다.

〔物壯則老 是謂不道 不道早已〕 물장즉노 시위부도 부도조이

도움말
제30장은 부도不道를 헤아리고 새겨 보게 하는 장이다. 도가 있다는 것[有道]은 덕德이 이루어지고 있음이며 도에 어긋난 것[不道]은 힘 겨루기를 해 원망을 짓는 것을 뜻하는 셈이다. 인간의 생존을 고통으로 몰아가는 것을 이 장에서는 가시가 돋고[荊棘生] 흉년이 오게 마련[必有凶年]이라고 비유하고 있다. 이러한 생존의 고통에서 벗어나기 위하여 군대의 힘으로 세상을 강화하지 말라[不以兵强天下]고 했다. 병兵은 강력한 힘의 수단을 뜻한다고 보면 된다.
기사호환其事好還의 기사其事는 힘 겨루기를 하는 일이나 사건을 뜻하고 있다.
사지소처師之所處의 사師는 삼 군三軍을 관할하는 장수를 말한다고 보면 된다.

대병大兵은 큰 전쟁을 치르는 것을 뜻한다.

선자善者는 힘을 힘으로 겨루는 자가 아니라 덕으로 이기는 자를 뜻한다고 보아도 된다.

과이이果而已의 과果는 선자 스스로 다짐하는 것이며 그 다짐의 내용은 원망이나 원한을 덕으로 갚는다(報怨以德)라는 노자의 생각으로 새겨도 된다. 제30장에 나오는 다섯 번의 이而는 '무엇을 할 뿐'이란 뜻으로 풀이된다.

물장즉노物壯則老의 물物은 힘으로 이룩한 사건들이다.

부도조이不道早已의 부도不道는 힘으로 세상을 다스리는 것을 뜻하고, 조이早已의 이已는 끝나서 멈추는 것(止)으로 새기면 된다.

제31장 무기는 힘 겨루기의 다툼만 불러온다

전쟁은 세상을 상가喪家로 만든다

수사슴은 머리의 뿔을 믿고 힘을 겨루고, 살쾡이는 뾰족한 송곳니를 믿고 겁이 없으며, 독수리는 날카로운 발톱을 믿고 새들 사이에서 군림한다. 하지만 수사슴의 뿔이나 살쾡이의 송곳니나 독수리의 발톱은 생존의 용기用器일 뿐 흉기凶器도 아니며 무기武器도 아니다.

그러나 사람의 손에 들린 칼은 용기도 되고 흉기도 될 수 있으며 무기도 될 수 있다. 어머니의 손에 있는 부엌칼은 용기일 뿐이다. 강도의 손에 들린 식칼은 흉기가 되고 병사의 손에 들린 칼은 무기가 된다. 흉기는 법으로 다스리면서 무기는 법으로 보호하는 것이 인간의 규범이다.

힘만 믿고 그것을 앞세우는 세상이 되면서 인간은 무기를 개발해 왔다. 병사의 손에 활이 들렸다가 총으로 바뀌었다. 그러나 총으로 만족하지 않았고 이내 대포와 포탄이 등장했다. 이것으로도 만족하지 않았다. 결국 대륙간 탄도미사일과 유도탄이 등장했고 그 속에 핵탄을 실어 일거에 천지를 앗아 버릴 만큼의 힘을 과시하는 새로운 무기까지 등장했다. 무기 개발의 경쟁은 곧 힘 겨루기의 경쟁이며 그러한 경쟁은 목숨을 살리는 경쟁이 아니라 죽이는 경쟁이다.

강도가 총을 쏘아 사람을 죽이면 살인이고 전선에 나간 병사가 적군을 사살하면 훈장을 받고 용사가 된다. 강도는 남의 것을 빼앗으려고 사람을 죽였으므로 살인죄를 지은 것이고 병사는 조국을 위하여 적군을 사살했으므로 당연히 훈장과 보상을 받아야 한다고 인간은 굳게 믿는다. 이것은 한낱 인간의 자기 방어 논리에 불과할 뿐이다!

강도의 살인과 병사의 사살은 다른가? 인간의 법으로 보면 다를 것이다. 그러나 자연의 법으로 본다면 다 같이 목숨을 해치는 짓에 불과하다. 장자는 좀도둑은 개인의 것을 훔치고 큰 도둑은 나라를 훔친다고 했다. 큰 도둑이란 누구인가? 전쟁을 일으킨 군왕을 말한다. 깡패들의 싸움이나 병사들이 치르는 전쟁이나 모두 남의 것을 빼앗는 짓에 불과한 것이 아닌가! 도둑이 감추어 둔 장물이나 승리로 빼앗은 전리품이나 무엇이 다르단 말인가! 노자는 이러한 질문을 인간의 역사에 던지고 있다. 전쟁을 미화하지 마라. 전쟁을 미화하는 사람의 눈에는 무기가 아름답게 보이겠지만 무기에 쓰러져 가는 생목숨들의 눈에는 무섭고 추한 흉기로 보일 뿐이다.

통수권자統帥權者는 무기를 아름답다고 하는데 군자는 왜 무기를 흉기와 다름없는 것으로 보는가? 노자는 전쟁을 불러일으키는 자들을 향하여 이러한 질문에 답하라고 한다. 그래서 노자는 다음처럼 단언한다.

무릇 아름다운 무기라고 하는 것은 모두 상스럽지 못한 것이다[夫佳兵者 不祥之器]. 만물은 무기를 싫어한다[物或惡之]. 그러므로 자연의 도를 걷는 자는 무기를 사용하지 않는다[故有道者不處].

군자가 자신을 다스려[治人] 자연에 따라[事天] 일[任事]에 임할 때는 왼쪽을 귀하게 여기고[君子居則貴左], 어쩔 수 없이 군사를 일으켜 전쟁을 할 때면 오른쪽을 귀하게 여긴다[用兵則貴右].

무기라는 것은 상스럽지 못한 것이므로 군자가 사용하는 수단이 아니다[兵者不祥之器 非君子之器]. 군자가 어쩔 수 없이 무기를 사용할 때는 안정된 것을 제일로 삼고 승리를 거두어도 아름답게 여기지 않는다[不得已而用之 恬淡爲上 勝而不美]. 승전을 아름답게 여기는 자는 사람 죽이는 짓을 즐기는 자이다[而美之者 是樂殺人].

무릇 살인을 즐기는 자는 천하의 뜻을 이룩할 수가 없다[夫樂殺人者 不可得志於天下矣].

나폴레옹에 대해 프랑스 사람에게 물어보면 천하의 영웅이라고 칭송하지만, 영국 사람에게 물어보면 정복욕에 굶주린 자였다고 한다. 그러나 임진왜란 때 왜구의 간담을 서늘케 했던 충무공에 대해 일본 식자識者들에게 물어보면 수군水軍의 명장名將이란 존칭에 인색하지 않다고 한다. 물론 우리는 충무공을 성웅聖雄으로 모시고 있다.

왜 나폴레옹은 서로 다른 대접을 받고 충무공은 피아彼我를 떠나 칭송을 받을까? 충무공은 걸어 오는 싸움을 막기 위하여 무기를 들고 외적을 물리쳐야 했지만, 나폴레옹은 정복의 야욕에 불탄 화신이었던 까닭이리라. 동서東西의 문화와 역사가 다르다고 하지만 목숨을 소중히 하자는 생명의 본능에는 다를 바가 없다. 충무공은 백성의 목숨을 소중히 여길 줄 알았던 장수였다. 그래서 충무공이 가는 고을 백성들은 하늘에 감사했다고 한다.

충무공과 함께 왜군을 맞아 싸웠던 명明 나라의 진린陳璘이란 수군 장수가 있었다. 선조의 조정은 임진왜란에 참전한 명 나라 수군을 여의 도에서 환영했다. 그 자리에는 선조 임금도 나와 있었는데, 진린이 선조의 신하 중에 버릇없는 놈이 있다고 노발대발하면서 대신 중에 하나를 끌어내 목을 오랏줄로 걸고 질질 끌면서 임금이 보는 앞에서 행패를 부렸다. 이 얼마나 오만방자한 짓인가! 이 꼴을 본 서애西厓 유성룡柳成龍은 《징비록懲毖錄》에다 이렇게 적었다. "오만방자하고 포악한 진린과 함께 해전을 치러야 할 충무공은 고생을 많이 하겠다."

진린은 전공戰功을 욕심사납게 밝혔다. 충무공은 전공 따위에는 관심이 없었다. 왜란倭亂으로 헐벗고 굶주리면서 죽어 가는 백성들이 불쌍해서 힘을 다해 왜군을 물리쳐야 한다는 생각밖에 없었다. 자신이 거둔 전공마저도 진린이 탐하는 족족 서슴없이 그에게 주었다. 그리고 진린에게 명 나라 수군이 백성들에게 행패를 부리면 용서하지 않겠다고 말하였다. 그러면 임금 앞에서도 방자하던 진린이 충무공 앞에서는 꼼짝도 못했다고 한다.

진린은 졸장猝將이고 충무공은 덕장德將인 셈이다. 졸장은 전공 같은 전리품을 탐하므로 전쟁하기를 좋아한다. 병사가 죽어 가는 것은 외면한 채 전공을 세워 영웅이 되겠다는 탐욕으로 가득 찬 장수는 졸장이다. 그러나 덕장은 전쟁을 싫어한다. 덕장은 피치 못할 전쟁이라면 피하지 않고 사심 없이 대처해 죽어 갈 목숨을 건지려고 한다. 충무공의 백의종군白衣從軍이 이를 뜻한다.

광화문 네거리에 서 있는 충무공의 동상을 보고 왜 승장이 오른손에 칼을 들고 있느냐는 말이 있다. 조각을 했던 조각가가 알고 그렇게 처리했는지는 모르지만 오른손에 칼을 쥐고 서 있는 충무공의 동상을 볼 때마다 다음과 같은 노자의 말이 생각난다.

군자가 자기를 닦아 세상을 다스리고, 해야 할 일에 임할 때는 왼쪽을 귀하게 여기고[君子居則貴左], 어쩔 수 없이 군사를 일으켜 전쟁을 할 때면 오른쪽을 귀하게 여긴다[用兵則貴右].

전쟁은 온 세상을 상가喪家처럼 만들어 버리지 않는가! 죽음의 자리에 서는 오른쪽이 귀한 자리이고 탄생의 자리에서는 왼쪽이 귀한 자리라고 예禮에 밝혀져 있지 않은가! 주검 앞에서 오른쪽을 귀하게 여긴다는 것은 죽은 목숨을 아까워한다는 뜻을 담고 있는 것이다. 광화문 네 거리에서 오른손에 칼을 쥐고 서 있는 충무공의 모습을 대할 때마다 임진왜란 중에 살아 있던 유일한 군자가 아니었나 싶은 생각을 한다. 오른손에 칼집에 든 칼을 쥐고 있으므로 칼을 뽑아 쓰지 않겠다는 마음을 읽을 수가 있다. 칼집을 왼손에 들고 있다면 오른손으로 칼을 뽑아 들고 살생을 펼칠 전의가 서려 있음이다. 그래서 군자는 왼손으로 칼집에 든 칼을 들지 않는다.

좋은 일은 왼쪽을 숭상하고[吉事尙左], 흉한 일은 오른쪽을 숭상한다[凶事尙右]. 전쟁터에서 직접 병사를 지휘하는 장군은 왼쪽에 자리하고 전군을 통솔하는 장군은 오른쪽에 자리를 잡는다[偏將軍處左 上將軍處右]. 이는 초상이 났을 때 하는 예에 따라 그렇게 하는 것이다[言以喪禮處之]. 왜 이렇게 노자는 말했을까?

왼쪽[左]을 행복한[吉] 자리로 보고 오른쪽을 불행한[凶] 자리로 보는 것이 음양 사상陰陽思想이다. 전선에 직접 나가 있는 장군은 목숨을 소중히 여기면서 적을 이겨내야 한다는 뜻을 편장군처좌偏將軍處左의 처좌處左가 말해 준다.

그러나 전군全軍을 통솔해 나라를 보호하고 백성을 안전하게 해야 할 임무가 있는 총사령관은 살생을 각오하고 전술 전략을 펼칠 수밖에 없다는 뜻을 상장군처우上將軍處右의 처우處右가 말해 준다.

전쟁의 상흔이란 말만큼 몸서리치는 것은 없다. 앞서 제30장에 있는 대병지후 필유흉년大兵之後 必有凶年이란 말을 떠올리면 그 이유를 헤아릴 수 있다.

그리고 군자는 왜 무기를 싫어하고 전쟁을 혐오하는지도 헤아릴 수 있다. 무엇보다 군자는 목숨을 소중히 여기는 자이다. 그래서 군자를 덕자德者라고 하는 것이 아닌가!

죽은 목숨이 너무 많아 애통해 그 죽음을 울먹이며〔殺人衆多 以悲哀泣之〕 전쟁을 승리로 이끌었다고 해도 상가에서 지켜지는 예를 따른다〔戰勝以喪禮處之〕.

전쟁에 승리를 해도 좋아하지 않고 고통스러워하는 군자는 누구인가? 목숨을 소중히 하는 것으로 한 점 부끄럼 없이 겸허하게 인생을 맞이하고 보내는 자이다. 이를 두고 생존의 덕이라고 새겨도 된다. 누가 군자를 낡은 인간형이라고 할 것인가!

![원문의역]

무릇 아름다운 무기는 모두 상스럽지 못한 것이다. 만물은 무기를 싫어한다. 그러므로 자연의 도를 걷는 자는 무기를 사용하지 않는다.
〔夫佳兵者 不祥之器 物或惡之 故有道者不處〕 부가병자 불상지기 물혹오지 고유도자불처

군자가 자신을 다스려〔治人〕 자연에 따라〔事天〕 일〔任事〕에 임할 때는

왼쪽을 귀하게 여기고, 어쩔 수 없이 군사를 일으켜 전쟁을 할 때면 오른쪽을 귀하게 여긴다.

〔君子居則貴左 用兵則貴右〕 군자거즉귀좌 용병즉귀우

무기라는 것은 상스럽지 못한 것이므로 군자가 사용하는 수단이 아니다. 군자가 어쩔 수 없이 무기를 사용할 때는 안정된 것을 제일로 삼고 승리를 거두어도 아름답게 여기지 않는다. 그러나 승전을 아름답게 여기는 자는 사람 죽이는 짓을 즐기는 자이다.

〔兵者不祥之器 非君子之器 不得已而用之 恬淡爲上 勝而不美 而美之者 是樂殺人〕 병자불상지기 비군자지기 부득이이용지 염담위상 승이불미 이미지자 시락살인

무릇 살인을 즐기는 자는 천하의 뜻을 이룩할 수가 없다.

〔夫樂殺人者 不可得志於天下矣〕 부락살인자 불가득지어천하의

좋은 일은 왼쪽을 숭상하고, 흉한 일은 오른쪽을 숭상한다. 전쟁터에서 직접 병사를 지휘하는 장군은 왼쪽에 자리하고 전군을 통솔하는 장군은 오른쪽에 자리를 잡는다. 이는 초상이 났을 때 하는 예에 따라 그렇게 하는 것이다.

〔吉事尙左 凶事尙右 偏將軍處左 上將軍處右 言以喪禮處之〕 길사상좌 흉사상우 편장군처좌 상장군처우 언이상례처지

죽은 목숨이 너무 많아 애통해 그 죽음을 울먹이며 전쟁을 승리로 이끌었다고 해도 상가에서 지켜지는 예를 따른다.

〔殺人衆多 以悲哀泣之 戰勝以喪禮處之〕 살인중다 이비애읍지 전승이상례처지

도움말

제31장은 노자의 전쟁관戰爭觀을 살펴보게 한다. 제31장은 앞 장과 연관시켜 새겨 둘 장章이다. 무기(兵)는 생명을 해치는 것이므로 군자는 사용하지 않아야 함을 단언하고 있다.

가병佳兵은 무기를 좋아하고 무기 사용을 좋아하는 것으로 이해하면 될 것이다.

유도자有道者는 군자君子를 뜻한다. 그러나 노자가 말하는 군자는 인의仁義의 길을 밟는 공자의 군자가 아니라 무위의 길을 밟는 자이다.

군자거즉귀좌君子居則貴左에서 거居는 군자가 평상시에 취하는 삶을 말한다. 공자가 말하는 군자는 자기를 닦고 인간을 다스린다(修己治人)는 길(道)을 걷는 것이 거居이며, 노자가 말하는 군자는 자신을 다스려 자연을 따른다(治人事天)는 길(道)을 밟는 거居이다.

귀좌貴左와 귀우貴右에서 좌左는 행복(吉)의 자리로서 동시에 자기를 낮추고 앞서지 않는 비손卑遜을 뜻하며, 우右는 불행(凶)의 자리로서 동시에 승리를 차지하는 것(取勝)을 뜻한다. 오른쪽을 택해 위로 삼는 것(取右爲上)은 취승取勝의 도道이며 왼쪽을 택해 아래로 삼는 것(取左爲下)은 비손卑遜의 도인 것이 좌우의 예禮이다.

염담恬淡은 위기의식에 사로잡혀 조바심을 내는 것이 아니라 위기를 맞아 초연하게 부딪치며 마음의 안정을 잃지 않는 것을 말한다.

길사상좌吉事尙左와 흉사상우凶事尙右를 이해하려면 결혼식 같은 잔치에서는 왼쪽을 귀한 자리로 하며, 상가에서는 오른쪽을 귀한 자리로 치는 예를 떠올리면 될 것이다.

제32장 도道는 산속의 원목原木과 같다

잃어버린 덕德을 찾아라

가을 짐승의 털 오라기가 가장 크고 태산이 가장 작다. 이렇게 말한 장자는 우리들의 생각을 뒤집어 놓고 있다. 털 오라기는 작고 태산은 크다. 이것이 우리의 지식이다.

인간은 지식을 확신한다. 지식을 믿고 일을 처리하고 기대한다. 그리고 인간은 지식의 동물이 되어 세상을 정복하고 군림한다고 다짐한다. 장자는 이러한 인간의 오만함을 꼬집고 있는 셈이다.

무지無知의 경지가 있음을 인간은 모른다. 무지란 인간이 알래야 알 수 없는 경지가 있다는 것을 알고 있음을 말한다. 유식한 인간은 오만하기 쉽고 무지의 인간은 겸손한 법이다. 인간이 알고 있는 것이란 보잘것없다. 그러나 인간은 저마다의 안경을 쓰고 세상을 그 안경으로 보고 이렇다 저렇다고 한다. 이처럼 답답하고 막막한 인간을 향하여 장자는 이렇게 말해 준다.

매미는 가을과 겨울이 있다는 것을 모르고 하루살이는 밤중과 새벽이 있다는 것을 모른다. 말하자면 우물 안의 개구리가 바다를 어찌 알 수 있을 것인가? 그러므로 큰 것은 큰 것이고 작은 것은 작다고 하는 것은 인간이 계산한 지식이요, 생각의 틀일 뿐이다.

노자나 장자는 인간의 좁은 소견을 깨뜨려 주려고 작을수록 크고 클수록 작다는 명지明智를 남겨 놓았다. 인간이란 대단한 것이 아니다. 길가에 버려진 헌신짝에 불과할 뿐이다. 이렇게 한번 자신을 돌이켜 생각해 보라고 노자는 인간에게 권유한다. 노자는 왜 이렇게 청하는 것일까? 인간이 알 수 없는 무지無知의 경지가 있음을 헤아려 인생을 겸허하게 맞으라는 부탁일 것이다. 알아서 탈을 내고 몰라서 흠을 내는 것이 인간의 오두방정이 아닌가! 그렇기 때문에 하늘이 무서운 줄 알라는 말이 생겼다.

그러나 인간은 하늘을 무서워하지 않으며 땅을 고맙게 여기지 않는다. 무엇이든 소유할 수 있고 무엇이든 하면 할 수 있다며 불가능이란 없다고 자신만만하게 거드름을 피운다. 이 얼마나 오만방자한가! 노자는 인간의 무모함을 걱정했다. 인간의 무모함이 역사를 이어 오면서 신의 존재마저도 수리방정식數理方程式으로 풀 수 있는 것처럼 착각하게 한다. 오만의 착각에 잡히면 잡힐수록 인간은 덕에서 멀어진다.

지성知性을 강조하면서 덕성德性을 팽개친 지 오래이다. 영악해야 잘살고 수더분하면 못산다. 이것이 인간의 생존 심리가 되었다. 그래서 인생이 고달프다고 아우성치며 부덕不德이 연속된다. 덕은 꾸미지 않으며 수수하다. 그러나 부덕은 분장하고 짜 맞추며 수작을 부리고 음모를 시도한다. 이것이 나를 괴롭히고 너를 괴롭혀 우리 모두가 병든 정신을 앓고 있는 중이다.

이러한 인간의 증세를 어떻게 고칠 수 있을까? 잊어버리고 잃어버린 덕을 새삼스럽게 생각해 볼 일이다. 덕은 어떤 것인가? 이러한 물음을 마음에 두고 다음과 같은 노자의 말을 들어볼 일이다.

도는 한결같고 이름이 없다〔道常無名〕. 도는 원목의 등걸처럼 그대로인 것이며 그것이 아무리 작다고 하더라도 천하도 감히 마음대로 할 수가 없다〔樸雖小天下不敢臣〕.

군왕이 만일 이러한 도를 따라 지킬 수 있다면〔候王若能守〕 만물은 장차 저절로 보배가 될 것이므로〔萬物將自寶〕 천지가 서로 합하여 단비를 내릴 것이요〔天地相合以降甘露〕, 백성들에게 명령을 내리지 않아도 스스로 골고루 평등해질 것이다〔人莫之令而自均〕.

이중섭 화백이 피난지 부산에서 열차를 타고 서울로 오는 도중이었다. 열차의 창 너머로 보이는 산하는 6.25 전쟁의 포탄을 맞아 성한 데가 없었다. 청청한 나무들이 서 있어야 할 곳에 폭격을 받고 파헤쳐진 붉은 흙들이 속살을 드러내 산등성이가 상처투성이었다.

옆에 앉아 있던 한 사람이 산야가 폭격을 당해 흉하다고 넋두리를 했다. 그러자 우두커니 창밖만 바라보고 있던 이 화백이 나지막한 목소리로 이렇게 독백을 하더라는 것이다.

'아이들 머리에 난 버짐 흉터 같아 아름답지 않은가!'

해방 뒤 아이들은 기계독버짐을 많이 앓았다. 이발소의 불결한 이발기가 아이들 머리에 버짐균을 옮겨 다 낫고 나면 동전만 한 흉터들이 머리카락 사이에 남아 있었다. 아이들이 앓고 싶어서 기계독버짐을 앓다가 생겨난 흉터인가? 이 화백의 독백은 이런 생각을 하게 한다.

파헤쳐진 산하가 흉한 것이 아니라 인간들의 전쟁이 쏟아 부었던 포탄이 흉한 것이고 기계독 탓으로 아이들의 머리에 난 흉터가 흉한 것이 아니라 버짐균을 옮기는 이발기가 흉할 뿐이다. 푸른 산하든 붉은 산하든 산하 그 자체는 아름다운 것이요, 버짐 흉터가 없는 머리든 버짐 흉터가 있는 머리든 아이들 머리 그 자체는 아름답지 않은가? 이중섭 화백의 독백은 노자의 말을 새겨 보게 한다.

있는 그대로의 것[樸]에 사람의 손을 대서 꾸미지 말 것이며 파괴하지도 말 것이다. 거문고 줄에 손을 대면 파괴破壞가 일어나고 손을 놓으면 조화가 일어난다는 말과 같다. 오동나무 등걸을 장인匠人이 잘라다 깎고 밀고 다듬어 거문고를 만들고 가락을 만들어 노래를 불러야 하는 것은 아니다. 거문고 소리를 아름답다고 하면서 오동나무 그 자체를 모르면 이중섭 화백의 독백을 헤아릴 수 없다.

화장을 곱게 하여 단장한 여인의 얼굴보다 젖때가 까맣게 묻고 코딱지가 붙어 있는 젖먹이의 얼굴이 더욱 아름답게 보이는 것은 무슨 연유일까? 중년 부인의 입술에 바른 입술연지를 돌배기의 입술에 칠해 줄 필요는 없다. 있는 그 자체가 수수할지라도 가장 아름다운 까닭이다. 이중섭 화백의 독백은 이를 새겨 보게 한다. 나아가 이 화백의 독백은 사람의 손을 대지 않고 있는 그대로의 것[樸]을 빌려 왜 노자가 도道를 비유했는지를 곰곰이 생각해 보게 한다.

도道를 어떻게 알 수 있을까? 노자는 알래야 알 수 없다고 단언한다. 이는 종교에서 신을 알 수 없다고 말하는 것과 같다. 어쩔 수 없이 비유해서 말한다면 자연의 도는 상常이요, 무명無名이며, 박樸이라고 노자는 말해 주고 있다. 이것이 도상무명박道常無名樸이다.

여래如來가 우주 만물을 무상無常으로 보았던 것처럼 노자도 그렇게 보았다. 무상한 것들을 있게 한 것을 여래는 심心이라 했고 노자는 도道라고 했다. 그래서 여래는 모든 것은 마음이 만들어 낸다[一切

唯心造]는 법法을 깨우치라고 했다. 그러나 노자는 도를 깨우치는 법을 말하지 않는다. 그저 도가 하는 일[有生於無]을 아는 대로 노자는 말해 줄 뿐이다. 있는 것은 없는 것에서 태어난다[有生於無]라는 것을 한마디로 덕이라고 말해 줄 뿐이다.

무상한 것을 낳는 것은 상常이다. 봉숭아의 씨앗은 봉숭아의 상常이다. 봉숭아 씨앗은 봉숭아만을 낳기 때문이다. 어디 봉숭아만 그러한가? 민들레 씨앗은 민들레만을 낳고, 사람의 씨앗은 사람을 낳고, 참새의 씨앗은 참새를 낳는다. 씨앗은 암수를 하나가 되게 하여 저마다의 새끼를 친다. 이러한 씨앗이 변덕을 부린다면 만물은 뒤죽박죽이 되고 말 것이 아닌가!

존재의 목숨은 노자의 도道를 흉내 내는 것과 같은 것이다. 우주 만물을 있게도 하고 거두어 가기도 하는 도는 변하지도 않고 옮기지도 않으므로 노자는 도를 상常이라고 비유했다.

이름이 있는 것[有名]은 모든 사람이 다 알고 있는 것을 말한다. 이름이 없는 것[無名]은 사람이 알 수 없는 것을 말한다. 사람은 무엇을 나름대로 알고 나면 이름을 붙인다. 이름이 없는 것을 곧 없는 것이라고 말하는 것은 우물 안의 개구리와 같은 소견이다. 인간은 날로 지식의 영역을 넓혀 가면서 어느 날인가는 모든 것을 알게 될 것이며 신비와 기적 같은 것은 하나의 상상적인 허구虛構에 불과한 것이라고 호언하지만 노자가 말하는 무명無名은 삼라만상의 어머니[玄牝]라는 것만 알 수 있을 뿐 더는 인간이 알 수가 없다.

박樸은 나뭇등걸 그 자체이다. 스스로 그냥 있는 것[自然]을 비유한 것이기도 하고 어떤 뜻을 두고 시도하거나 결코 무리를 범하지 않는 것[無爲]을 비유한 것이라고 보아도 된다. 그러므로 박樸은 도의 모습을 비유한 셈이다. 사람의 손이 가지 않는 것이면 무엇이든 박樸이다. 깊은 산중 산천에서 그냥 마시는 물(生水)은 박樸이요, 돈을 내고 마시는 수돗물은 문文이다. 장자는 노자의 박樸을 다음처럼 명쾌하게 말했다.

"자연이란 무엇인가? 소의 네 발이다. 문화란 무엇인가? 소의 코를 뚫어 걸어 둔 코뚜레이다."

거문고를 타고 풍류를 즐기자고 오동을 자를 것은 없다. 오동나무가 절로 살게 내버려두는 것이 곧 덕이요, 도의 행위이다. 도의 행위대로 그냥 두면 바로 그러한 행위가 무위요, 덕이다.

그러나 인간은 한사코 박樸을 업신여긴다. 누구나 무명보다는 유명을 바라고 자연보다는 문화를 추구한다. 그래서 인생을 꾸미고 수작을 부려 짜 맞추려고 한다. 이제는 하늘에서 단비가 내리지 않고 산성비가 내린다. 산성비는 인간의 탓으로 내리는 비가 아닌가! 단비는 박樸이요, 덕德이지만 산성비는 비박非樸이요, 부덕不德이 아닌가! 덕으로 천하를 다스리면 조용할 것이고 부덕으로 천하에 군림하면 소란해질 것은 예나 지금이나 변함이 없다. 그러나 어느 나라의 통치자든 이러한 노자의 말을 귀담아들어 주지 않는다. 그래서 세상은 막막하고 인생은 아프다.

왜 도에 머물 줄 모르는가

법은 거미줄 같아서 힘없는 날벌레나 걸려들지 힘센 새들은 차고 나간다. 나라의 법을 두고 백성들은 이렇게 자조하는 경우가 허다하다. 백성을 보살핀다는 법이 코걸이 귀걸이가 되어 약자를 얽어매고 강자의 방패막이 노릇만 한다면 법이란 없는 것만 못하다.

누구나 법 앞에 평등하다는 말이 있다. 그러나 법은 운영의 묘를 갖게 마련이라는 토를 단다. 그 묘가 허다한 재주를 부린다. 왜 세상이 썩고 냄새가 나게 되었는가? 법을 지키는 쪽이 있고 법을 어기는 쪽이 있는 까닭이다. 그래서 인간이 만든 법은 언제나 준법遵法과 범법犯法 사이에서 원망스러운 거미줄 구실을 한다.

옛날의 왕국은 임금이 권력을 독점했지만 오늘날의 법치국가는 모든 권력이 국민에게서 나온다고 한다. 이러한 선언은 사실인가, 진실인가? 그렇다고 단언하기 어려운 현실이 이어지고 있을 뿐이다.

옛날에는 욕망의 절제를 선善이라고 했지만 현대는 욕망의 성취를 선으로 보고 있다. 옛날에는 모든 인간이 청빈했고 현대는 모든 사람들이 풍요로운가? 그렇다고 말할 수 없는 인생이 이어지고 있을 뿐이다.

욕망의 절제를 앞세웠던 세상에서는 백성이 굶주렸지만 궁궐의 권속들은 부귀영화를 누렸다. 백성은 욕망의 절제를 강요당했고 궁궐의 권속들은 욕망의 충족을 즐겼던 셈이다. 현대에서도 여전히 권좌는 썩은 고깃덩이 같아 부귀영화를 노리는 개미들이 모여들고 있을 뿐이다.

이처럼 인간이 엮고 있는 역사를 보면 병 주고 약 주는 두 경우를 넘나들었고 인생은 강자와 약자를 갈라놓는 씨름판처럼 펼쳐져 왔다. 노자는 이를 안타까워한 춘추 전국春秋戰國 시대 초기의 사상가였다. 노자는 인간이 만든 제도를 불신하고 자연의 도道가 짓는 덕으로 정치가 돌아가지 않는 한 인간의 생존은 편할 수 없다고 절규했던 것이다. 자연의 도에 따라 세상을 누리자고 노자는 다음처럼 그 사상을 밝힌다.

이것저것 분별하는 제도가 시작되어 이름이 붙게 된다〔始制有名〕. 이름이 있는 것은 남아 있게 마련이다〔名亦旣有〕. 그러나 변하는 이름에 붙들려 있지 말고 무릇 도에 머물러 있을 줄 알아야 할 것이다〔夫亦將知止〕. 변함이 없는 도에 머물러 있을 줄 알라〔知止〕. 그러면 위태로울 것이 없다〔所以不殆〕.

도의 작용에 천하가 있다는 것을 비유해 말하자면〔譬道之在天下〕, 산골짜기의 개울이 시내가 되어 강과 바다로 흘러들어 가는 것과 같다〔猶川谷之於江海〕.

어느 궁궐에나 명리名利에 놀아나는 못난 소인배들이 있게 마련이다. 명리에 미친 인간은 시궁창을 후비는 미친개보다 더 못한 짓을 범하고도 부끄러워할 줄 모른다. 조선 명종 때의 윤원형尹元衡이 그와 같은 자일 것이다.

윤원형은 사람됨이 험하고 독하면서 자신의 이익을 사납게 탐했다. 권력을 잡자 장안에 집이 열여섯 채나 되었고 남의 전답을 빼앗아 챙긴 것은 이루 헤아릴 수 없이 많았다. 사람의 목숨을 제 것인 양 살리고 죽이는 일을 마음대로 했다. 조강지처를 내치고 첩 난정蘭貞을 정경부인에 봉했다. 이렇게 무도한 원형이었지만 벼슬을 탐하는 무리들은 원형의 집 문턱을 닳도록 넘나들었다. 명리名利의 독침은 이렇게 독한 것이다.

명리의 독침은 피붙이도 가리지 않는다. 윤원형은 권세를 독점하기 위하여 족질族姪 윤춘년尹春年을 꼬드겨 상소를 올리게 하여 형 윤원로尹

元老를 귀양 보내 사약을 받게 하였다. 이쯤 되면 명리의 독침은 하늘을 찌르고도 남을 만하다. 또한 동생이 조카를 사주해 형을 잡아먹었다는 말을 남기게 되었다.

손뼉도 죽이 맞아야 소리가 나는 법이다. 원형의 첩 난정은 명리의 탐욕에 불을 붙이는 간사한 아낙이었다. 난정은 해마다 두서너 번씩 쌀 두어 섬으로 밥을 지어 말에 싣고 두모포로 나가 밥을 풀어 강물의 고기들에게 먹이로 주곤 했다.

난정은 그렇게 해 공덕을 쌓고 복을 빌려고 했다. 그러나 백성의 밥을 빼앗아 물고기의 밥이 되게 하는 것은 까마귀로부터 송장을 빼앗아 개미 떼에게 주는 꼴이란 말을 남겼다.

두모포에서 한 어부가 크기가 쪽배만 한 흰 고기 한 마리를 얻었다. 그것을 조정에 바치니 모두들 변이라고 했다. 이를 본 어느 진사進士가 뼈 있는 말을 남겼다.

"몸집도 큰 것이 스스로 먹이를 찾지 못하고 대감의 먹이를 탐하다 어부의 손에 잡혔다니 딱하다." 또 어떤 이는 큰 바다 고기가 강가로 와 죽으니 원형의 형衡 자가 어魚와 행行의 합자合字임을 들어 원형의 죽을 날이 임박했다고 입방아를 찧었다.

원형과 난정은 이처럼 명리名利의 미친개들이었다. 미친개를 가까이 하면 물리게 마련이다. 난정의 오빠 정담鄭淡은 이를 알았던 사람이다. 난정에게 떨어질 화를 알았던 정담은 절교를 하고 살았다. 혹시라도 난정이 올까 봐 집 앞 골목 담장을 꼬불꼬불하게 쌓고 골목을 좁혀서 뚜껑이 있는 가마가 드나들 수 없게 하였다. 정담은 명리를 멀리하면서 학문을 닦았고 특히 주역周易에 능했다고 한다.

윤원형은 사약賜藥을 받아 생죽음을 맞이했고 난정도 무참하게 죽임을 당했지만 난정의 친오빠 정담은 화를 입지 않았다. 명리에 미치면 제 목숨을 제가 요절내는 험한 꼴을 보게 되는 것이며 명리와 거리를 유지하면 험한 독침의 해를 면할 수 있다.

그러므로 노자의 도에 머물 줄 아는 것[知止]에 앞서 먼저 명리에 머물지 않는 것[知不止於名利]을 알아 두어야 하는 것이 아닌가!

이름이 있는 것은 남아 있게 마련이다[名亦旣有].

노자의 이 말은 여러 갈래로 새겨 보게 한다. 이름을 얻게 된 다음 그 이름을 놓칠세라 아등바등하면 할수록 그 이름은 썩은 고깃덩이처럼 냄새를 피우게 마련이다. 공자가 원망을 정직으로 갚으라[報怨以正]고 한 것은 이름이 날수록 정직해야 함을 일러 줌이 아닌가! 유명有名에서 명리名利의 맛을 보면 벼슬은 꿀단지가 되고 벼슬아치는 생쥐가 되어 버리며 그 생쥐는 결국 백성이 놓은 쥐덫에 걸려 생죽음을 당하는 법이다.

자연의 도에 머물 줄 안다는 것[知止]은 보원이정報怨以正의 다음 차원이다. 왜냐하면 노자의 지지知止는 만물은 모두 도道의 덕德이 된다는 것으로 아무런 걸림 없이 자유롭고 수수한 박樸에 머물러 있음을 뜻한다.

유명 인사가 험한 꼴을 당할 때 으레 부덕해서 죄송하게 되었다는 구차한 변명으로 토를 다는 경우를 우리는 흔히 본다. 그러한 변명은 스스로를 두 번 죽이는 것일 뿐이다. 이름 있는 자리에 앉았으면 떠날 시기를 알아야 한다. 이름이 있는 것은 남아 있게 마련이라는 명언은 두고두고 새겨 둘 말이 아닌가!

도는 한결같고 이름이 없다. 도는 원목의 등걸처럼 그대로인 것이며 그것이 아무리 작다고 하더라도 천하도 감히 마음대로 할 수가 없다.

〔道常無名 樸雖小天下不敢臣〕 도상무명 박수소천하불감신

군왕이 만일 이러한 도를 따라 지킬 수 있다면 만물은 장차 저절로 보배가 될 것이므로 천지가 서로 합하여 단비를 내릴 것이요, 백성들에게 명령을 내리지 않아도 스스로 골고루 평등해질 것이다.

〔候王若能守 萬物將自寶 天地相合以降甘露 人莫之令而自均〕 후왕약능수 만물장자보 천지상합이강감로 인막지령이자균

이것저것 분별하는 제도가 시작되어 이름이 붙게 된다. 이름이 있는 것은 남아 있게 마련이다. 그러나 변하는 이름에 붙들려 있지 말고 무릇 도에 머물러 있을 줄 알아야 할 것이다. 변함이 없는 도에 머물러 있을 줄 알라. 그러면 위태로울 것이 없다.

〔始制有名 名亦旣有 夫亦將知止 知止 所以不殆〕 시제유명 명역기유 부역장지지 지지 소이불태

도의 작용에 천하가 있다는 것을 비유해 말하자면, 산골짜기의 개울이 시내가 되어 강과 바다로 흘러들어 가는 것과 같다.

〔譬道之在天下 猶川谷之於江海〕 비도지재천하 유천곡지어강해

도움말

제32장은 도에 머물러 있을 줄 아는 것〔知止〕을 헤아려 보게 하는 장이다. 도에 머물러 있는 모습을 박樸이라고 새기면 된다.

도상무명道常無名은 도를 풀이하고 있다. 즉 노자는 도를 상常이요, 무명無名으로 풀이하고 있다. 상常은 변하지 않고 옮겨지지도 않는 것〔不變不遷〕이며 파괴될 수도 없고 소멸될 수도 없는 것〔不壞不滅〕으로 절대 이치를 뜻하며, 무명無名은 아무리 생각해 보아도 알 수가 없고 아무리 풀이해 보려고 해도 파악할 수 없는 것〔至神至妙〕을 뜻함이다. 그리고 상常과 무명無名은 무위無爲와 통하고 무상無常은 유명有名과 인위人爲와 통할 수 있다.

박樸은 사람의 손이 닿지 않는 나뭇등걸 그 자체를 비유하는 것으로, 그 뜻을 비유하자면 본체를 구체적으로 속에 지니고 있는 씨앗처럼 박樸을 생각해도 무방할 것이다.

후왕약능수候王若能守는 백성을 다스리는 군왕이 비록 크지만 작은 박樸을 지킬 줄 알아야 함을 암시하고 있다. 군왕이 박樸을 지킬 줄 아는 것은 지나친 일을 탐하지 않고 순리에 따라 일에 임하면 백성은 저절로 교화된다〔無爲而民自化〕는 경지를 함축하고 있다.

천지상합天地相合의 상합相合은 천지가 도의 작용을 따른다는 뜻이다. 상합相合은 음양이 서로 합하는 것〔陰陽交合〕을 암시하며 고요함과 텅 빔이 서로 융합하는 것〔虛靜應機〕을 암시한다. 이러한 교합은 모두 생성 소멸의 작용을 뜻할 수도 있다.

지지知止는 유명有名에 얽매이지 않고 무명無名 즉 자연의 도에 머물러 있음을 뜻한다.

제33장 남을 이기려는 자는 약하다

영악한 자가 잔꾀를 부린다

열 길 물 속은 알아도 한 길 사람 속은 알 수 없다고 한다. 왜 이러한 속담이 생겼을까? 사람들이 마음속대로 말하거나 행동하지 않고 겉 다르고 속 다르게 말하고 행동하는 까닭이다.

말로는 검다고 하면서 마음속으로 희다고 생각하면 거짓말이 된다. 거짓말은 연막을 치는 짓이고 속여서 남을 불리하게 하고 자기를 유리하게 이끌려는 음모이게 마련이다. 마음을 툭 터놓고 이야기하자면서도 속을 다 드러내지 않는 것이 인간들이다. 그래서 사람의 속은 알 수도 없고 짚을 수도 없다는 것이다.

남을 알고 자기를 알라〔知彼知己〕. 그러면 반드시 이긴다. 일상생활을 하면서 누구나 이러한 생각을 갖고 인생이라는 생존의 현장에 나간다. 내가 나를 알려고 하는 일은 뒤로하고 먼저 남을 알아보려고만 든다. 저마다 그렇게 하면 할수록 너나 할 것 없이 모두 외딴 섬처럼 될 수밖에 없고 생존의 현장은 마치 치열한 전선戰線처럼 되고 만다. 그래서 지피지기知彼知己를 적을 알면 반드시 이긴다고 옮긴다.

이제 벗〔友〕은 없고 동료同僚만 있다. 우정友情은 빈말이 되어 버렸고 동료애同僚愛란 말이 실속에 따라 쓰이고 있다. 우정은 서로 믿고 의지하며 사랑하는 길을 트지만 동료애는 이로우면 함께하고 해로우면 헤어지는 속셈을 품는다.

군자는 어울리되 패를 짓지 않고〔君子和而不同〕소인배는 패를 짓되 어울리지 않는다〔小人同而不和〕고 공자가 말했다. 이 말을 새긴다면 멀리서 벗이 찾아오니 즐겁다고 했던 공자의 마음을 읽을 수 있다. 벗은 서로 어울리되 패를 짓지 않지만 동료는 이해 상관利害相關에 따라 모이기도 하고 흩어지기도 한다.

현대 사회의 현실을 보면 각양각색의 이익집단利益集團의 수용소와 같다는 생각을 버릴 수 없게 하는 현실이다. 말하자면 현대인은 천태만상의 동료사회에서 살고 있는 셈이다. 공자의 말을 빌린다면 우리가 사는 세상은 소인배의 세상이다.

소인배는 남을 못 믿어 의심만 하는 자〔卒夫〕일 수도 있고 남이야 굶든 나만 배불리 잘살면 그만이라고 믿어 재물의 종살이를 하는 자〔狎富〕일 수도 있다. 그래서 소인배의 세상은 쇠파리가 들끓는 쓰레기통처럼 되게 마련이다.

더럽고 추한 세상, 어느 누구 하나 믿을 수 없다고 아우성을 치는 세상이 이어지고 있는 중이다. 이러한 세상에 사는 현대인은 저마다 나름대로 지피지기知彼知己의 전략·전술을 날마다 개발하면서 서로 눈치를 살피며 인생의 염탐꾼처럼 세상을 헤쳐 간다.

현대인은 물질적인 풍요를 누리면서도 왜 정신적인 기근에서 헤어나지 못하는가? 이러한 질문에 대하여 동양의 사상은 다음처럼 밝혀 준다.

"스스로 속이지 말고 성실히 다하라〔盡己〕. 그리고 남을 속이지 말고 성실을 다하라[盡人]." 이는 지피지기知彼知己가 아니라 지기지인知己知人하라는 것이 아닌가! 이 세상에서 참으로 강한 자는 누구인가? 먼저 자기를 숨김없이 알고 있는 자이다. 이 세상에서 참으로 약한 자는 누구인가? 자기를 숨겨 두고 남을 먼저 염탐하려고 하는 자이다. 왜 그렇게 말할 수 있을까? 그 이유를 노자는 다음처럼 말해 주고 있다.

남을 알려고 하는 자는 겉만을 아는 자[知人者智]이고 자기를 알려고 하는 자는 속을 아는 자[自知者明]이다.

남을 이기려는 자에게는 힘이 있고[勝人者有力], 자기를 이겨내는 자는 강하다[自勝者强].

만족할 줄 아는 자는 부유하고[知足者富], 자기를 이겨내는 힘을 행하는 자에게는 뜻이 있다[强行者有志].

기대승奇大升은 벼슬을 그만두고 남쪽으로 가던 도중, 팔뚝에 난 종기가 심하게 도져 고부古阜 고을 어느 촌집에 몸져눕고 말았다. 병이 위독해지자 기대승은 다음처럼 독백을 했다.

'목숨이 길고 짧은 것은 명命이다. 명은 내가 어찌할 수 없지만 학문이 옛사람만 못해 뜻을 지니고도 다하지 못한 것이 한이 될 뿐이다.'

기대승의 나이 마흔여섯 살. 임종을 앞두고 그는 겨우 자신의 내면을 들여다보고 스스로 현명하지 못했던 것을 안타까워했다.

대사간大司諫의 벼슬을 했던 기대승은 명성이 높았다. 그의 호기로운 달변은 주위 사람들을 능히 굴복시키곤 했다. 한때 이량李樑의 눈밖에 나 한직인 한림翰林으로 물러났다가 이량이 실세에서 밀려나자 기대승은 사림士林의 수령이 되었다. 그러자 기대승은 나라를 경영하는 자가 되었노라 자부하며 남에게 이기기를 좋아하는 편벽이 심해졌다. 모난 돌이 정을 맞는 것처럼 저만 잘난 척하면 손가락질이나 눈총을 받게 마련이다.

남명南冥 조식曺植이 젊은 기대승을 만났을 때 "기대승이 득세하면 나라 일을 망칠 것이다"라고 말한 적이 있었다. 대승은 남명이란 자는 유자儒者가 아니라고 응수했다. 이처럼 남을 향해 아옹다옹하면 틈이 생겨 시비를 낳게 마련이다.

비록 대승은 학식이 풍부했지만 자랑을 일삼았을 뿐 자기를 굳게 잡고 실천하는 공부가 없었다. 그래서 고결한 선비들은 대승을 외면했고 아첨하는 무리들만 대승의 주변에 모여들었다.

이러한 기대승이 임종의 자리에서 지난날을 후회했지만 인생은 한 번만으로 그친다는 것을 너무 늦게 깨우쳤던 것이다. 후회 없는 인생은 자기 밖에 있는 것이 아니라 바로 자기 안에 있음을 기대승은 미처 몰랐던 탓으로 임종의 자리에서 탄식했던 것이다.

명明도 앎[知]이요, 지智 또한 앎이다. 그러나 명明과 지智가 같은 지知는 아니다. 명明은 내가 나를 아는 것[知]이고, 지智는 내 바깥에 있는 것을 아는 것[知]이기 때문이다.

역力도 힘이요, 강强 또한 힘이다. 그러나 역力과 강强이 같은 힘인 것은 아니다. 역力은 내가 남을 이기려는 힘이고 강强은 내가 나를 이겨내는 힘이다. 욕망의 성취는 역力을 추구하고 욕망의 절제는 강强을 추구하게 된다.

나를 성실하게 다하라[盡己]. 나를 버려라[舍己]. 나를 없애라[無己]. 나를 닦아라[修己]. 나를 이겨내라[克己]. 이런 모든 것은 명明을 앞세우고 지智를 뒤따르게 해야 하며 역力은 극소화하고 강강强을 극대화해야 인간은 인간이 된다는 지적이다.

그러나 현대의 지식 사회는 정반대의 길을 걸어가고 있다. 현대 사회는 남을 제압하는 힘[力]을 향해 질주한다. 그리고 힘[力]만 믿는 현대인은 오만하고 방정맞고 부끄러워할 줄 모른다. 그래서 현대인은 노자의 유약승강강柔弱勝剛强이란 말을 비웃는다.

누가 진실로 부자인가. 노자는 만족할 줄 아는 자知足者라고 단언한다. 만족할 줄 아는 자란 누구인가? 부드럽고 약한 것이 굳고 강한 것을 이긴다[柔弱勝剛强]는 노자의 말을 새기고 헤아리는 자일 것이다.

자기를 이겨내는 힘을 행하는 자에게는 뜻이 있다[强行者有志]는 노자의 말에서 뜻[志]이란 무엇인가? 이 또한 유약승강강柔弱勝剛强을 새기고 헤아리는 것이다. 즉 내가 나를 다스리기에는 강강剛强하면서 내가 남을 다스릴 적에는 유약柔弱하라는 뜻이다.

외유내강外柔內剛을 겉으로 드러내기는 부드럽지만 속을 들여다보면 굳고 강하다고 할 때 노자는 서글퍼하며 비웃을 것이다. 이처럼 내숭을 떠는 인간이란 언제나 덕을 팔아 부덕을 행하는 까닭이다. 그러나 현대인들이 외유내강外柔內剛을 남에 대해서는 부드럽고 자기 자신에 대해서는 굳게 다스린다고 새기면 노자는 비로소 미소를 지을 것이다. 왜냐하면 지족자부知足者富와 강행자유지强行者有志와 통할 수 있기 때문이다.

남을 알려고 하는 자는 겉만을 아는 자이고, 자기를 알려고 하는 자
는 속을 아는 자이다.
〔知人者智 自知者明〕 지인자지 자지자명

남을 이기려는 자에게는 힘이 있고, 자기를 이겨내는 자는 강하다.
〔勝人者有力 自勝者强〕 승인자유력 자승자강

만족할 줄 아는 자는 부유하고, 자기를 이겨내는 힘을 행하는 자에게
는 뜻이 있다.
〔知足者富 强行者有志〕 지족자부 강행자유지

안을 다스릴 바를 놓치지 않는 자는 영원하고, 죽어서도 잊혀지지 않
는 자가 수명을 누리는 것이다.
〔不失其所者久 死而不亡者壽〕 불실기소자구 사이불망자수

도움말
제33장은 여래의 무심無心과 통하고 공자의 극기克己와도 통하며 아테네 시민에
게 자기를 알라고 갈파했던 소크라테스 정신과도 통하는 장이다. 성인聖人들의 생
각은 시공時空을 떠나 공통점을 지니고 있게 마련이다. 그것이 진리로 통하는 까
닭이다.
지인자知人者의 지인知人은 남(他人)을 아는 것과 더불어 내 바깥의 모든 사물事物을
아는 것을 말한다.

지인자지知人者智의 지智는 나의 바깥[外]을 아는 것[知]이다.

승인자勝人者의 승인勝人은 남을 이기려고 하는 것을 뜻한다.

승인자유력勝人者有力의 역力은 남을 이겨내는 힘이다.

자승자自勝者의 자승自勝은 내가 나를 이겨내는 것을 뜻한다.

자승자강自勝者强의 강强은 내가 나를 이기는 힘이다.

지족자知足者의 지족知足은 있는 그대로의 자신에게 만족하는 것이다.

강행자强行者의 강행强行은 내가 나를 알고 내가 나를 다스려 이겨내는 힘을 행하는 것을 실천하는 것이다.

제34장 사랑하면 크고 무욕이면 작다

도는 앞에 나서지 않는다

사람은 보잘것없는 일을 해 놓고 엄청난 일을 한 것처럼 과시하려는 허세를 부린다. 좋은 일을 했다 싶으면 알려지지 않을까 봐 조바심을 내고, 험한 일을 범했다 싶으면 누가 알까 봐 숨기고 감추는 데 혈안이 된다.

이처럼 사람은 자기에게 유리한 것은 무엇이든 부풀리고 불리한 것이면 별별 수를 다 써서 줄이려고 꾀를 부린다. 이렇게 하여 인간은 스스로 자기를 천하게 하고 옹졸하게 하며 옹색하게 한다.

제 손의 도끼로 제 발등을 찍는 것이 인간이다. 사물을 알아보는 지식은 많을지라도 자기를 알아보는 데는 눈뜬장님처럼 막막한 것이 또한 인간이다. 그리고 자기를 사랑하기는 넉넉하면서도 남을 사랑하기는 인색하기 짝이 없다. 따지고 보면 인간은 하나만 알고 둘은 모르는 영리하면서도 어리석기 이를 데 없는 푼수인 셈이다. 그러나 인간은 스스로 부끄러움이 무엇인지를 알 수 있으므로 소인小人에서 대인大人으로 탈바꿈할 수가 있다.

애벌레가 성충이 되고 성충이 나비가 되어 청명한 하늘을 날아다닐 수 있는 것처럼 노자는 쩨쩨하고 속 좁은 인간의 마음속을 텅 빈 하늘처럼 만들어 주고 인간을 한 마리 나비처럼 노닐게 한다. 장자는 나비의 꿈을 꾸면서 내가 나비냐, 나비가 나냐고 잠꼬대를 했지만 다음과 같은 노자의 말을 들으면 나[自我]라는 왜소한 살덩이가 가뿐한 나비가 되어 걸림 없이 날아다닐 수 있을 것이다.

크나큰 도가 충만하구나[大道汎兮]. 좌우로 없는 곳 없이 그득하다[其可左右]. 만물은 도를 어머니로 삼아 태어나 도를 떠나지 않으며[萬物恃之以生而不辭], 도는 만물을 이루어 낸 공이 있지만 공치사를 하지 않고[功成不名有], 도는 만물을 사랑하고 길러 주면서도 주인 노릇을 하지 않는다[愛養萬物而不爲主].

도는 항상 욕심을 부리지 않는다[常無欲]. 그래서 도는 작다고 말할 수 있다[可名於小].

그리고 만물이 도의 품으로 되돌아가지만 도는 주인 노릇을 하지 않는다[萬物歸焉而不爲主]. 그래서 도는 크다고 말할 수 있다[可名於大].

선禪을 통하여 자기를 깨우쳐 가는 승려 중에는 왼손 손가락이 잘려 나가고 없는 스님이 있다. 날 때부터 손가락이 없었던 것이 아니라 수행 중에 잘린 것이다.

칼로 단숨에 손가락을 잘라 낸 것이 아니다. 손가락 마디마디를 쑥 뜸질을 해서 태워 자른 것이다. 부드럽게 비벼서 솜처럼 된 쑥으로 손가락을 싸서 불을 지피면 쑥솜은 꺼지지 않고 더디게 몽글작거리며 탄다. 그 쑥불에 손가락이 타들어 간 것이다.

왼손을 들고 손가락을 태우는 스님은 눈을 감은 채 꼼짝않고 앉아 있을 뿐이다. 마음 따로 몸 따로 떨어져 있지 않고서는 그렇게 좌정座靜

할 수 없을 것이다. 그러나 손가락의 살갗이 쑥불에 익혀진 다음 조금 씩 조금씩 타들어 갈 때 그 아픔이란 형언할 수 없을 터인데 스님은 요 동도 하지 않는다. 아픔을 느낄 수 있고 아픔을 싫어하는 몸을 벗어나 있는 까닭이다. 몸과 마음이 따로 떨어져 있는 셈이다.

왜 손가락을 태워 마음이 몸을 떠나 따로 있음을 보여 주는 것일까? 마음이 몸 안에 있다고 여기거나 몸에 실려 있다고 여기는 어리석음을 깨우쳐 주려는 것일까? 몸이란 바로 별별 욕심의 보따리 구실을 하는 살덩이에 불과하다는 것을 보여 주고 그 보따리를 태워 버리기 위하여 쑥불로 손가락을 태워 잘라 내는 것이 아닐까?

손가락 마디까지 쑥불이 다 타고 나면 있었던 손가락 마디는 재가 되 어 없어진다. 손가락 마디가 재로 될 때까지 살이 타고 뼈가 타면서 역 겨운 노린내가 진동하게 마련이다. 그 역겨운 냄새를 욕심이 타는 냄 새라고 여겨도 된다. 그리고 손가락 하나만 타 버린 것이 아니라 욕심 의 덩어리가 통째로 소진되었다고 새겨도 된다.

쑥불에 타는 것은 손가락이 아니다. 살덩이 속에 들어 있는 욕심의 보 따리를 태운 것이다. 손가락이 타서 재가 된 뒤에도 스님은 눈을 감고 바위처럼 그냥 앉아만 있다가 아무런 일도 없었던 것처럼 들었던 왼손 을 내려놓는다. 욕심의 짐을 벗어 던진 셈이다. 욕심을 태우고 나면 진 실로 큰 것이 나타난다. 그것이 무심無心이다.

노자가 크다고 하는 것[大]은 여래의 무심과 서로 통한다. 욕심欲心 이 작아지면 무욕無欲은 커지는 까닭이다. 무욕이 커질 대로 커지면 마음은 저절로 무심이 되는 것, 이를 노자의 허虛라고 해도 되며 그 허虛를 큰 것[大]이라고 새겨도 된다.

욕심사나운 것[有欲]이 작아질수록 무욕이 되므로 소유할 것이 없다. 무엇을 소유하지 않으므로 주인이 될 필요가 없다. 땅을 소유하면 땅주인이 되고 집을 소유하면 집주인이 된다.

이처럼 물욕物欲은 인간을 저마다 주인이 되게 하려고 한다. 그래서 인간은 저마다 나름의 주인이 되려고 발버둥을 치고 갖은 꾀를 부린다. 참으로 물욕은 인간을 영악하게 하고 왜소하게 하며 옹졸하게 한다.

도道는 만물을 낳아 주고 먹여 주고 길러 주되 소유하지 않는다. 이러한 사실을 노자는 넘치고 충만하다[汜]라고 감탄하면서 상무욕常無欲이라고 풀이한 셈이다. 존재하는 것은 모두 저마다 자리를 차지하고 있지만 도는 그렇게 하지 않는다. 좌우 어디에나 다 있으며 언제나 있다. 이를 노자는 기가좌우其可左右라고 했다.

왜 성인聖人은 도를 선생으로 삼아 인생을 경영하는 것일까? 그 까닭은 욕망에 걸려 옹색하게 작아지는 자기를 넉넉하게 하고 훈훈하게 하면서 사랑하는 방법을 배우고 용서하는 방법을 배워 인생을 맞이하려 함이다. 온갖 일을 하되 있는 그대로 하므로 자유이고 열락이다.

본래 무위無爲란 아무 일도 하지 않음이 아니라 어떤 의도에 따라 욕심에 걸려 무슨 짓을 저지르지 않음이다. 그래서 무위는 순리를 낳고 인위人爲은 역리逆理를 빚어낸다. 노자가 밝히는 성인聖人은 무위의 길을 따라 도의 행위를 하려고 하므로 언제나 평화롭고 유유하다.

도는 한없이 큰 일을 하면서도 크다고 자랑하거나 드러내지 않는다. 그래서 도가 큰 일을 이루는 것이라고 노자는 밝힌다. 우주에 만물이 있다는 것은 얼마나 신비롭고 장엄한 일인가!

그 안에 인간이 있고 그 인간이 저마다 목숨을 지니고 온갖 목숨과 함께 숨을 쉬고 물을 마시고 밥을 먹고 살아가기도 하며 죽어가기도 한다. 이 얼마나 장대한 존재의 연극인가! 자연의 도는 무대를 마련해 주고 저마다 존재들이 목숨을 누리게 한다.

인간이 밟고 있는 땅, 마시고 있는 물, 숨을 쉬게 하는 바람이 도가 준 선물임을 새겨서 헤아린다면 초목과 짐승과 인간이 서로 다를 것이 없다는 것을 알 수 있다. 이를 노자는 포일抱—이라 했고 그 포일이 대도범大道汎의 대大가 아닌가!

부모가 자식을 낳아 길러 주었다고 그 자식을 소유할 수는 없다. 내 자식이라고 하지만 자식을 소유물처럼 여기는 사람은 없다. 만일 이러한 생각을 넓힌다면 자연의 도가 보여 주는 대大에 가까워질 수 있다. 그러므로 만물을 내 자식처럼 여기는 것이 귀언이불위주歸焉而不爲主이다. 품안의 자식을 사랑하되 군림하지 않는 마음이 곧 대도大道의 대大를 이룩할 수 있는 도의 모습인 셈이다.

원문
의역

크나큰 도가 충만하구나. 좌우로 없는 곳 없이 그득하다. 만물은 도를 어머니 삼아 태어나 도를 떠나지 않으며, 도는 만물을 이루어 낸 공이 있지만 공치사를 하지 않고, 도는 만물을 사랑하고 길러 주면서도 주인 노릇을 하지 않는다.

〔大道汎兮 其可左右 萬物恃之以生而不辭 功成不名有 愛養萬物而不爲主〕 대도범혜 기가좌우 만물시지이생이불사 공성불명유 애양만물이불위주

도는 항상 욕심을 부리지 않는다. 그래서 도는 작다고 말할 수 있다.

〔常無欲 可名於小〕 상무욕 가명어소

그리고 만물이 도의 품으로 되돌아가지만 도는 주인 노릇을 하지 않는다. 그래서 도는 크다고 말할 수 있다.

〔萬物歸焉而不爲主 可名於大〕 만물귀언이불위주 가명어대

도는 큰 일을 다 마치고도 스스로 크다고 자랑하지 않으므로 능히 그 큰 일을 이룩할 수 있다.

〔以其終不自爲大 故能成其大〕 이기종부자위대 고능성기대

도움말

제34장은 도의 근본〔體〕을 헤아리게 하는 장이다. 이를 노자는 대도大道라고 풀이하고 있다. 대도大道의 대大는 대소大小의 상대적인 의미가 아니라 절대적인 큼〔大〕이다. 그러나 도는 큰 만큼 큰 일을 이룩하면서도 스스로 크다고 하지 않는다〔終不爲大〕. 이것이 제34장의 핵심이다.

대도범혜大道汎兮의 범汎은 충만함의 뜻이다.

기가좌우其可左右는 도의 크기를 잴 수 없음을 말한다. 존재하는 것은 그만큼의 공간을 차지하고 공간의 한계를 지닌다. 어떤 것은 왼쪽에 있고 또 어떤 것은 오른쪽에 있다고 말하는 것은 존재하는 것이 지니고 있는 공간의 한계를 말한다. 큰 도는 이러한 한계를 벗어나 있음을 말하는 구절이다.

시지恃之는 의지한다고 보아도 될 것이며 어머니로 삼아 품에 안겨 있다고 새겨도 무방하다.

불명유不名有는 자랑하지 않는다고 보아도 되고 내세우지 않는다고 새겨도 되는데, 명성을 과시하지 않음을 뜻한다.

불위주不爲主는 주인 노릇을 하지 않는 것이며 주도권을 쥐고 소유주 노릇을 하지 않는 것이라고 이해하면 된다.

이기종부자위대以其終不自爲大를 그냥 줄여 종불위대終不爲大라고 하기도 한다. 우주 만물을 이루어 놓고도 그렇게 했음을 도가 자랑한다거나 과시하지 않으며 주인 노릇도 하지 않음을 뜻한다.

제35장 큰 사랑은 걸림이 없다

크나큰 사랑을 터득하라

왜 여래는 정情을 끊어 버리라고 했을까? 노자가 제35장에서 풀어 주는 설명을 듣다 보면 어렴풋이나마 알 수 있을 것이다. 큰 도〔大道〕는 곧 큰 사랑을 한다는 것〔大象〕을 밝히고 있는 까닭이다.

여래는 자비慈悲를 말했고 공자는 인仁을 말했으며 노자는 대상大象을 말했다. 어떤 것이든 모두 큰 사랑을 하라는 말이다. 여래의 정은 자비를 버리는 것이요, 공자의 불인不仁은 인仁을 저버리는 것이며, 노자의 욕欲은 대상大象을 팽개치는 짓으로 새겨도 무방할 것이다.

정이나 불인이나 욕은 어떤 것일까? 말하자면 작은 사랑이다. 작은 사랑이란 무엇인가? 자기에게 좋은 것만을 사랑하는 것을 뜻하는 것이다. 나를 사랑하는 것처럼 남을 사랑하라. 이렇게 말하는 경우보다 여래나 공자나 노자는 남을 먼저 사랑하라고 한다. 이것이 곧 큰 사랑이다.

공자의 큰 사랑〔仁〕은 인간을 중심으로 펼쳐진다. 그러나 여래의 큰 사랑〔慈悲〕과 노자의 큰 사랑〔大象〕은 우주 만물을 하나로 보고 펼쳐진다. 노자의 만물은 여래의 중생衆生과 같다. 인간이란 길가에 버려진 헌신짝과 다름없다고 한 노자의 말이나 길거리를 어슬렁거리며 다니는 개도 부처가 될 수 있다고 한 선가禪家의 말은 서로 통하는 것이다.

그러나 현대인은 이러한 큰 사랑을 비웃는다. 우주는 인간이 탐구해 정복할 수 있는 세계이며 만물은 인간이 정복해 사용할 수 있는 물질이라고 여긴다. 이것이 물질문명에 놀아나는 인간의 오만이다. 이러한 오만이 인간을 물욕物欲의 노예로 만들었다. 그 결과 인간은 물질을 정복한 것이 아니라 오히려 물질에 정복당하고 말았음을 뒤늦게 깨우치고 아우성을 치고 있는 중이다.

아주 옛날부터 무수한 성인들이 동서를 막론하고 물욕의 무서움을 설파했지만 인간은 항상 청개구리 노릇을 해 왔다. 물욕이란 무엇인가? 이제 우리는 이렇게 헤아려 볼 수가 있을 것이다.

'큰 사랑을 잃어버리게 하는 것이다.'

인간의 고뇌, 절망, 좌절, 그리고 고통 등은 물욕이 주는 아픔들이 아닌가! 명성과 출세가 이제는 물욕으로 통한다. 권력마저도 물욕으로 통한다. 정치가 썩고 경제가 썩고 사회가 썩고 문화마저 썩어 가고 있는 것도 곰곰이 따져 보면 사나운 물욕의 병균에 오염된 후유증에 속한다. 이러한 후유증은 어디서부터 고쳐야 할까? 인간의 밖에 있는 것이 아니라 인간의 안에 있다. 먼저 나를 물욕의 멍에에서 풀려나게 해야 할 것이 아닌가!

내가 많이 소유할 테니 너는 적게 소유하라. 이것이 물욕의 성질이다. 이러한 성질 탓으로 인간은 갖가지 음모나 흉계 등을 꾸미고 범하려고 한다. 인간이 저마다 이러한 속셈을 감추고 제 욕심을 챙기려고 하는 한 물욕의 유혹에서 벗어날 수 없다. 물욕의 감옥에 갇혀 사는 한 인간은 부자유의 멍에를 벗어 던져 버릴 수 없다. 그 멍에를 지고 있는 한 인간은 생존의 열락悅樂을 누릴 수 없다.

인간의 삶을 아프게 하는 그 멍에를 어떻게 하면 자유롭게 벗어 버릴 수 있을까? 노자의 다음과 같은 말을 들어 보고 스스로를 곰곰이 살피면 그 비밀을 터득할 것이다.

큰 사랑을 행하는 도를 터득하면[執大象], 천하에 걸림 없이 두루 왕래할 수 있다[天下往]. 그러한 왕래는 방해받지 않으므로[往而不害], 편안하고 화평하고 태평하다[安平泰].

큰 사랑의 도가 들려주는 음악과 먹게 하는 음식은[樂與餌] 지나는 길손의 발을 멈추게 한다[過客止].

두 부족이 산 하나를 경계로 해 살았다. 두 부족은 먹이를 같은 산에서 얻어야 했다. 자연히 먹이 다툼이 벌어졌고 두 부족은 항상 전쟁 상태에서 서로를 치고 받았다. 이런 와중에 그만 두 부족의 인간들은 식인종이 되고 말았다.

그러나 그 두 부족 사이를 오가며 싸움을 말리고 서로 평화롭게 살기를 바라는 한 성자가 있었다. 성자는 먼저 서로 사람을 잡아먹는 버릇부터 없애야 한다는 것을 양쪽의 추장에게 권했지만 통하지 않았다.

이미 식인종이 되어 버린 인간에게 사람을 잡아먹는 짓을 못하게 한다는 것은 몹시 어렵다는 것을 성자는 곧 깨달았다. 그러나 성자는 양쪽 식인종 추장에게 사람을 잡아먹는 짓을 하지 말라고 끊임없이 권했다. 그때마다 양쪽 추장은 같은 말만 되풀이했다. 우리가 잡아먹는 인간은 사람이 아니라 도둑이다. 우리의 것을 훔쳐 먹는 놈은 짐승이다.

잡아먹는 식인종과 잡아먹히는 식인종은 따로 없다. 결국 모두 서로 잡아먹히고 마는 꼴이 된다. 이렇게 성자가 양쪽 추장에게 수없이 설득했지만 번번이 허사였다.

"산에 먹이가 풍부하다면 서로 싸우지 않아도 될 것이다. 저 산에는 아주 옛날부터 빨간 옷을 입은 짐승 한 마리가 살고 있다. 그 짐승은 사람들이 먹을 산속의 푸짐한 먹이를 밤중에 훔쳐 먹는다. 그 빨간 짐승이 삼 일 뒤에 산 아래 강가로 물을 먹으러 내려올 것이다. 가까이 가면 잡을 수가 없다. 멀리서 화살촉을 쏘아 잡아야만 한다. 잡기만 하면 산에는 먹이가 풍성해질 것이고 그렇게 되면 서로 싸우면서 사람을 잡아먹지 않아도 될 것이다."

성자는 위와 같은 내용을 두 추장에게 알려 주었다. 양쪽의 식인종들은 모두 성자를 믿고 따랐기 때문에 성자의 말을 그대로 믿었다. 삼 일이 지나자 성자가 말했던 대로 빨간 짐승이 강을 향해 산에서 내려오고 있었다. 빨간 짐승이 산을 다 내려왔을 무렵 화살이 사방에서 쏟아졌다. 빨간 짐승이 땅에 쓰러졌다.

그러자 양쪽 식인종들이 우르르 몰려나왔다. 빨간 짐승을 서로 차지하려고 싸움을 벌이려는 순간 숨이 다 넘어가던 빨간 짐승은 양쪽 추장의 이름을 불렀다. 두 추장이 소스라치게 놀라며 빨간 짐승을 내려다보았다. 빨간 짐승은 성자였다.

성자는 두 추장에게 다음처럼 당부를 하고 숨을 거두었다.

"내 몸을 두 부족이 똑같이 나누어 먹고 이제 사람이 사람을 잡아먹는 짓을 그만두기를 바란다. 그러면 산에는 먹이가 풍성해질 것이다."

두 추장은 성자의 시신을 함께 들고 두 부족 앞에 섰다. 모든 사람들이 눈물을 흘렸다. 그리고 두 식인종 부족은 성자를 땅에 묻고 밤이 새도록 그의 명복을 빌었다. 그런 뒤로 두 부족은 식인의 버릇을 버렸고 산에서 얻은 먹이를 공평하게 나누어 먹는 법을 만들어 서로 편안하고 평화롭게 살았다.

자기를 던진 성자는 큰 사람이 무엇인지를 보여 준 셈이다. 서로 잡아먹고 먹히는 두 부족 사이를 두루 다녀도 괜찮았던 그 성자는 천하를 두루 다녀도 걸림이 없었고 장애물이 없었던 것이다. 어느 쪽에게도 해를 끼치지 않을 자라는 것을 두 부족의 식인종들은 알고 있었던 까닭이다.

나만을 아끼고 자기만을 애중하다고 하면 할수록 천하는 모두 적이 되고 원수가 되고 전쟁터가 된다. 그러나 남을 아껴 주고 보살펴 주려고 하면 천하는 즐거운 음악과 음식을 풍성하게 마련해 놓고 길손을 기다리는 주막이 된다.

큰 사랑의 도〔大象〕는 우주를 그러한 곳으로 이루어 놓고 만물이 살다가게 해 주고 있다. 이러한 이치를 노자는 앞 장에서 성대成大라고 했다. 큰 일을 이룩했지만 자랑은커녕 주인 노릇도 하지 않는 것〔不爲主〕이야말로 큰 사랑이 아닌가!

노자는 그 불위주不爲主를 제35장에서는 이렇게 말하고 있다.

도의 드러냄은 담담할 뿐 맛을 내지 않는다〔淡乎其無味〕.

원수를 사랑하라. 왼뺨을 치거든 오른뺨마저 치라고 내주어라. 왼손이 하는 일을 오른손이 모르게 하라. 이러한 말이 성경聖經에 나온다. 이러한 말도 따지고 보면 노자의 기무미其無味와 서로 통하고 있다. 이처럼 성자의 소리는 동서東西가 다를 바 없으며 고금古今이 다를 것이 없다.

도의 큰 사랑〔大象〕을 터득해 아무리 활용해도 다함이 없다는 것을 노자는 알려 준다. 허공에 부는 바람이 다해 버린다면 숨을 쉬지 못해 죽을 것이요, 흐르는 물이 다 말라 버린다면 목말라 살 수 없을 것이며, 땅이 먹을 것을 주지 않는다면 어떤 목숨이 살아남을 것인가? 이러한 큰 사랑(大象)을 자연이라 불러도 될 것이고 무위無爲라 불러도 될 것이다.

노자의 대상大象을 여래에게 물어보면 아마도 무소유無所有라고 대답해 주리라. 소유하는 것은 몫을 내고 몫을 따지면 욕심은 독버섯처럼 피어나게 마련이다. 그리고 자기애自己愛가 앞서게 되어 서로 훔치다가 서로 적이 되고 식인종처럼 되어 버린다.

물욕에 매달려 사는 현대인은 사람의 몸을 잡아먹는 식인종은 아닐지라도 서로의 마음을 잡아먹는 식인종 노릇을 하고 있는 것이 아닌가! 그래서 현대인은 편안한 마음을 잃었고 화평할 줄 모르고 경쟁을 하며, 태평할 줄 모르고 경계하며, 생존이란 들판에서 전쟁 놀이를 일삼고 있는 것이 아닌가!

언제쯤 우리가 사는 현실이 대상大象의 깃발이 휘날리는 안식처가 될까? 이 세상이 편안하고 화평하여 태평하자면 우선 인간이 저마다 쓰고 있는 식인종의 탈을 벗어야 한다.

원문
의역

큰 사랑을 행하는 도를 터득하면, 천하에 걸림 없이 두루 왕래할 수 있다. 그러한 왕래는 방해받지 않으므로 편안하고 화평하고 태평하다.

〔執大象 天下往 往而不害 安平泰〕 집대상 천하왕 왕이불해 안평태

큰 사랑의 도가 들려주는 음악과 먹게 하는 음식은 지나는 길손의 발을 멈추게 한다.

〔樂與餌 過客止〕 낙여이 과객지

그러나 도의 드러냄은 담담할 뿐 맛을 내지 않는다. 그래서 도의 큰 사랑은 아무리 보려고 해도 다 볼 수 없고, 아무리 들으려고 해도 다 들을 수 없다.

道之出口 淡乎其無味 視之不足見 聽之不足聞 도지출구 담호기무미 시지부족견 청지부족문

하지만 도의 큰 사랑을 아무리 활용해도 다하여 소진될 수 없다.

〔用之不可旣〕 용지불가기

도움말

제35장은 자연의 도가 행하는 것의 무한함을 생각해 보게 하는 장이다. 천지가 시작됨을 무극無極이라 하고 만물을 낳는 어머니를 태극太極이라고 한다. 그 태극의 작용이 어떤 것인지를 새기면서 생존을 영위한다면 산다는 일이 얼마나 자유롭고 열락한지를 깨닫게 하는 장이다.

집대상執大象의 집執은 터득한다 또는 체득한다는 뜻이다. 대상大象은 도의 작용을 말한다. 노자는 도가 있다는 것을 대도大道라 하고 그 도가 하는 일을 대상大象이라고 한다. 동양에서 존재를 말할 때 체용體用을 들어 해석하려고 한다. 제34장에서 도의 체體인 대도大道를 말했으므로 제35장에서는 도의 용用을 밝히고 있는 셈이다. 체體는 근본이요, 용用은 작용이므로 현상에 속한다.

천하왕天下往의 왕往은 공내왕公乃王의 왕王과 같다. 즉 왕往, 王은 두루 통해 왕래하는 것을 뜻한다.

낙여이樂與餌의 이餌는 음식을 의미한다.

도지출구道之出口의 출구出口는 대상大象을 달리 말한 것으로, 즉 도의 드러남〔表現〕

을 뜻한다.

용지불가기用之不可旣에서 용지用之는 대상大象을 본받아 행하는 것을 뜻하고 기旣
는 다해 버린 것[消盡]을 뜻한다.

제36장 약하고 부드러운 것이 굳고 강한 것을 이긴다

삶의 얽힌 매듭을 어떻게 풀까

한번 엎지른 물은 주워 담을 수 없고 한번 뱉은 말은 거두어들일 수 없다. 물러날 때를 놓치지 말 것이며 돌다리도 두드려 보고 건너라. 왜 이런 속담들이 생겼을까? 그 까닭은 지난 일을 되짚어 살필 줄은 알아도 무슨 일이 일어나 어떻게 될지 한 치 앞도 내다볼 수 없는 인간의 한계 탓이다.

어제의 삶이 부끄럽지 않았다면 오늘을 당당히 맞이할 수 있고 내일이 오는 것을 두려워할 필요가 없다. 살아가는 일이 그렇게 이어진다면 원통하다고 땅을 칠 일도 없을 것이며 분하다고 악을 쓰지 않아도 될 것이다.

그러나 인간은 자신의 삶에 만족하기보다는 불만에 가득 차 못 먹을 것을 먹고 뱃속이 거북해 용트림을 하는 것처럼 애를 태운다. 그래서 인간의 마음은 불붙은 장작개비처럼 활활 타올라 몸둘 바를 모른다. 분명 이렇게 사는 것은 고통이요, 이에 밤잠을 이루지 못하고 악몽에 시달리게 된다. 이것을 우리는 생존의 불행이라고 한다.

왜 우리는 그렇게 바라는 행복을 누리지 못하고 오지랖에 불행을 달고 살아가야 한단 말인가? 이러한 물음을 자신에게 던져 보는 사람은 그렇지 않은 이보다 행복을 누릴 확률이 높다. 불붙은 장작개비 같은 마음을 불꺼진 재처럼 진정시키려는 노력을 하면 할수록 멀리 있던 행복은 이웃사촌처럼 가까워지기 때문이다.

인생이란 반성의 발걸음을 조심조심 놓아 건너야 하는 징검다리와 같다. 만일 성급하거나 조급하게 건너려고 하면 발걸음을 헛디뎌 징검다리 사이에 빠지게 마련이다. 탁류의 늪에서 허우적거리는 인생을 원하지 않는다면 삶의 걸음걸이에 억지를 부리지 말아야 한다.

쌓은 담을 허물기는 쉽고 지은 매듭을 풀기는 어렵다. 시비是非의 담을 쌓고 사는 것보다 허물고 사는 것이 수월하며 한의 매듭을 짓기는 쉬워도 풀기는 어려운 것이다. 그러므로 사는 일에 척을 지고 살 필요가 없다.

시비의 벽을 쌓으려는 사람은 옹졸하게 마련이고 허물려는 사람은 넉넉하다. 원한의 매듭을 짓는 사람은 양심의 가시에 찔리기 쉽고 매듭을 푸는 사람은 후련해진다. 오죽하면 때린 놈은 밤잠을 설치지만 맞은 놈은 발 뻗고 잔다고 하겠는가!

재물이 많거나 지위가 높아 명성을 얻는 삶이 잘사는 것은 아니다. 걸림 없이 당당하고 떳떳한 삶이 잘사는 것이다. 왜냐하면 마음을 편안하게 하며 사는 일이 즐거워야 삶이 잘 여물어 가기 때문이다. 살아 있는 동안 삶의 호흡이 자연스러울수록 목숨에 상처를 입지 않는다. 자신의 무덤 앞에 커다란 공적비가 세워지기를 바라는 사람은 불행할 수밖에 없다. 세상을 소유하고 군림하고 싶어하는 사람은 더더욱 불행한 매듭을 짓는다.

이처럼 인생을 아프게 하는 갖가지 매듭을 어떻게 풀고, 답답하고 막막하게 하는 인생의 벽을 어떻게 허물어 후련하고 편안하며 넉넉한 삶을 누릴 수 있을까? 다음과 같은 노자의 말을 들어 보면 그 열쇠를 쥘 수 있을 것이다.

　무엇을 접고 싶다면(將欲歙之), 반드시 먼저 그것을 펴 주어라(必固長之). 무엇을 약하게 해 주고 싶다면(將欲弱之), 반드시 먼저 그것을 강하게 해 주어라(必固强之). 무엇을 폐지해 버리고 싶다면(將欲廢之), 반드시 먼저 그것을 흥하게 해 주어라(必固興之). 무엇을 빼앗고 싶다면(將欲奪之), 반드시 먼저 그것을 주어라(必固與之). 이렇게 하는 것을 도道의 섭리攝理라고 한다(是謂微明).

흥부와 놀부를 생각하면 쥐구멍에도 볕 들 날이 있다는 이치를 알 수 있다. 놀부의 심술은 모든 것을 어긋나게 하고 제 욕심에 스스로 미쳐 버리게 한다. 아래로 흐르는 물을 거슬러 올라 솟구치게 하는 분수의 물줄기 같은 것이 놀부의 심술이요, 욕심보인 것이다.

졸부는 빼앗아 착복할 줄만 알지 줄 줄은 모른다. 물려받은 재산을 한 푼이라도 빼앗기지 않으려고 흥부의 권속을 내치는 놀부의 심술보는 모든 사람들의 마음을 분하게 만든다.

놀부 같은 인간에게 놀부라고 하면 그 인간은 화를 낸다. 누구나 놀부를 어긋난 놈이라고 생각하면서도 사람들은 놀부 같은 짓을 저지른다. 그래서 지금도 가난한 자는 더욱 가난해지고(貧益貧) 부유한 자는 더욱 부유해지는(富益富) 세상 꼴이 사라지지 않는 것이다.

놀부가 왜 욕을 먹는가? 놀부가 도둑이나 다름없는 탓이 아닌가! 소유욕이 지나치면 광증으로 통한다. 그러한 광증은 목숨을 주고 돈을 갖겠다는 착각을 일으키거나 돈으로 목숨을 살 수 있다는 망상으로 환장하게 한다. 그래서 놀부 같은 자는 돈벌레나 황금충의 오명을 뒤집어쓴다. 이것은 소유만 고집하고 베풀 줄을 몰라 생기는 탈이다.

쇠등에 앉은 쇠파리는 피를 빨아먹을 만큼 먹고 나면 날아간다. 그래서 쇠파리는 목숨을 건진다. 그러나 소의 사타구니에 붙어 있는 진드기는 배가 불어나 터질 때까지 매달려 피를 빨아먹는다. 뱃속이 꽉 들어차 더는 피를 빨 수 없게 되면 진드기는 썩은 열매처럼 땅으로 떨어져 사마귀의 밥이 되거나 아니면 제 몸을 움직일 수 없어 굶어 죽는다. 언제 어디서나 쇠파리 같은 놀부는 영악한 놈이고, 진드기 같은 놀부는 멍청한 놈이다. 영악한 놀부든 멍청한 놀부든 그 끝은 험하다. 그 까닭은 제 목숨을 재물의 솥에 넣고 스스로를 삶기 때문이다.

뜻대로 되는 일이 하나도 없다고 한탄하거나 원망할 것은 없다. 뜻대로 안 된다고 발버둥치는 자기를 먼저 따져 보아야 한다. 내가 원하는 것은 남이 원하지 않고 남이 원하는 것은 내가 원하지 않기 때문에 세상은 얽히고 살아가는 일이 꼬이게 마련 아닌가? 이렇게 자신에게 물어보는 순간, 얽히고 꼬인 매듭을 풀 수 있는 실마리를 찾을 것이다.

내가 원하는 것이면 남도 갖고 싶어하는 것이요, 내가 바라지 않는 것은 남에게도 시키지 말아야 한다. 그렇게 하면 세상은 물길처럼 흘러가게 마련이다. 그러나 인간은 저마다 둑을 쌓아 흘러가는 물을 막아 두기 때문에 둑이 터져 홍수를 만나 스스로 익사하게 된다. 이보다 더한 어리석음은 없고 그보다 더한 불행은 없다.

한 장의 종이를 제대로 접고 싶다면 먼저 그 종이를 반듯하게 펴주어야 하지 않겠는가? 억지로 접다 보면 종이는 찢어지고 만다. 인생이 접어야 할 한 장의 종이라면 잘 접어야 한다. 접으려고만 들지 말고 먼저 반듯하게 펴 주어라. 이것이 흡지歙之와 장지長之가 지닌 생존生存의 명지明智가 아닌가!

　말을 길들여 타고 싶으면 먹이를 제대로 주고 잘 보살펴야 한다. 우격다짐으로 길들이다 보면 말을 통째로 잃어버리게 된다. 말을 순하게 만들려면 먼저 말을 튼튼하게 길러야 한다. 길들임은 약하게 하는 것이요, 튼튼하게 하는 것은 강하게 하는 것이다. 인생이 한바탕 승마乘馬와 같다면 달려야 할 말을 잘 길들이기 전에 잘 키워야 한다. 길만 들이려고 할 것이 아니라 먼저 튼튼하게 길러라. 이것이 약지弱之와 강지强之에 숨어 있는 생존의 명지明智가 아닌가!

　고염나무에 감나무 접을 붙이려면 먼저 고염나무 뿌리를 튼튼하게 가꾸어 주어야 한다. 고염나무 밑동이 알맞게 굵어지려면 곁가지들이 튼튼해야 하고 잎이 무성해야 한다. 그래서 감나무 접을 붙이기 위하여 먼저 고염나무를 무성하게 해 주는 것이다. 무성해진 고염나무 줄기를 잘라 내고 그 밑동에 감나무 가지를 꽂아 접을 붙여야 맛좋은 감이 열린다.

　인생이 한 그루의 접붙인 감나무라면 여문 감을 얻기 위해 먼저 고염나무를 무성하게 한 다음 고염나무 가지를 잘라 내야 한다. 무성하게 하는 것은 흥興한 것이요, 잘라 내는 것은 폐廢한 것이다. 이것이 폐지廢之와 흥지興之에 담겨 있는 생존의 명지明智라고 할 수 있다.

　벼 못자리에 모를 길러 벼농사를 짓는 농부는 벼이삭을 먼저 탐내지 않는다. 벼가 제대로 잘 자라게 물을 대고 김을 매고 거름을 알맞게 주느라 땀을 흘린다. 하나의 벼 포기에서 몇 개의 벼이삭을 얻기 위하여 물과 거름을 준다. 주어야 할 것을 제대로 주어야 벼는 여문이삭을 맺는다. 인생이 벼농사를 짓는 것과 같다면 벼이삭을 바라기 전에 먼저 거름을 주고 땀을 흘려야 한다. 벼에 거름을 주는 것이 여지與之라면 벼이삭을 거두어들이는 것은 탈지奪之인 셈이다. 이것이 여지與之와 탈지奪之에 깃들어 있는 생존의 명지明智가 아닌가!

위와 같은 생존의 명지明智를 무위無爲의 삶이라고 불러도 무방할 것이다. 무위의 삶은 마음속이 풍요한 삶을 말한다. 물질의 풍요를 떠나 마음의 풍요를 누리는 것이 무위의 삶이다.

물질을 소유하려고 하면 할수록 마음속이 옹색해지고 옹졸해져 답답하고 막막해 막다른 골목에 쫓기는 꼴이 되고 만다. 이 얼마나 딱한가! 이러한 지경에서 나를 풀려나게 할 확 트인 길은 어디에 있단 말인가?

노자는 그 길이 미명微明에 있다고 했다. 그 미명의 길은 큰 사랑의 길[大道]이며 큰 사랑을 행하는 길[大象]이 아닌가! 갖고 싶으면 주어라. 그러면 오히려 갖게 된다. 이것이 도道의 섭리攝理인 미명이다.

굳은 것은 쪼개지고 강한 것은 부러진다

산을 뽑아낼 만큼 힘이 세다고 으스댔던 항우項羽는 코끼리보다 더 어리석은 셈이다. 코끼리는 생쥐를 겁낼 줄 알지만 항우는 그렇지 못했기 때문이다. 힘쓰기로 따지자면 생쥐는 코끼리의 귀털 끝만도 못하다. 그러나 코끼리는 생쥐가 귓속에 들어가 제 몸을 파먹기 시작하면 꼼짝 못하고 쓰러진다는 것을 안다. 항우는 약한 것이 강한 것을 이길 수 있다는 것을 몰랐고 코끼리는 알고 있었던 것이다.

물줄기는 깨지는 법이 없고 쪼개지는 법이 없다. 그러나 물이 얼어 단단한 얼음이 되면 부서지고 쪼개진다. 굳고 단단한 것일수록 제 모습을 간직하기가 어렵다. 떡잎은 연하고 부드럽지만 강풍이 불어도 찢어지지 않는다. 그러나 거칠고 까칠한 갈잎은 산들산들 부는 가을바람을 견디지 못하고 찢기고 갈라지고 터진다. 까칠하고 거칠어도 제 모습을 간직하지 못한다.

비바람을 이겨내지 못하고 갈라 터진 시멘트 벽을 보라. 그 틈새에 이름 모를 풀씨가 바람에 날아와 터를 잡은 다음 싹을 틔우고 잎새를 내고 꽃을 피우고 향기를 허공에 뿜는 풀꽃을 달고 있는 풀 떨기를 보라. 이처럼 생명의 힘은 비바람을 견뎌 낸다. 굳고 단단한 시멘트 벽이 강한가 아니면 연약한 풀 떨기가 강한가?

생명을 지닌 것은 무엇이나 부드럽고 연약하다. 살아 있는 사람의 살은 부드럽지만 죽은 이의 살은 굳어 뻣뻣하다. 생명은 무쇠 같은 것이 아니라 물처럼 부드러우며 차돌 같은 것이 아니라 밤송이에 붙어 있는 밤톨 같은 것이 아닌가!

그러나 인간은 굳세고 강해야 이긴다고 다짐한다. 힘을 자랑하고 힘 겨루기를 하고 강자가 약자를 정복할 수 있다고 호언한다. 그리고 인간은 잔인하고 살벌한 전쟁의 동물이 되어 별별 무기를 다 만든다. 몽둥이를 들었던 손이 활을 들었고, 활을 들었던 손이 총을 들었다.

인간은 이렇게 힘 자랑을 하다가 한 방이면 천하가 쑥밭이 되는 원자폭탄을 만들어 놓고 온갖 생명을 요절내려고 덤빈다. 자살을 범하는 유일한 동물이 인간이다. 천지에는 온갖 생물들이 살고 있는데 그중 인간은 제 손의 도끼로 제 발등만 찍으려고 하는 것이 아니라 만물과 동반자살을 하자고 꼬드긴다.

코끼리가 힘이 모자라 생쥐를 겁내는 것은 아니다. 목숨이 소중해서 그렇게 할 뿐이다. 노자의 다음과 같은 말을 목숨을 소중히 하라는 말로 새긴다면 무위의 삶이 무엇인지를 짚을 수 있을 것이다.

부드럽고 연약한 것이 굳고 강한 것을 이긴다〔柔弱勝强剛〕. 물고기는 연못을 튀어나와서 살 수 없고〔魚不可脫於淵〕, 나라의 제도는 백성에게 과시할 수 없다〔國之利器不可以示人〕.

임금이 아무리 높은 권좌에 앉아 나라를 다스린다고 하지만 백성이 등을 돌리면 임금의 자리는 가을바람 앞의 낙엽과 같고 돌개바람을 맞은 촛불에 불과하다.

조식曺植은 선조 임금에게 "백성이 강물이라면 임금은 그 위에 떠 있는 조각배와 같다"고 했다. 강물이 잔잔하면 조각배는 제대로 떠 있을 것이요, 강물이 노하면 조각배는 험하게 떠밀려 산산조각이 나게 된다는 뜻을 임금에게 경고한 셈이다. 선조 임금이 이 말을 듣고 노발대발했지만 남명은 할 말을 했을 뿐이다.

백성이 연못이라면 궁궐에 있는 임금과 신하들은 그 속에서 사는 물고기와 같다. 물고기가 물을 떠나면 살 수 없는 것처럼 나라의 권좌도 백성의 눈에 나면 결국 산산조각이 나고야 만다.

말의 입에 자갈을 물려 물가로 끌고 갈 수는 있다. 그러나 말에게 억지로 물을 마시게 할 수는 없는 법이다. 5.16 군사정권은 백성의 코를 뚫어 코뚜레를 걸 수는 있었다. 그 코뚜레에 고삐를 매어 백성을 마음대로 끌고 다닐 수도 있었다.

백성을 밭갈이하는 한 마리의 소처럼 생각하고 나라를 논바닥처럼 여기는 권부는 오래가지 못한다. 5.16 군사정권은 밭갈이하듯이 나라를 뒤엎어 놓고 배고픈 백성에게 먹이를 약속하면서 채찍질을 호되게 일삼았다. 유신정권은 경제 개발을 앞세우고 새마을 운동을 전개하면서 '우리도 잘살아 보자' 는 구호를 내걸었다.

그러나 백성의 마음속에는 응어리가 있었다. 총칼을 앞세워 시키는 대로 말을 들으면 밥을 주고 그렇지 않으면 사정없이 매질을 하겠다는 권부를 누가 마음속으로 좋아하겠는 가? 힘에 질려 시키는 대로 할 뿐 기회만 오면 코에 걸린 코뚜레를 벗어 던지려 하고 얽매인 마음에 구멍을 뚫어 자유의 바람이 드나들게 하려는 속마음이 백성의 가슴속에 응어리져 있었다. 다만 박정희의 권부만이 이를 몰랐다.

유신정권이 총을 든 단단한 바위처럼 보였다면 백성은 벼랑에서 떨어지는 낙수落水의 물방울 같았다. 톰방톰방 떨어지는 물방울이 단단한 바위에 구멍을 뚫는 것이 아닌가! 다만 시간이 걸릴 뿐 막힌 구멍을 뚫고 마는 것이 낙수落水의 끈질김이다.

목숨은 고래 힘줄보다 더 질긴 법이다. 목구멍이 포도청이라고 하지만 배만 부르다고 돼지처럼 살 수 없는 것이 인간이요, 백성이다. 낙수의 물방울이 서서히 5.16이 세운 권부의 바위에 구멍을 내기 시작했을 때 궁정동에서 그는 머리에 총을 맞고 쓰러졌다. 총은 총으로 망한다. 그래서 쇠로 만든 칼이 털로 만든 붓보다 약하다고 하는 것이다.

강한 것은 강하고 약한 것은 약하다. 이것은 물리적인 사실만을 말하고 있을 뿐이다. 강한 것이 약한 것을 항상 이기고 약한 것은 강한 것에게 항상 패한다. 이 또한 힘만을 믿는 물리적인 판단일 뿐이다.

단단하고 거친 땅이지만 속에서 솟아나는 연약한 싹을 막을 수 없고, 단단한 껍질을 연약하고 부드러운 부리로 쪼아 내고 나오는 병아리를 막을 수 없다. 이처럼 생명은 연약하고 부드럽지만 거칠고 단단한 것이 목숨의 기운을 당할 수 없지 않은가!

강력한 무기를 앞세우는 나라는 망하게 마련이라고 노자는 말했다. 백성이 무기를 싫어하기 때문이다. 왜 백성은 무기를 싫어하는가? 목숨을 해치기 때문이다. 그러므로 연약하고 부드러운 목숨보다 더 강한 것은 없다. 그래서 노자는 유약승강강柔弱勝强剛이라고 한 것이다.

백성이 연못이라면 그 속에 노니는 고기들은 나라의 문물제도에 불과하다고 노자는 비유했다. 아무리 강력한 법과 권력과 병기가 있다고 하더라도 고기가 물 속에 있는 것처럼 나라의 온갖 제도는 백성의 품안에 있어야 비로소 제 구실을 한다.

싸움판에는 영원한 승자란 없다고 한다. 강한 것은 항상 강한 것을 불러오고 상대해야 하므로 강한 것끼리 부딪쳐 요절이 나기 때문이다. 연약하면서도 부드럽지만 험한 준령을 헤치고 거친 벌판을 가로질러 큰 바다가 되는 물줄기를 보라. 그러면 노자가 밝힌 유약승강강柔弱勝强剛이란 명지明智를 이해할 수 있을 것이다.

원문
의역

무엇을 접고 싶다면, 반드시 먼저 그것을 펴 주어라. 무엇을 약하게 해 주고 싶다면, 반드시 먼저 그것을 강하게 해 주어라. 무엇을 폐지해 버리고 싶다면, 반드시 먼저 그것을 흥하게 해 주어라. 무엇을 빼앗고 싶다면, 반드시 먼저 그것을 주어라. 이렇게 하는 것을 도道의 섭리攝理라고 한다.

〔將欲歙之 必固長之 將欲弱之 必固强之 將欲廢之 必固興之 將欲奪之 必固與之 是謂微明〕 장욕흡지 필고장지 장욕약지 필고강지 장욕폐지 필고흥지 장욕탈지 필고여지 시위미명

부드럽고 연약한 것이 굳고 강한 것을 이긴다. 물고기는 연못을 튀어 나와서 살 수 없고, 나라의 제도는 백성에게 과시할 수 없다.

〔柔弱勝强剛 魚不可脫於淵 國之利器不可以示人〕 유약승강강 어불가탈어연 국지리기불가이시인

도움말

제36장은 무위無爲의 생존生存이 어떤 것인가를 밝혀 주어 도道의 섭리攝理를 깨우치게 하는 장이다. 그리고 무위의 정치를 생각해 보게 하는 장이기도 하다.

흡지歙之는 종이 같은 것을 접는 것을 뜻하며 장지長之는 펴는 것이다.

약지弱之는 약하게 하는 것이며 강지强之는 강하게 하는 것이다.

미명微明은 도道의 섭리攝理를 뜻한다.

유약柔弱은 부드럽고 연약한 것을 뜻하고 강강强剛은 굳고 강한 것을 뜻한다.

국지리기國之利器의 이기利器는 국가의 문물제도와 무력 등을 말한다.

제37장 욕심이 없으면 걸림이 없다

어떻게 하면 세상이 바르게 될까

할미꽃은 장미꽃을 부러워하지 않고 들쥐는 사자가 되기를 바라지 않는다. 저마다 만족하고 목숨을 누리며 할 일을 할 뿐 더 이상 욕심을 부려 긁어 부스럼을 내지 않는다.

그러나 인간만이 한순간도 만족할 줄 모른다. 뜻대로 되는 일이 없다고 투덜대며 심통을 부린다. 올라가지 못할 나무는 쳐다보지 마라. 그러나 올라갈 수 있다고 사다리를 만들어 내는 것이 인간이다. 인간이 저마다 남모르게 만든 사다리는 무엇인가? 욕심이다.

동서고금을 막론하고 모든 현자賢者가 하나의 공통된 주장을 남겨 놓았다. 욕심을 경계하라. 이것이 모든 현자들이 두루 남긴 경고이다. 그러나 인간은 그러한 경고를 귀담아듣지 않고 청개구리 노릇을 서슴지 않는다. 왜 인간은 어긋날까? 왜 인간은 생존의 상처를 덧나게 할까? 왜 인간은 혹을 떼려다 혹을 붙이고 긁어 부스럼을 낼까? 이러한 모든 탈들은 결국 따지고 보면 인간의 욕심에서 비롯된다.

공자는 욕망을 절제하라고 했다. 공자의 극기복례克己復禮가 그 말씀이다. 그러나 여래如來나 노자는 공자보다 더욱 강경하다. 욕망을 버리라고 하기 때문이다. 노자의 무명지박無名之樸이 그 말씀이요, 여래의 고집멸도苦集滅度가 그 말씀이다. 그러나 인간의 욕망은 마음속에 폭포의 물줄기처럼 쏟아져 우레 같은 소리를 낼 뿐이므로 현자들의 말씀은 귀청을 울리지 못한다.

이제 현대인은 욕망이란 이름의 전차에 인생을 싣고 겁 없이 질주한다. 욕망의 전차에 물질문명은 무한대의 동력을 제공하고 인간은 미친 듯이 인생을 저마다의 입맛대로 요리를 해서 먹어 치우려고 한다. 그래서 현대인은 물질의 대란大亂에 휘말리고 있는 중이다.

물에 빠지면 지푸라기라도 잡으려고 한다지만 인간의 욕망은 수렁 같아 질주하는 전차를 멈추게 할 수가 없다. 무턱대고 질주하다 보면 궤도를 벗어나게 마련이다. 그러면 달리던 전차는 뒤집어지고 그 속에 탄 인간은 화를 입는다. 욕망이 지나쳐 목숨을 잃기도 하고 욕망이 사나워 험한 상처를 입고 불구가 되기도 한다. 현대인의 몸은 건강해 보이지만 그 몸속의 마음을 들여다보면 욕망의 불길에 타고 있는 장작더미 같다.

도는 만물을 창조하기 위하여 쉴새없이 풀무질을 한다고 노자는 말했지만 인간들은 만물을 파괴하려고 욕망의 풀무질을 멈추지 않는다. 노자는 인간이 한사코 범하는 파괴의 풀무질을 멈추게 하려고 제32장에서 밝혔던 내용을 다시 이 장에서 다음처럼 환기시키고 있는 것이 아닌가 싶다.

도는 항상 하는 것이 없지만[道常無爲], 하지 않는 것도 없다[而無不爲].

선조 때 정여립鄭汝立의 역모 사건으로 세상이 들끓었다. 그 무렵 전남 담양에 사는 생원 채지목蔡之穆이 광양에서 훈도로 있었다. 채지목은 광양 고을 교생들을 불러놓고 우리도 벼슬을 해야 한다며 달콤한 말로 꼬드겼다.

교생들은 그에게 어떻게 하면 되겠느냐고 물었다. 아주 좋은 방법이 있다며 채지목은 자기를 따라 주겠느냐고 운을 띄운 다음 교생들을 은근히 부추겼다. 교생들은 벼슬길에 오른다는 미끼에 군침이 돌아 모두들 고개를 끄덕였다.

조바심이 난 교생들은 채지목이 알고 있다는 비법이 무엇이냐고 물었다. 이에 채지목은 교생들에게 다음처럼 그 속셈을 털어놓았다.

"영암에 살고 있는 전 현감 김국주金國柱는 이길李洁과 서로 절친해 암암리에 무기를 주어 역적을 도와주었다고 죄명을 덮어씌우면 국주는 역적이 될 것이고 우리는 공을 세워 상을 탈 것이다."

임금을 위해 공을 세워 상을 타면 벼슬길이 열린다는 것은 자명했다. 여기에 교생들은 채지목의 꼬임에 걸려들어 공모자가 되었다. 그리고 그들은 새로 부임한 현감 한덕수韓德修에게 밀고한 다음 공문서[帖]를 가짜로 만들어 김국주의 죄상을 열거해 상소를 올렸다.

이때 김국주는 아산 부사로 부임해 있었다. 김국주는 궁궐로 잡혀 들어가 국문을 받고 심한 고문을 견디지 못해 결국 죽고 말았다. 그 후 김국주를 보필했던 광양의 아전들을 불러들여 국문하자 김국주가 채지목의 모함 때문에 억울한 죽음을 당했다는 사실이 드러났다.

채지목과 그 일당 십여 명은 공을 세워 상을 타기는커녕 무고죄에 걸려 모두 죽음을 당하고 말았다. 죄 없는 자에게 거짓으로 죄를 만들어 뒤집어씌워서 벼슬을 훔치려고 했던 채지목은 잔꾀를 부리다 제 명대로 살지 못하고 생목숨을 잃었다.

채지목이 노자의 무위를 알았더라면 제 목숨을 소중하게 여겼을 것이다. 목숨을 소중히 할 것이요, 목숨을 해치지 마라. 없는 것을 있는 것처럼 꾸미지 말 것이요, 있는 것을 없는 것처럼 숨기지 마라. 잔꾀를 부려 수작하지 말 것이요, 있는 그대로 맞이하고 그냥 그대로 보내 주면 그만이다. 이렇게 마음속의 뜻을 헤아리고 살피면 무위는 가까이에서 인간을 편하게 한다.

채지목은 없는 죄를 있는 것처럼 속여서 스스로 화를 불러들였으니, 인위가 지나치면 항상 해로운 미끼를 물은 낚시바늘이 되어 목숨을 낚아챈다. 인위는 목숨을 해치기 쉽고, 한사코 공치사를 요구한다. 왜 인위는 그러한가? 인간의 욕심이 대가를 노리고 탐하기 때문이다. 채지목은 인위의 낚시로 공功과 상賞을 낚으려다 제 목숨을 낚아채이고만 셈이다.

그러나 무위는 목숨을 이롭게만 한다. 여기서 목숨이란 사람의 것만을 말하는 것이 아니다. 모든 생물의 목숨들을 한결같이 소중하게 여기는 마음이 곧 무위이고 그러한 행동이 곧 무위인 것이다. 바람이 불어 숨을 쉬게 하고 비가 내려 흙을 촉촉히 적셔 초목을 싱싱하게 하면 짐승들이 그 잎새와 열매를 먹고산다. 이렇게 모든 목숨을 이롭게 하고 사랑하는 것을 무위라고 생각하면 된다.

도는 모든 것을 있게도 하고 거두어 가기도 한다. 이렇게 노자는 생각했다. 도는 생사生死의 운명 사이에서 온갖 생물들이 살도록 해주고 목숨이 다한 다음 왔던 곳으로 되돌아가게 해 준다. 살아 있는 것을 유有라고 한다면 죽는 것을 무無라고 생각해도 무방하다.

그 유무有無의 관계에 어긋남이 없고 억지가 없는 것을 무위라고 헤아리면 도상무위道常無爲의 위爲가 어떤 경지의 것인지를 짚을 수 있을 것이다. 그러므로 무위無爲는 채지목이 범하고 저질렀던 것과 같은 욕심의 작위作爲를 떠나 큰 사랑〔大道〕이 만물에 행하는 것〔大象〕을 뜻하고 있는 것이다. 여기서 왜 도道의 무위無爲가 무불위無不爲와 통하는지를 이해할 수 있을 것이다. 도의 무위는 만물에 한결같이 사랑과 이로움을 베풀어 주므로 하지 않는 것이 없다〔而無不爲〕라고 한 것이다.

무위를 모습〔形〕이 없고 공치사를 하는 것〔象〕이 없다고 말하기도 한다. 그러나 무위를 철학적 사고를 통해 알아야만 하는 것은 아니다. 무위를 어렵게 사유思惟하려고 애쓸 것은 없다. 일상생활에서도 무위를 얼마든지 체험할 수 있기 때문이다. 무위를 덕이라고 보아도 된다.

살생하지 말라는 불가佛家의 말이나 포일抱一하라는 도가道家의 말은 같은 길로 통한다. 살생하지 말라고 하는 것은 모든 목숨을 내 목숨처럼 사랑하고 아껴 주라는 말이고, 포일은 만물을 제 몸처럼 아껴 주고 사랑하고 분별하거나 차별하지 말라는 뜻이기 때문이다. 살생하지 않으면 무심無心으로 통하고 포일을 행하면 무위로 통하는 것이 아닌가!

변화의 순리를 어기지 마라

첨단 과학이 이루어 내는 물질문명은 인간을 편리하게 하지만 편안하게 해 주지는 못한다. 물질문명은 인간에게 물질을 과용하게 하는 힘〔力〕을 행사하게 할 뿐 인간의 내면內面을 다스리게 하는 힘〔强〕은 주지 못하고 있다. 그래서 물질문명은 인간에게 병 주고 약 주는 꼴로 되어 가고 있는 중이다.

늪 근처에 사는 들꿩은 열 발짝을 종종거려야 모이 하나를 얻고 백 발짝을 뛰어야 물 한 모금을 겨우 마실 수 있지만 조롱 속에서 편하게 얻어먹고 마시는 새를 부러워하지 않는다고 장자가 말했다. 왜 장자는 그렇게 말했을까? 조롱 속에 갇혀 사는 꼴이 되면 마음이 편치 않기 때문이다. 산하에 있는 꿩의 삶은 자연이고 새장에 갇힌 새의 삶은 부자연不自然이다. 들꿩의 먹이와 물은 자연이지만 새장 속 카나리아의 먹이와 물은 물질이다.

현대인은 들꿩처럼 사는 쪽보다 조롱 속에 갇혀 사는 카나리아처럼 사는 쪽을 택하고 있다. 현대인은 물질문명이란 조롱 속에 갇혀 살아가고 있는 꼴이다. 현대인은 자연의 삶을 버리고 물질의 삶을 추구한 나머지 시간에 쫓기면서 물질의 풍요를 누리기 위하여 돈벌레처럼 되어 가고 있는 중이다. 이제 자연은 말뿐이다. 인간은 오로지 자본이 되는 물질만 인정하려고 한다.

왜 인간은 물질을 자본이라고 여기는가? 물질을 가공하면 물건이 되고 물건을 팔면 돈벌이가 되기 때문이다. 그래서 인간의 천지에서는 생존의 둥지가 되는 자연은 사라져 가고 생존의 공장이 된 물질이 들어섰다. 인간들은 모두 그 공장에서 날품을 팔아 돈을 벌어야 하고 그 공장에서 나오는 물건을 사서 먹고 입고 쓰며 산다.

물질을 가공하면 인간이 바라는 대로 물건이 된다는 것을 보여 준 물질문명은 더욱 촘촘한 조롱이 되어 가고 있다. 첨단 과학의 기술문명이 그 촘촘한 조롱을 짜 내고 있다. 첨단의 조롱은 공간을 시간으로 꼭 묶어 놓고 인간을 꼼짝 못하게 붙들어 두면서 무한대로 불안하게 한다.

모래를 찰흙에 섞어 벽을 발라 집을 짓고 살 때의 모래는 자연이었다. 그러나 그 모래로 유리를 만들어 창문을 달고 살 때의 모래는 자연이 아니다. 나아가 그 모래에서 반도체의 소재를 뽑아내 별별 전자 제품을 만들어 방 안에 두고 살 때의 모래는 더더욱 자연이 아니다. 모래가 저절로 유리가 되는 것도 아니요, 저절로 반도체의 소재가 되는 것도 아니다. 온갖 재주를 동원해 모래를 가공한 다음 그렇게 되는 것이 아닌가!

첨단 과학의 가공 기술은 불가사리처럼 물질을 잡아먹어 인간에게 물질의 풍요를 약속하면서도 심한 복통을 앓게 하고 있다. 견딜 수 없는 통증을 환경오염이라고 인간은 진단하고 있다. 왜 인간은 환경오염에 신음하게 되었는가? 다음과 같은 노자의 단호한 말을 들으면 그 연유를 알 수 있을 것이다.

만일 군주가 자연의 도를 따라 지켜 주면〔侯王 若能守〕, 만물은 저절로 생성하고 발전할 것이다〔萬物將自化〕. 그러나 저절로 생성하고 발전하도록 만물에 맡기지 않고 인간들이 조작하려고 하면 나는 그러한 짓을 못하게 자연의 덕으로 진정시키리라〔化而欲作 吾將鎭之以無名之樸〕.

양계장에서 모이를 쪼고 있는 암탉들은 인간이 얼마나 욕심사나운 존재인지를 선명하게 보여 준다. 됫박만 한 철망 속에 암탉은 매일 달걀 하나씩을 뽑아내야 한다. 그렇지 못하면 암탉은 사정없이 끌려 나와 통닭구이감으로 팔려 가 전기 찜통에서 구워진다.

양계장의 암탉은 닭이 아니다. 알을 낳는 암컷도 아니다. 암컷이 알을 낳자면 수컷과 교미를 해야 한다. 그런데 양계장의 것들은 병아리감별사들이 암탉만 선별해 철망에 가두어 놓고 달걀을 뽑아내는 기계로 암닭을 만들어 버린 셈이다.

철망 속에는 모이통과 물통이 달려 있다. 꼼짝할 공간도 없으므로 암탉은 앉은 채로 인간이 넣어 주는 모이를 받아먹고 인간이 부어 주는 물을 마시면서 매일 달걀을 뽑아내야 한다.

양계장의 암탉은 잠을 잘 수 있는 밤마저도 빼앗긴다. 전깃불을 대낮처럼 밝혀서 암탉들이 밤이 아니라 낮인 줄 알도록 인간은 속임수를 쓴다. 암탉은 낮에만 알을 낳기 때문이다. 그리고 암탉을 흥분시켜 산란율産卵率을 높이려고 모차르트나 베토벤의 음악을 들려주기도 한다. 이 얼마나 사납고 잔인한가!

현대인은 천지를 양계장쯤으로 생각하려고 한다. 무엇 하나 그냥 그대로 두는 법이 없다. 인간은 만물을 모조리 훔쳐다 제 뜻대로 가공하고 사용하고 소모한 다음 쓰레기로 만들어 버린다. 닭똥 냄새가 양계장을 진동시키는 것처럼 인간들의 똥 냄새가 천지를 진동하게 한다. 환경오염이니 공해니 하는 것은 물질에 걸신이 들린 인간들이 내지른 똥 냄새와 같은 것이다.

암탉이 왜 양계장의 철망에 갇혀 달걀을 뽑아내는 기계가 되었는가? 그 까닭은 인간의 사나운 욕심 때문이다. 이를 노자는 욕작欲作이라고 했다.

수탉이 홰를 치고 왕관 같은 벼슬을 흔들며 암탉을 찾아가면 암탉은 꽁무니를 벌리고 씨를 받아 알을 낳는다. 그 알을 암탉이 한 보름정도 품어 병아리를 깐 다음 새끼들을 거느리고 텃밭을 노닐 때 수탉이 먹이를 찾았다고 '구구' 하면 암탉은 '꼬꼬' 하고 응답한 다음 새끼들을 데리고 가서 쪼아먹게 한다. 이처럼 암탉은 어미 구실을 하고 수탉은 아비 구실을 하여 병아리를 키우고 기른다. 이를 노자는 자화自化라고 했다.

자화自化는 큰 사랑[大道]을 따라 사는 것[知止]이다. 그러나 욕작欲作은 큰 사랑을 어기고 오로지 인간만 잘 입고 잘 먹고 살면 그만일 뿐이라는 욕심이다. 노자는 인간이 앓고 있는 가장 무서운 병이 무엇인지를 이미 알고 있었던 모양이다.

인간의 욕작欲作은 물질을 가공해 편리한 물건을 생산하는 경제동물로 둔갑시켰다. 이를 문명지기文明之器라고 불러도 된다. 경제동물이 되어 버린 인간을 어떻게 구제한단 말인가? 노자는 무명지박無名之樸으로 그렇게 할 수 있다고 선언한다.

문명지기文明之器란 무엇인가? 양계장의 암탉과 같다. 무명지박無名之樸이란 무엇인가? 텃밭에서 병아리를 거느리고 모이를 찾는 암탉과 같다. 인간이 사나운 욕심을 부리지 않으면 천하는 저절로 올바르게 된다는 노자의 말은 앞으로 더욱 그 진실성을 지닐 것이다. 공기가 썩고 물이 썩고 땅이 썩고 나면 인간은 어디에서 살 것인가? 이렇게 자문해 볼 때 현대인은 노자의 자화自化를 새삼스럽게 살펴보아야 할 것이다.

원문
의역

도는 항상 하는 것이 없지만, 하지 않는 것도 없다.

[道常無爲 而無不爲] 도상무위 이무불위

만일 군주가 자연의 도를 따라 지켜 주면, 만물은 저절로 생성하고 발전할 것이다. 그러나 저절로 생성하고 발전하도록 만물에 맡기지 않고 인간들이 조작하려고 하면 나는 그러한 짓을 못하게 자연의 덕으로 진정시키리라.

〔侯王 若能守 萬物將自化 化而欲作 吾將鎭之以無名之樸〕후왕 약능수 만물 장자화 화이욕작 오장진지이무명지박

자연의 덕은 욕심을 내지 않는다. 욕심을 부리지 않으니 고요하고, 욕심이 없어 고요하면 천하는 저절로 바르게 된다.

〔無名之樸 亦將不欲 不欲以靜 天下將自正〕무명지박 역장불욕 불욕이정 천하장자정

도움말

제37장은 제32장을 돌이켜 보게 하고 자화自化와 욕작欲作을 생각하게 하는 장이다. 자연의 변화〔自化〕와 문명의 발전〔欲作〕을 살펴보게 한다. 만물을 인간의 뜻대로 정복하려는 것은 당연한가? 이러한 자문을 해 보게 하는 장이다.

무위無爲의 위爲는 부덕不德한 작용을 뜻하고 무불위無不爲의 위爲는 덕의 작용을 뜻한다고 헤아릴 수 있다.

자화自化는 저절로 생성하고 발전하는 것을 뜻한다.

욕작欲作은 인간의 욕망에 의해서 인간만을 이롭게 하는 것을 뜻한다.

무명지박無名之樸의 무명無名은 자연의 도를 말하고 박樸은 자연, 즉 자화自化의 모습 그대로를 뜻한다.

불욕이정不欲以靜의 정靜은 무욕無欲을 뜻하며, 그 정靜은 성명性命의 모습이기도 하다. 성명性命을 이성理性으로 이해해도 무방하다.

자정自正은 저절로 바르게 됨을 뜻한다.

제38장 노자의 덕인은 공자의 인덕과 다르다

덕을 내세우면 덕이 아니다

가물어 산천이 타들어 가고 초목이 메말라 갈 때는 비를 애타게 기다리고 폭우가 쏟아져 홍수로 들녘이 범람하면 비를 원망하는 것이 인간이다. 알맞게 내리는 비는 선善이고 지나치게 쏟아지는 비는 악惡이라고 인간은 서슴없이 판단한다.

열 번 잘하다 한 번 잘못하면 공든 탑이 무너진다. 사람을 키우는 것은 호랑이새끼를 키우는 꼴이 된다. 이와 같은 속담들이 담고 있는 속셈에서도 인간의 모습은 잘 드러난다. 인간은 잘해 줄 때는 입 안의 사탕처럼 달다고 하고 잘 못해 줄 때면 입 안의 소태처럼 쓰다고 하면서 사물을 자기중심으로 보려고 한다.

인간을 중심에 두고 천지를 바라보며 만물을 저울질하는 버릇을 노자나 장자는 문화라고 했다. 그래서 노자는 천지는 사람의 것이 아니다[天地不仁]라고 밝혔으며, 장자는 노자의 불인不仁이 담고 있는 속뜻을 다음처럼 절묘하게 비유했다.

소나 말에 달려 있는 네 다리가 하늘이고[牛馬四足 是謂天], 소의 코를 뚫는 것이 인간이다[穿牛鼻 是謂人].

소에게 네 다리가 없다면 얼마나 불편할 것인가! 소의 코를 뚫어 걸어 놓은 코뚜레가 없다면 소는 얼마나 편할 것인가! 이렇게 생각해 보면 천지를 사람의 것으로 보지 말라는 노자의 속뜻을 헤아릴 수 있다. 천지불인天地不仁의 인仁은 공자의 인을 새겨 보게 한다.

인이란 무엇인가? 이에 대하여 공자는 "사람을 사랑하는 것이다〔愛人〕"라고 잘라 대답했다. 이러한 공자에게 덕이란 무엇이냐고 묻는다면 "사람을 이롭게 하는 것"이라고 천명했을 것이다.

그러나 노자의 불인不仁은 이렇게 사람을 중심에 두고 덕과 인을 생각하는 것 자체를 거부하고 있는 셈이다. 노자가 밝힌 덕은 '자연이 만물을 이롭게 하는 것'이고, 노자가 밝힌 인은 '자연이 만물을 사랑하는 것'이다. 그 만물 중의 하나가 인간일 뿐이다. 지렁이는 천하고 인간은 귀하다고 여길 것은 없다는 것이다.

천지의 입장에서 본다면 인간도 제祭를 올린 다음 길가에 버려진 강아지풀〔芻〕에 불과한 존재라고 노자는 선언했다. 인간도 다른 생물과 마찬가지로 천지의 품안을 떠나면 살 수가 없다. 그러나 자연의 드러난 모습인 천지는 그렇다고 공치사를 한다거나 드러내 자랑하려고 하지 않는다. 이를 노자는 다음처럼 풀이해 주고 있다.

지극히 높은 덕은 인위의 덕이 아니며〔上德不德〕, 인위의 덕이 아니어서 덕이 된다〔是以有德〕. 지극히 낮은 덕은 덕을 행했다고 들추어낸다〔下德不失德〕. 이렇게 하여 낮은 덕에는 자연의 덕이 없다〔是以無德〕. 지극히 높은 덕은 베풀지 않으나 무심하여 베푸는 일이 된다〔上德無爲而無以爲〕. 그러나 지극히 낮은 덕은 베풀되 바라는 바가 있어서 베푸는 꼴이다〔下德爲之而有以爲〕.

산에는 꽃 피네
꽃이 피네
갈 봄 여름 없이
꽃이 피네

이렇게 소월素月은 읊었다. 소월을 즐겁게 한 것은 분명 산천에 그냥 피어 있는 꽃들이다. 소월은 그 꽃들을 꺾어 집으로 가져가 꽃병에 꽂자고 그렇게 읊은 것은 아니다. 산에 핀 꽃을 바라보며 즐거워하면 그 순간은 무위를 누리는 것과 같다. 그러나 산에 핀 꽃을 꺾어서 꽃병에 꽂아 두고 싶거나 진달래 꽃잎을 따서 꽃술을 담가 풍류의 멋을 내자고 하면 그 순간 무위는 사라져 버린다.

지극한 덕[上德]의 모습을 어떻게 하면 밝힐 수 있을까? 봄철 산천에 그냥 그대로 피어 있는 산꽃 같다고 말해도 될 것이다.
낮은 덕[下德]의 모습을 어떻게 하면 밝힐 수 있을까? 산꽃을 꺾어서 거실에 있는 꽃병에 꽂아 두는 꼴이라고 말해도 될 것이다.
무슨 대가를 노리고 좋은 일을 하는 것은 진실로 좋은 일을 하고 있는 것이 아니다. 그와 같은 짓은 무슨 목적을 노리고 속임수를 쓰는 것과 같다. 상덕上德은 한없이 베풀어 줄 뿐 목적이 없다. 길가에 풀밭이 있고 풀섶에 이름 모를 풀꽃이 피는 것도 상덕이며, 마을의 개들이 풀밭에서 놀다가 풀꽃 옆에 개똥을 누고 지나가는 것도 상덕이다. 왜냐하면 아름다움을 자랑하려고 풀꽃이 피는 것도 아니요, 풀꽃의 아름다움을 시샘해 개들이 뒤를 보고 가는 것도 아니기 때문이다. 풀꽃이 피는 것도 풀이 살아가는 것이고 개가 똥을 누고 가는 것 또한 사는 일이다. 자연스럽게 사는 일이야말로 상덕의 모습이다.

그러나 인간은 닭을 잡아먹고 오리발을 내놓기도 하고, 여우를 잡고 개 꼬리를 내놓는 짓을 서슴없이 하기도 한다. 나무를 흔들면 잠자던 새들이 놀라서 날아가고 고기가 놀라면 물이 흐려진다고 하지 않는가! 하덕은 이러한 것이다.

나무는 새들이 깃들여 둥지를 틀고 몸을 쉬게 하고 물은 고기들이 노닐며 살도록 해 준다. 상덕은 이러한 것이다.

그러나 무엇이 나무를 흔들어 보고 싶어하고 물고기를 놀라게 하고 싶어하는가? 인간의 짓[人爲]이 그렇게 하고 싶어한다. 이쯤 헤아리면 이제 노자의 상덕부덕上德不德을 짚을 수 있지 않은가!

도를 잊은 뒤에 공자의 인의례仁義禮가 나왔다

맹자는 공자의 인仁을 측은지심惻隱之心으로, 의義를 수오지심羞惡之心으로, 예禮를 사양지심辭讓之心으로 풀이했다. 이처럼 맹자는 공자의 인의례仁義禮를 인간이 마음을 어떻게 쓰느냐에 두고 해석했다.

측은惻隱의 마음은 무엇을 불쌍히 여기고 도와주고 돌봐 주는 마음씨이다. 이렇게 맹자는 남을 먼저 사랑하라는 공자의 인을 해석한 셈이다. 수오羞惡의 마음은 부끄러운 것을 싫어하는 마음씨이다. 이렇게 맹자는 인을 실천하라는 공자의 의를 해석한 셈이다. 사양辭讓의 마음은 남을 먼저 받들고 모시는 마음씨이다. 이렇게 맹자는 삶의 질서를 지키라는 공자의 예를 해석한 셈이다.

이러한 생각을 가지고 있던 맹자는 인간을 특별히 선택된 존재로 확신했다. 말하자면 사람과 짐승은 서로 다르다(人獸之辨)라는 관점에서 인간을 중심에 두고 문화를 밝히려고 했다. 그러므로 공맹孔孟의 도에서는 인간의 학문學文을 떠나서는 삶의 걸음을 한 발짝도 뗄 수 없다.

그러나 노장老莊은 자연을 중심에 두고 인간의 생존을 밝히려고 했다. 노자나 장자에게 문화는 욕작欲作에 불과할 뿐 만물과 더불어 살게 하는 자화自化가 아니라는 것을 제시한다. 노자는 인간을 향하여 왜 이렇게 밝혔을까? 다음 구절을 새겨 보면 공맹孔孟의 인의례仁義禮의 한계가 지니고 있는 그 속뜻을 짚을 수 있을 것이다.

높은 인은 하되 무심히 하고(上仁爲之而無以爲), 높은 의는 하되 바라는 바대로 하며(上義爲之而有以爲), 높은 예는 행하되 응하지 않으면 팔을 휘둘러서라도 행하게 한다(上禮爲之 而莫之應則攘臂而扔之). 그러므로 도를 잃은 뒤에 덕을 부르짖게 됨이요(故失道而後德), 덕을 잃은 뒤에 인을 주장하게 된 것이며(失德而後仁), 인을 잃은 뒤에 의를 앞세우게 된 것이고(失仁而後義), 의를 잃은 뒤에 예를 강조하게 된 것이다(失義而後禮).

세종 때 인덕人德이 높은 황 정승과 무엇보다 예의禮義를 앞세운 허 정승이 있었다.

허 정승은 누군가 법도에 어긋나는 일을 하면 털끝만큼도 용서하지 않았다. 부모님이 돌아가신 뒤에 허 정승은 아침마다 형님을 찾아가 문안을 올렸고, 장성한 아들이라도 잘못을 범하면 남들이 보는 앞이라도 벌을 주었고 매사를 꼼꼼히 따져 시비를 가린 후 일을 처리했다. 이처럼 허 정승은 한 치의 빈틈도 없었고 어긋남도 없었다.

반면 황 정승은 후덕하고 인자했다. 사람을 신분으로 분별하지 않았으며 누구든 더불어 사는 벗으로 여겼다. 주인이 따로 없고 종이 따로 없었다. 모두 한 식구처럼 살았다. 황 정승은 틈이 나면 집안의 꼬마들과 어울려 놀았고 꼬마들이 어깨를 타기도 하고 수염을 뽑기도 했는데 매달려도 싫은 내색을 하지 않았다. 계집종의 꼬마애가 종이에다 오줌을 누어도 옷소매로 쓱 훔쳐 내고 그 종이에 다시 글을 쓸 정도였다.

황 정승은 정사政事를 넉넉하게 보았고 허 정승은 사리事理를 따져 빈틈없이 처리했다. 황 정승은 세상을 둥글게 맞이했고 사람들은 그를 따뜻한 분으로 모셨다. 그러나 허 정승은 세상을 모나게 대했으며 사람들은 그를 차가운 분으로 모셨다.

황 정승의 인덕人德은 법이 없어도 되는 세상을 바라는 것이고, 허 정승의 예의禮義는 어쩔 수 없이 법은 있어야 한다는 쪽에 매달리게 된 것이다.

세종 때의 황 정승은 노자가 밝히는 상덕에 가깝고 허 정승은 상덕에서 멀다. 어진 사람은 법이 없어도 세상을 편하게 하며 인심을 후하게 한다. 온갖 법이란 인간이 점점 무서운 존재가 되면서 생겨난 것일 뿐 처음부터 인간의 존재가 붙어 있는 운명적인 것은 아니다. 특히 엄한 형법은 인간이 잔인한 짓거리를 서슴없이 행한 다음에 생겨난 족쇄가 아닌가!

서로 사랑하고 믿고 의지해서 산다면 인이면 족하지 의나 예를 앞세울 필요는 없다. 이것이 노자가 밝히는 상덕이다. 이를 노자가 밝힌 대상大象으로 보아도 된다. 대상이나 상덕은 노자가 말하는 큰 사랑의 길[大道]이 드러난 모습이기도 하다.

그러므로 노자가 밝히는 자연의 도에서 보면 공맹의 인의례도 인간의 생존만을 위해 인간들이 주장하는 한 방편일 뿐이요, 인간을 다른 짐승과 분별하려는 것[人獸之辨]일 뿐이다. 공맹이 인의례를 앞세워 주장했지만 어느 군왕도 귀담아들어 주지 않고 정치를 힘[力]의 장치로 여기고 세상을 아프게 했으며 인간은 점점 여문 마음[忠]과 믿음[信]을 멀리하면서 얇은 잔꾀를 일삼으며 세상을 병들게 하고 있다.

열 길 물 속은 알아도 한 길 사람 속은 알 수 없다. 얌전한 강아지가 부뚜막에 먼저 오른다. 소문난 잔치에 먹을 것 없다. 왜 이런 속담들이 생겼을까? 인간들이 겉과 속이 다른 잔꾀를 부리기 때문이다. 이러한 잔꾀를 노자는 박薄이라고 했고 그러한 잔꾀 따위에서 멀리 떠나, 있는 그대로 꾸밈없이 마음과 행동을 같게 하는 것을 후厚라고 했다.

박은 겉으로는 예인 척하면서 속으로는 무례無禮를 감추고 속이는 수작이다. 얄팍한 잔꾀를 부리지 말라고 하지 않는가! 그래서 노자는 예라는 것은 세상을 어지럽히는 꼬투리가 되고[夫禮者 亂之首], 지식을 앞세우는 것은 어리석음의 시작이다[前識者 愚之始]라고 했다.

식자識者들이여! 입으로만 예를 팔고 지식을 과시하면서 자연의 도를 빛 좋은 개살구로 뭉개고 있지 않은가? 이를 도지화道之華라고 노자는 역설하고 있다.

나물 먹고 물 마시고 팔을 베고 누웠으니, 대장부 이만하면 족하지 않은가! 이렇게 시작되는 육자배기가 있다. 이러한 대장부를 노자도 좋아했고 맹자도 좋아했다.

대장부는 누구인가? 노자는 다음처럼 대답해 준다.

대장부는 수수하고 꾸밈없이 넉넉하게 살고[大丈夫 處其厚], 얄팍한 잔꾀 따위에 머물지 않으며[不居其薄], 겉과 속이 한결같아 진실하게 살고[處其實], 겉보기만 화사한 것에 머물지 않는다[不居其華].

인생이란 한바탕의 꿈일 수도 있고 한판의 잔치일 수도 있다. 소문 난 잔칫집에 가서 맛없는 음식을 맛있다고 거짓말로 꾸밀 것[華]도 없고, 빛 좋은 개살구를 맛 좋은 참살구라고 호들갑을 떨 것[薄]도 없다.

인생을 수수하게 맞이할 수는 없는가? 인생을 여물게 누릴 수는 없는가? 대장부는 이러한 물음에 서슴없이 박薄과 화華를 버리고 후厚와 실實에 머물며 인생을 있는 그대로 누린다.

그러나 노자의 절규는 대장부가 사라진 현대에 어쩌면 꿈같은 소리거나 헛소리거나 잠꼬대 같은 말일지도 모른다. 하지만 인생의 행복은 변하지 않는다. 대장부가 곧 행복을 누릴 수 있는 주인임은 분명하다. 다만 노자의 절규를 낡았다고 여기는 우리가 덫에 걸려 불행을 자초하고 있을 뿐이다.

원문의역

지극히 높은 덕은 인위의 덕이 아니며, 인위의 덕이 아니어서 덕이 된다. 지극히 낮은 덕은 덕을 행했다고 들추어내 덕이 없어진다.
[上德不德 是以有德 下德不失德 是以無德] 상덕부덕 시이유덕 하덕불실덕 시이 무덕

지극히 높은 덕은 베풀지 않으나 무심하여 베푸는 일이 된다. 그러나

지극히 낮은 덕은 베풀되 바라는 바가 있어서 베푸는 꼴이다.

〔上德無爲而無以爲 下德爲之而有以爲〕 상덕무위이무이위 하덕위지이유이위

높은 인은 하되 무심히 하고, 높은 의는 하되 바라는 바대로 하며, 높은 예는 행하되 응하지 않으면 팔을 휘둘러서라도 행하게 한다.

〔上仁爲之而無以爲 上義爲之而有以爲 上禮爲之 而莫之應則攘臂而扔之〕 상인위지이무이위 상의위지이유이위 상례위지 이막지응즉양비이잉지

그러므로 도를 잃은 뒤에 덕을 부르짖게 됨이요, 덕을 잃은 뒤에 인을 주장하게 된 것이고, 인을 잃은 뒤에 의를 앞세우게 된 것이며, 의를 잃은 뒤에 예를 강조하게 된 것이다.

〔故失道而後德 失德而後仁 失仁而後義 失義而後禮〕 고실도이후덕 실덕이후인 실인이후의 실의이후례

예라는 것은 충성과 믿음이 얄팍해 세상을 어지럽히는 꼬투리가 되며, 지식을 앞세우는 것은 자연의 도를 인위의 도로 꾸며 어리석음이 시작된다.

〔夫禮者 忠信之薄 而亂之首也 前識者 道之華 而愚之始也〕 부례자 충신지박 이란지수야 전식자 도지화 이우지시야

이러하므로 대장부는 수수하고 꾸밈없이 넉넉하게 살고, 얄팍한 잔꾀 따위에 머물지 않으며, 겉과 속이 한결같아 진실하게 살고, 겉보기만 화사한 것에 머물지 않는다.

〔是以 大丈夫 處其厚 不居其薄 處其實 不居其華〕 시이 대장부 처기후 불거기박

처기실 불거기화

그러므로 대장부는 얄팍하고 꾸민 것을 떨쳐 버리고 수수하고 꾸밈 없는 것과 표리가 한결같은 진실을 취한다.

〔故去彼取此〕 고거피취차

도움말

제38장은 노장老莊의 도덕과 공맹의 도덕을 비교해서 생각해 보게 하는 장이다. 그리고 순박한 자리로 되돌아가야 하는 이치를 밝혀 주고 있다.

상덕부덕上德不德에서 상덕上德의 덕은 무위無爲의 덕이고 부덕不德의 덕은 인위人爲의 덕으로 생각된다.

하덕불실덕下德不失德에서 불실덕不失德은 덕을 잃지 않음이 없다는 뜻이므로 공치사 같은 것으로 이해하면 된다.

하덕위지下德爲之에서 위지爲之는 덕을 행하는 것이다.

하덕위지이유이위下德爲之而有以爲의 유이위有以爲는 인위를 뜻한다. 여기서 유有는 유심有心이고 유욕有欲이리라. 둘 다 바라는 바가 있다는 말이다.

잉지扔之의 잉扔은 끌어당기는 것을 뜻하고 지之는 팔뚝〔臂〕을 뜻하는 대명사이다.

후厚와 실實은 무명지박無名之樸의 박樸과 통한다. 즉 후厚는 넉넉하고 수수함을 뜻하고 실實은 표리가 한결같아 진실한 것을 뜻한다고 새겨도 무방하다.

제39장 노자의 왕도는 어떤 것인가

왕도王道의 평등 사상平等思想

해〔日〕가 따로 있는 것도 아니고 달〔月〕이 따로 있는 것도 아니며, 보이는 별〔星〕이 따로 있는 것도 아니고 보이지 않는 별〔辰〕이 따로 있는 것도 아니다. 이것들은 모두 하늘〔天〕에 떠 있을 뿐이다. 그러므로 천天은 일월성신日月星辰을 지니며, 일월성신은 천의 사체四體일 뿐이다.

샘물이 따로 있고, 냇물이 따로 있고, 비가 따로 있고, 안개가 따로 있는 것은 아니다. 이것들은 모두 수水일 뿐이다. 수는 온갖 물의 하나〔一〕이다.

나무를 태우는 불이 다르고, 풀을 태우는 불이 다르고, 석탄을 태우는 불이 다르고, 기름을 태우는 불이 다르다고 생각할 것은 없다. 무엇을 태우는 불꽃들은 모두 화火일 뿐이다. 화는 온갖 불의 하나이다.

모래가 따로 있고 흙이 따로 있는 것은 아니다. 이것들은 모두 토土일 뿐이다. 바위가 따로 있고, 자갈이 따로 있는 것은 아니다. 이것들은 모두 석石일 뿐이다. 토는 온갖 흙의 하나이고 석은 온갖 돌의 하나이다.

그렇다고 수가 따로 있고, 화가 따로 있고, 토가 따로 있으며, 석이 따로 있는 것이라고 여길 것도 없다. 이것들은 모두 지地일 뿐이다. 지는 수화토석水火土石의 하나이다. 다만 수화토석은 지의 사체四體일 뿐이다.

동양의 평등 사상은 천天의 사체四體와 지地의 사체四體를 통해 이해할 수 있다. 사체의 조화造化인 만물萬物에서 하나[一]로 거슬러 올라가든, 일一에서 만물로 내려가든 그 어느 것이나 동양의 평등 사상의 근원을 파악하게 한다. 노자는 하나[一]에서 사체의 조화로 내려가는 것을 다음처럼 말했다.

도생일道生一 일생이一生二 이생삼二生三 삼생만물三生萬物.

일一에서 만물로 내려오든 만물에서 일로 거슬러 올라가든 어느 것이나 모두 노자의 포일 사상抱一思想으로 통한다. 포일 사상은 곧 동양의 평등 사상이다.

천지 만물을 하나[一]가 낳았다. 이것이 바로 동양의 평등 사상이 밝히는 결론이다. 이러한 결론은 다음처럼 풀이된다.

하늘[天]이 하나[一]를 받아 넷[四]으로 변했다. 그 넷이 태음太陰이요 태양太陽이고, 소음小陰이며 소양小陽이다. 땅[地]이 하나[一]를 받아 넷[四]으로 변했다. 그 넷이 태유太柔이고 태강太剛이며, 소유小柔이고 소강小剛이다.

천지가 받은 하나[一]는 몸이 없는 것[無體]이고 천지의 사체는 몸이 있는 것[有體]이다. 모습이 없으면서도 모습을 낳게 하는 힘을 기氣라고 한다. 그러므로 노자가 밝힌 도생일道生一의 일一을 기라고 풀이할 수 있다. 여기서 동양의 사유思惟인 조화는 모습이 없는 기[氣, 一]가 모습을 낳는 기로 변화하는 것을 뜻한다. 천天의 음양陰陽과 지地의 유강柔剛은 모습을 띠게 하는 기인 셈이다.

하늘도 다섯[五] 수數이며 땅도 다섯 수라고 하는 것은 도道로부터 하나[一]를 받아 생겨난 천지가 각각의 사체를 통하여 그 모습을 드러낸 것을 밝혀 주는 셈이다. 도는 하나[一]의 어머니요, 하나는 도의 아들[子]인 셈이다. 그래서 노자가 자연의 도를 가리켜 하나를 안고 있는[抱一] 어머니[玄牝]라고 한 것이 아닌가!

노자가 밝히는 평등 사상은 자연의 순리順理이며 그 순리는 만물이 도가 낳은 하나의 기를 받아 생겨난 것이므로 어머니[道]의 품안을 떠날 수 없다는 이치가 아닌가! 현빈玄牝의 품안을 떠날 수 없는 이치를 노자는 다음처럼 밝히고 있다.

태초에 하나를 받아 얻은 것이 있다[昔之得一者]. 하늘이 그 하나를 받아 얻음으로써 맑고[天得一以淸], 땅이 그 하나를 받아 얻음으로써 안전하며[地得一以寧], 천지의 덕이 그 하나를 받아 얻음으로써 신령하고[神得一以靈], 골짜기가 그 하나를 받아 얻음으로써 가득하며[谷得一以盈], 만물이 그 하나를 받아 얻음으로써 태어나며[萬物得一以生], 임금이 그 하나를 받아 얻음으로써 천하를 곧게 하는 것[侯王得一以爲天下貞]이므로 임금이 더할 수 없게 천하를 곧게 하는 것[其致之]은 곧 그 하나이다[一也].

어미 닭 곁에서 종종거리며 모이를 쪼아먹던 병아리들이 갑자기 암탉의 품안으로 기어드는 것은 매가 멀리서 병아리를 보고 소리 없이 날아와 병아리를 채 가려는 징후이다.

어미 닭의 품안으로 들어가야 살아남는다는 것을 병아리들은 어떻게 알았을까? 이를 생존의 본능이라고 한다면 그 본능은 어떻게 이루어

졌단 말인가? 그 까닭을 아무리 더듬어 올라가 봐도 신비롭고 묘할 뿐
이지 알 수가 없다.

무릇 생명은 땅에서 나고 땅으로 돌아간다. 사람이 죽으면 땅에 묻힌
다는 것은 산천에 묘지가 있으니 알 수 있지만 땅에서 태어난다는 말
은 이해하기가 어렵다. 참새는 어미 참새에서 나왔고, 송아지는 암소
에서 나왔고 미꾸라지는 미꾸라지 알에서 나오고, 민들레는 민들레 꽃
씨에서 나오지 어떻게 땅에서 나오느냐고 인간은 반문하게 마련이다.
그러나 생명이 다하면 살은 흙으로 돌아가고, 피는 물로 돌아가고, 영
혼은 바람으로 돌아간다는 옛말이 과연 허튼소리일까? 이러한 물음을
생각하면 생명의 존재는 신비롭고 묘할 뿐, 시원하게 알 수가 없다.
동양의 옛 성현들은 우리가 알 수 없는 것을 신神이라고 했다. 그리고
그 신을 천지의 덕德이라 풀이했고 그 덕이 머무는 곳을 영靈이라고 보
았다.

참으로 천지는 신비롭고 영험한 것들〔萬物〕로 가득 차 있다. 그 만물은
태어남〔生成〕과 사라짐〔消滅〕의 수레를 탄다. 봉숭아는 봉숭아 꽃을 피
우고 봉숭아 꽃은 봉숭아 열매를 맺고 그 열매는 봉숭아 씨앗을 남겨
금년의 봉숭아는 소멸하고 내년의 봉숭아를 약속한다. 이것이 봉숭아
가 생사生死의 수레를 타는 순리順理이다. 어디 봉숭아만 그렇게 하는
가? 만물이 모두 그렇게 그 수레를 타고 있다. 이러한 순리의 수레는
하나〔一〕의 기운을 본받는 것이 아닌가! 우리가 생사의 수레를 알 수는
없지만 그것은 또한 분명하지 않은가! 알 수는 없지만 분명한 것을 두
고 신령神靈하다고 하는 것이다.

나라를 다스리는 임금이나 대통령이 득일得一의 뜻을 헤아린다면

천하는 곧게 될 수밖에 없다. 패를 갈라 한쪽을 이롭게 해 주고 다른 쪽을 해롭게 하는 것은 나의 편과 남의 편이 따로 있다는 것이요, 부익부 빈익빈이 되는 것 또한 그러한 치우침이다.

양반과 상놈으로 갈라놓고 나라를 다스렸던 조선조의 임금들은 득일得一을 짓밟았고 역대 대통령들이 특권 세력을 만들어 낸 것 또한 득일을 팽개친 역사의 아픔이다.

대기권에 올라가 하늘을 보라. 언제나 청청淸淸할 뿐이다. 청청하다는 것은 텅 비어 맑디맑다는 것이 아닌가! 그 텅 빈 허공에 일월성신日月星辰이 자리다툼을 하지 않고 제자리를 따라 돌고 있는 것이 아닌가! 태양은 지구를 정복하려 하지 않고 지구는 달을 정복하려고 하지 않는다. 우주를 안고 있는 하늘을 보라. 이는 하늘이 보여 주는 포일抱一의 모습이 아닌가! 득일得一이 포일抱一이요, 그것을 풀이하자면 절대 평등이요, 생사의 절대 순리가 아닌가!

땅〔地〕은 득일得一함으로써 안전하다. 만일 땅이 편애를 해서 질경이는 싫고 미나리는 좋다고 하거나, 사람은 싫고 원숭이가 좋다고 한다면 땅에 있는 만물이 어떻게 안전할 것인가! 땅에 있는 온갖 것들이 땅을 둥지로 삼고 머물 수 있다는 것은 득일得一을 지극히 다하고 있음을 말한다.

천지의 덕德, 神이 천지에 머무는 것〔靈〕도 득일得一을 다하는 것이요, 골짜기에 만물이 가득한 것도 득일을 다하는 것이요, 만물이 태어나는 것도 득일을 다하는 것이다. 이렇게 노자는 인간을 향하여 절대 평등과 절대 순리를 절규하고 있다. 이것이 노자의 왕도王道라고 보아도 될 것이다. 세상을 힘〔力〕으로 다스리지 마라. 이것은 패도覇道일 뿐이다. 세상을 기氣로 다스려라. 이것이 왕도王道이다.

공자는 인의仁義로 왕도를 부르짖었지만 노자는 우주 만물의 생성과 소멸의 이치를 들어 왕도를 제시한 셈이다. 이렇게 생각하고 나면 공자가 밝힌 왕도는 노자의 왕도가 버림받아 나타난 것임을 살펴보게 한다. 그리고 공자의 왕도가 추구하는 덕은 어쩔 수 없이 분별과 차별의 아픔을 피하기 어렵다는 것을 인간의 역사가 말해 준다. 그러나 노자의 득일得一에는 그러한 아픔이 없다. 득일이 그러한 까닭은 절대의 평등과 절대의 순리에 따라 천지 만물의 조화造化가 이어지기 때문이다.

통치자의 자질은 어떤 것인가

여래如來는 산다는 것을 고苦라고 설파했다. 왜 산다는 것은 아픔〔苦〕일까? 여래는 태어나 늙고〔生老〕 병들어 죽는 것〔病死〕을 고苦라고 했다. 여래는 삶의 아픔은 미혹迷惑에서 오는 것이므로 그 미혹을 깨우쳐 해탈解脫하라고 한다. 깨우치기 위하여 존재의 틀에서 벗어나라고 한다. 그 존재의 틀을 불가는 인연因緣이라고 한다.

이것이 있음으로 말미암아 저것이 있고, 저것이 있음으로 말미암아 이것이 있으며, 이것이 없음으로 말미암아 저것이 없고, 저것이 없음으로 말미암아 이것이 없다. 이렇게 불가는 인연을 밝힌다.

불가는 이것과 저것을 공색空色이라고 한다. 이것이 공空이고 저것이 색色이라고 분별하지 마라. 이것이 저것이고 저것이 이것인 까닭이다. 이를 공즉색空卽色이라고 하며 그것을 불이不二라고 한다. 말하자면 불가는 '나는 나, 너는 너' 이렇게 서로 분별하고 차별하다 보니 욕정欲情이 불길 같아 인연의 고苦가 더욱 괴롭다고 본다. 인연의 고苦라는 것은 존재 그 자체가 곧 고집苦集의 대상이 되고 있는 셈이다.

노자는 고苦가 원래 있는 것이 아니라 인간 스스로가 고통을 지어내는 것이라고 본다. 자연의 도道에 고가 있는 것이 아니다. 도는 무엇이든 생성하게 하고 소멸하게 할 뿐 선악을 매기지 않는다. 다만 인간들이 선악을 매기고 호오好惡를 따질 뿐이라고 노자는 밝힌다. 무위자연에는 어떠한 저울이나 저울질도 없다.

무위자연이란 행복과 불행의 시비가 없으며 있는 그대로이고 없는 그대로일 뿐, 있는 것[有]은 없는 것[無]에서 생긴다[有生於無]고 도가道家는 밝힌다. 그러므로 도가는 존재의 고苦라는 것이 인연되어 있다고 보지 않는다. 다만 인간의 행위에 의해서 고통과 절망 그리고 무질서가 자행된다고 보는 것이다. 왜 인위는 그렇게 되는가? 인위가 득일得一을 저버리기 때문이라고 노자는 주장한다. 그래서 노자는 득일得一을 잃게 되면 어떻게 될 것인가를 다음처럼 밝히고 있다.

하늘이 맑지 못하다면 아마도 무너질 것이고[天無以淸 將恐裂], 땅이 안전하지 못하다면 아마도 꺼질 것이며[地無以寧 將恐發], 천지의 덕이 영험하지 못하다면 아마도 명지明智가 쓰러질 것이고[神無以靈 將恐歇], 골짜기가 그득하지 못하다면 아마도 만물이 메마를 것이며[谷無以盈 將恐竭], 만물이 태어나지 못하다면 아마 아무것도 없을 것이고[萬物無以生 將恐滅], 임금이 곧게 하지 못하고 높은 것만을 귀하게 여기면 아마도 그 조정은 파멸할 것이다[侯王無以貴高 將恐蹶].

지금은 대통령이 집무하는 곳을 청와대라고 부르지만 자유당 시절에는 경무대라고 했다. 그런데 경무대는 백성의 원망을 샀다. 이 대통령을 둘러싸고 있었던 인人의 장막이 성곽과 같았기 때문이다. 그래서 이 대통령은 백성의 실정을 몰랐다.

어느 날 농림부 장관이 이 대통령에게 쌀이 없어서 백성들이 밥을 지어 먹지 못하고 있다는 보고를 했다. 이 말을 들은 대통령이 쌀이 없으면 밀가루로 빵을 만들어 먹으면 되지 않느냐고 반문했다는 것이다. 보릿고개가 극심할 때 이런 유언비어가 세상을 바람처럼 몰고 다녔다. 통치자가 고관만을 끼고 돌면서 아래의 백성을 모르면 그 권부는 오래 갈 수 없다. 이 대통령이 이기붕, 박마리아, 최인규 등이 대통령의 권좌를 갉아먹는 생쥐에 불과하다는 것을 알았더라면 그렇게 초라하게 경무대를 떠나지는 않았을 것이다.

세상을 곧게 하는 비밀은 높은 자리를 차지하고 앉은 고관대작에게 있는 것이 아니라 백성들의 가슴속에 있다는 것을 아는 통치권자는 생선 가게에 고양이를 두고 쥐를 잡게 하지 않는다. 이 대통령은 이러한 간단한 진리를 몰라 권좌에서 쫓겨나는 망신을 당했다.

자유당 시절 이 대통령이 노자의 득일得—을 새기면서 세상을 다스렸더라면 밥을 먹을 수 없으면 빵을 만들어 먹으라고 하지 않았을 것이요, 이기붕 일파에게 나라를 전셋집처럼 내놓지 않았을 것이다. 정치의 득일得—은 어디에 있는가? 이에 대하여 노자는 다음처럼 대답하고 있다.

천한 것을 귀하게 하여 근본으로 삼고[貴以賤爲本], 아래를 높게 하여 바탕으로 삼는다[高以下爲基].

못난 신하는 백성을 천하다고 얕보지만 성군聖君은 백성을 귀하게 여긴다. 백성이 나라의 근본인 까닭이다. 그 근본을 받들어 나라의 기틀로 삼아야 그 나라는 망하지 않고 튼튼해지는 법이다. 이를 알고 몸소 실천하는 통치자는 겸허하게 백성의 소리를 듣는다. 이러한 경지를 노자는 다음처럼 말해 주고 있다.

임금은 스스로 외롭다 하고 덕이 부족하다 하며 선하지 못하다고 하는 것이다[侯王自謂孤寡不穀]. 노자는 이렇게 함으로써 천한 것을 근본으로 삼는 것이 아니냐[此其以賤爲本邪 非乎]며 반문한다.

하늘이 득일得一해 청명한 것처럼, 땅이 득일해 안전한 것처럼, 천지의 덕이 득일해 영험한 것처럼, 골짜기가 득일해 가득한 것처럼, 만물이 득일해 태어나는 것처럼, 천하를 다스린다면 어느 통치권자이든 세상을 곧게 할 수밖에 없는 것이 아닌가!

득일得一은 도의 기운氣運을 본받는 것이다. 정치가 그 기운을 본받자면 백성을 높게 하고 귀하게 하는 것임을 노자가 밝혔다. 도의 기운은 어떤 것인가? 우주 만물을 길러 주고 부양하는 큰 사랑[大道]이며 그 사랑을 있는 그대로 우주 만물에 베푸는 것[大象]이 아닌가!

대도大道의 대상大象을 본받는 통치자는 닦고 닦아 빛나는 보석이 되기를 바라지 말고, 볼품없는 돌과 같이 되라[不欲珠珠如玉 珞珞如石]고 하는 것이 아닌가!

목에 힘을 주며 백성 위에 군림하면서 측근을 실세로 만들어 특권층을 양산하고 패를 짓는 통치자는 득일得一을 외면해 파열[裂]되고 몰락[發]하며, 무자비[歇]하고 메마르고[竭] 파멸[滅]하여 백성들이 들고 일어나 무너지는 꼴[蹶]을 면치 못하는 것이 아닌가!

공자여! 인의로 왕도를 걸어가라고 아무리 말했지만 어느 군왕이 귀담아들어 주었던가? 노자여! 득일得一로 왕도를 걸어가라고 설파했지만 어느 군왕이 들어 주는 척이나 했던가! 하나도 없었다.

그래서 인간의 역사는 아픔의 연속이 아닌가! 하지만 공자의 왕도이든 노자의 왕도이든 폐쇄될 수 없는 통치의 진리가 뚫려 있는 큰 길인 것만은 틀림없다.

원문
의역

태초에 하나를 받아 얻은 것이 있다.
〔昔之得一者〕 석지득일자

하늘이 그 하나를 받아 얻음으로써 맑고, 땅이 그 하나를 받아 얻음으로써 안전하며, 천지의 덕이 그 하나를 받아 얻음으로써 신령하고, 골짜기가 그 하나를 받아 얻음으로써 가득하며, 만물이 그 하나를 받아 얻음으로써 태어나며, 임금이 그 하나를 받아 얻음으로써 천하를 곧게 하는 것이므로 임금이 더할 수 없게 천하를 곧게 하는 것은 곧 그 하나이다.
〔天得一以淸 地得一以寧 神得一以靈 谷得一以盈 萬物得一以生 侯王得一以爲天下貞 其致之 一也〕 천득일이청 지득일이령 신득일이령 곡득일이영 만물득일이생 후왕득일이위천하정 기치지 일야

하늘이 맑지 못하다면 아마도 무너질 것이고, 땅이 안전하지 못하다면 아마도 꺼질 것이며, 천지의 덕이 영험하지 못하다면 아마도 명지明智가 쓰러질 것이고, 골짜기가 그득하지 못하다면 아마도 만물이 메마를 것이며, 만물이 태어나지 못한다면 아마 아무것도 없을 것이

고, 임금이 곧게 하지 못하고 높은 것만을 귀하게 여기면 아마도 그
조정은 파멸할 것이다. 그러므로 천한 것을 귀하게 하여 근본으로 삼
고, 아래를 높게 하여 그 바탕으로 삼는다.

〔天無以淸 將恐裂 地無以寧 將恐發 神無以靈 將恐歇 谷無以盈 將恐竭
萬物無以生 將恐滅 侯王無以貴高 將恐蹶 故貴以賤爲本 高以下爲基〕천무
이청 장공열 지무이령 장공발 신무이령 장공헐 곡무이영 장공갈 만물무이생 장공멸 후왕무이귀
고 장공궐 고귀이천위본 고이하위기

이렇게 하여 임금은 스스로 외롭다 하고 덕이 부족하다 하며 선하지
못하다고 하는 것이다. 이렇게 함으로써 천한 것을 근본으로 삼는 것
이 아니냐? 그러므로 지극한 자랑거리에는 자랑하려는 짓 따위란 없
다. 닦고 닦아 빛나는 보석같이 되기를 바라지 말고, 볼품없는 돌과
같이 되라.

〔是以 侯王自謂孤寡不穀 此其以賤爲本邪 非乎 故致數輿無輿 不欲琭琭
如玉 珞珞如石〕시이 후왕자위고과불곡 차기이천위본사 비호 고치수여무여 불욕녹록여옥
낙락여석

도움말
제39장은 노자가 생각하는 왕도는 어떠한 것인지를 설명한다. 공자의 왕도가 인
간을 중심으로 한 인의의 왕도라면 노자의 그것은 득일得—의 왕도인 것을 살피는
장이다.
득일得—의 일—은 도생일道生—의 일— 그것이며, 그 일—은 우주 만물을 창조한 시
원始原의 기氣이다.
득일이청得—以淸의 청淸은 허虛와 무無로 통한다.
신득일이령神得—以靈의 신神은 천지의 덕이고 영靈은 명지明智의 집으로 헤아릴 수
있다.

곡谷은 곡신谷神의 곡이며 그 곡은 텅 빈 골짜기를 뜻한다.

정貞은 곧게 하는 것[正]과 통한다.

귀고貴高의 고高는 고관대작高官大爵을 뜻함이요, 천위본賤爲本의 천賤은 백성을 뜻한다고 보아도 무방하다.

헐歇은 사라져 소멸함이다.

과寡는 부덕不德을 뜻한다.

불곡不穀은 불선不善을 뜻한다.

제40장 동動은 정靜으로 되돌아간다

노자의 반자反者는 무엇인가

태어나는 것은 사라지는 것이다. 태어나는 것을 생生이라 하고 사라지는 것을 사死라고 한다.

생은 어린 시절과 청년기를 거쳐 노년의 길을 밟는다. 이러한 길을 밟는 걸음걸음을 명命이라고 한다. 그리고 그 길을 걷는 과정을 장長이라고 한다. 장의 종점이 늙음[老]인 셈이다. 그러나 그 종점까지 다 밟는 목숨도 있고, 다 가지 못하는 목숨도 있다. 그래서 명命은 목숨의 것이 아니라 하늘의 것이라고 한다.

갓난아이가 죽은 것을 장수했다고 하고 칠백 년을 살다 죽은 팽조彭祖를 요절했다고 한 장자의 말을 떠올린다면, 생명의 장단長短은 인간의 시간으로 잴 것이 못 된다. 시간의 연월일年月日은 인간이 재는 방법일 뿐 천지의 운행은 인간이 어쩌지 못한다.

그러므로 사람의 목숨[人命]은 사람의 뜻대로 되는 것이 아니다. 어디 인명만 그렇단 말인가? 모든 생명이 다 그러하다. 어떤 목숨이든 천명天命인 까닭이다.

천명은 동양의 사색思索이 터득해 낸 존재에 관한 철학적 해석이다. 천명을 터득하면서 인간은 운명을 헤아려 믿게 되었고 순명順命이 목숨을 편하게 한다는 것을 깨우치게 되었다.

순명은 천명을 받아들인다. 이것이 존재의 운명運命이라고 동양의 사상은 밝힌다. 운명 그것은 유무有無의 상호 관계가 아닌가! 그러한 상호 관계를 노자는 반자反者라고 했다.

반자는 고향으로 되돌아가는 것과 같다. 인생이란 타향살이와 같다. 인생을 항해에 비유하지 않는가! 그래서 천지는 하나의 주막이요, 인간은 길손이며, 인생은 그 주막에 머무는 것이라고 하지 않는가!

그 주막에서 하루를 머물든 열흘을 머물든 백 년을 머물든 머물다 가는 것은 다 같은 셈이다.

여우도 죽을 때면 제 고향으로 머리를 둔다[首邱初心]고 하지 않는가! 하물며 인간이 어찌 제 고향을 저버리겠는가? 고향에는 낳아 준 어머니가 있고 제 집이 있다. 노자는 그 고향을 도道라고 했다.

도를 고향의 집으로 여기면 도는 자연이요, 도를 고향의 어머니로 여기면 도는 현빈玄牝이요, 도를 고향의 고을로 치면 도는 곡신谷神이요, 도를 편안히 안길 수 있는 품으로 치면 무위인 셈이다. 노자는 운명의 귀향을 반자라 했다. 그리고 노자는 이렇게 말한다.

되돌아가는 것[反者]은 움직임이다[道之動]. 약한 것[弱者]은 도의 씀씀이다[道之用].

한겨울에 헐벗은 나뭇가지를 유심히 살펴보면 가지에 다닥다닥 붙은 채 추운 겨울을 견디고 있는 알 무더기가 많다. 그 알 무더기는 지난해 나비들이 낳아 둔 생명인 것이다.

봄이 와 새싹이 자라고 초여름 신록이 될 무렵이면 나뭇가지에 붙어 있던 알들은 저마다 껍질을 벗고 나온다.

멈춰 있던 알에서 움직이는 목숨이 생긴다. 이렇게 알이 애벌레로 변한다. 알은 목숨의 멈춤[靜]이요, 애벌레는 목숨의 움직임[動]으로 변해 삶을 시작하는 것이다.

고양이 털끝보다 작은 애벌레가 부드럽게 살진 잎새를 찾아 꼼지락거리며 기어간다. 잎새를 열심히 갉아먹고 초록을 띤 큼직한 벌레로 변한다. 그리고 초목이 무성한 한여름이 되면 성충成蟲은 실을 뽑아 고치를 만들고 그 속에 들어가 번데기가 된다. 성충은 움직임[動]의 삶이요, 번데기는 멈춤[靜]의 삶이다.

얼마의 시간이 지나면 번데기는 실고치를 뚫고 나온다. 성충의 모습과는 판이한 나비가 되어 하늘을 난다. 고치 속의 번데기는 멈춤[靜]의 목숨이요, 나비는 움직임[動]의 목숨이다. 성충이 번데기가 되었으므로 동動에서 정靜으로 목숨의 모습이 변한 셈이고, 다시 번데기가 나비가 되었으므로 정靜에서 동動으로 목숨의 모습이 변한 셈이다.

성충은 잎새를 갉아먹고 번데기가 되며 다시 나비로 탈바꿈하여 꽃의 꿀샘을 빤다. 그리고 나비는 암수[雌雄]의 음양陰陽으로 나누어지고 암나비와 수나비는 교미해 알을 낳아 나뭇가지나 풀섶에 실어 둔다.

이렇게 하여 나비의 일생은 한 바퀴 돌면서 동정動靜의 목숨을 반복한다. 목숨의 탈바꿈보다 더 신비로운 반복은 없다.

인간이라고 예외일 것은 없다. 갓난아이가 유년幼年이 되고, 유년이 소년이 되고, 소년이 청년이 되고, 청년이 장년이 되고, 장년이 노년이 되는 것도 인간이란 목숨의 탈바꿈[生成]이 아닌가! 인생의 유년은 삶의 정靜에서 동動으로 변해 가는 것이요, 노년은 삶의 동動에서 정靜으로 옮겨 가는 것이 아닌가!

어느 목숨이나 소장消長의 길을 밟는다. 소장은 사생死生과 같은 말이다. 태어나 애벌레가 되고 애벌레가 성충이 되고 성충이 번데기가 되었다가 나비가 되는 탈바꿈의 과정이 장長이라면 알을 낳고 죽어 가는 나비는 소消이다.

이처럼 무릇 목숨은 정靜에서 동動으로 탈바꿈하다 다시 동動에서 정靜으로 되돌아가는 것이 아닌가!

되돌아가는 것[反者]이 도의 움직임[道之動]이란 노자의 말은 음양의 조화를 새기게 하고 생사의 운명을 헤아리게 한다. 생의 운명은 사死로 간다. 생은 동動이고 사는 정靜이 아닌가! 그러므로 도지동道之動은 도가 생물로 하여금 삶을 누리게 하는 것이다. 삶을 누리는 생이 생성生成이라면 생을 마감하는 사死는 소멸消滅이다. 그러므로 운명이란 생성에서 소멸로 되돌아가는 것이 아닌가!

그래서 노자는 뿌리로 되돌아가는 것을 정이라 한다[歸根曰靜]고 말했다. 반자의 반反은 동動이 되돌아가는 것을 뜻하므로 동動은 곧 정靜인 셈이다.

생성이 동動이요, 그 동이 생이라면 소멸은 정靜이요, 그 정은 사가 아닌가! 죽음이 곧 목숨의 고향이라는 것을 현대인은 잊었다. 그리고 생명력은 강하다고 여길 뿐 약한 것인 줄 모른다. 그러나 노자는 고요함 뒤에 움직일 수 있고[靜而後能動], 약한 뒤에 강할 수 있다[弱而後能强]는 명지明智를 우리들에게 되살피게 한다.

약한 애벌레가 강한 성충이 되고 약한 번데기가 강한 나비가 된다. 이러한 탈바꿈이 곧 약한 것이 도의 쓰임[弱者 道之用]이라는 말의 뜻을 풀이해 준다. 애벌레가 있어야 성충이 있고 성충이 있어야 번데기가 있고 번데기가 있어야 나비가 있다. 이러한 생명의 탈바꿈에서 도지용道之用의 속뜻을 헤아릴 수 있다.

그러므로 도지용道之用의 용用은 존재의 생명력 같은 것으로 이해할 수 있다. 강한 것은 약한 것에서 나온다는 진리를 안다면 인생은 무쇠처럼 되지 않을 것이다. 무쇠는 강해서 부러진다. 생명의 파멸은 소멸하는 것이 아니라 부서지고 쪼개지는 것이다.

생명의 인위적인 파멸을 노자는 가장 두려워했다. 그러한 파멸은 전쟁에서 잘 드러난다. 인간이 저지르는 전쟁 심리야말로 정동靜動과 약강弱强의 조화를 파괴하는 짓이 아닌가!

노자의 유무有無를 새겨 두라

도의 움직임〔動〕을 유有라고 하고 도의 고요함〔靜〕을 무無라고 한다. 또한 노자가 밝힌 허에 지극한 것〔至虛極〕은 정靜이며 무無이고, 배를 실하게 하는 것〔實其腹〕은 동動이며 유有인 셈이다.

존재하는 것은 생성生成된 것이며 동시에 소멸消滅될 것이다. 생성은 유有의 것인 셈이고, 소멸은 무無의 것인 셈이다.

그런데 존재하는 것은 어디서 왔을까? 이러한 물음 앞에 인간의 지식은 망연해진다.

존재하는 것은 어디로 사라지는 것일까? 이 또한 인간을 아득하게 한다. 하지만 노자는 이러한 문제를 헤아리게 하는 비밀 통로를 다음처럼 열어 놓았다.

천하의 만물은 유에서 태어난다〔天下萬物生於有〕. 그리고 유는 무에서 태어난다〔有生於無〕.

용문산 용문사 법당 앞에는 천연기념물로 지정되어 있는 은행나무가
우람하게 서 있다. 그 앞에 서면 천 년이 한순간이라는 생각을 버릴 수
없고, 혜가화상惠可和尙의 노래가 떠오른다.

"본래 땅이 있는 까닭에 땅에서 씨가 생겨 꽃이 피고〔本來緣有地 從地種
花生〕, 만일 본래 땅이 없다면 꽃은 어디서 피어날까〔當本元無地 花從何處
生〕?"

그 나무는 해마다 여름이면 은행을 맺고 가을이면 여문 열매를 땅으로
떨어뜨린다. 천 년 묵은 은행나무에서 떨어진 은행들을 사람들이 줍는
다. 그러나 은행을 줍는 사람들은 천 년 묵은 은행나무라고 말하면서
도 천 년 묵은 은행을 줍는다고는 생각하지 않는다.

우람한 은행나무가 땅에 서 있다는 것을 아무도 의심하지 않는다. 그
러나 작은 은행 알 속에 우람한 은행나무가 들어 있다고 말하면 믿지
않으려고 한다. 하지만 은행나무는 은행 열매를 맺고 그 열매의 씨앗
이 은행나무를 태어나게 한다고 말하면 어느 누구도 부인하지 않는다.
은행 알이 먼저냐 은행나무가 먼저냐를 두고 시비를 거는 것은 달걀이
먼저냐 닭이 먼저냐의 논쟁과 마찬가지일 뿐이다.

도토리만 한 은행 알 속에 눈곱만 한 씨앗이 있다. 그 씨앗은 천지 안
에 있었고 그 씨앗 속에 천 년 묵은 은행나무가 들어 있었다고 생각한
다면 만물은 유에서 태어난다〔萬物生於有〕는 말이 암시하는 바를 짚을
수가 있을 것이다.

용문산 용문사 앞에 서 있는 천 년 묵은 우람한 은행나무도 천지 안에
있는 눈곱만 한 씨앗에서 생겨나 산 다음 다시 흙으로 돌아가리라고

곰곰이 생각해 보면, 유有라는 것은 생성으로 헤아려지며 혜가화상이 말한 땅[地]은 노자의 유有를 떠올리게 한다.

은행의 씨앗이 싹을 틔우고, 줄기를 뻗고, 잎을 내고, 열매를 맺으며 사는 것이 유有의 움직임[動]이라면, 그 움직임을 멈추는 것은 죽음이고, 그 죽음이란 것은 곧 무無의 고요함[靜]이 아닌가! 은행 씨앗과 은행나무는 유무有無의 명命을 돌고 도는 셈이다.

유는 무에서 생긴다[有生於無]는 것은 유有의 반자를 밝히는 것이고, 만물이 유에서 생긴다는 것[萬物生於有]은 유有의 약자를 밝힌 것이 아닌가!

정靜:無에서 동動:有으로 가는 것이 생生이요, 그 생은 약자弱者가 아닌가! 약한 뒤에 강해지는 것[弱而後能强]이 생존인 까닭이다. 그리고 동動에서 정靜으로 가는 것이 사死가 아닌가! 노자는 근원으로 돌아가는 것을 정이라 한다[歸根曰靜]고 밝혔다.

은행의 씨앗은 유有의 명命이고 은행나무는 무無의 명이 아닌가! 이처럼 은행의 씨앗을 두고 생각해 보면 노자의 유무有無를 체험할 수 있다.

태어나는 것은 무엇인가? 무無에서 유有로 되돌아오는 것이다. 그렇다면 죽는 것은 무엇인가? 유有에서 무無로 되돌아가는 것이다. 그러므로 존재는 생사이며 생사는 유무有無의 반자인 셈이다.

되돌아가는 것은 움직임이다. 약한 것은 도의 쓰임이다.

〔反者 道之動 弱者 道之用〕반자 도지동 약자 도지용

천하의 만물은 유에서 태어난다. 그리고 유는 무에서 태어난다.

〔天下萬物生於有 有生於無〕천하만물생어유 유생어무

도움말

제40장은 동양적 사고思考의 특성을 밝히고 있다. 서구적 사고는 대립적으로 전개되지만 동양적 사고는 상호적으로 전개된다. 주객 대립主客對立은 서구적 사변思辨이고 유무 상생有無相生은 동양적 사변이다.

반자反者는 되돌아가는 것이며 이는 도道의 작용을 뜻하기도 한다. 움직임〔動〕의 일어남〔機〕은 고요함〔靜〕에 있고 고요함의 일어남은 움직임에 있다는 것을 연상하면 될 것이다.

도지동道之動은 유有를 뜻한다. 유有는 존재를 있게 하는 것〔有氣〕으로 새기면 된다. 약자弱者는 도지동道之動을 해명하는 것이다. 도지동은 생명을 낳게 하는 것이며 생명은 유약柔弱한 것이다. 갓 태어난 것은 무엇이든 부드럽고 약하다.

유생어무有生於無의 유有는 동動과 생生으로, 무無는 정靜과 사死로 헤아려진다.

제41장 도道를 말하지 말고 믿어라

인간은 세 부류로 나뉜다

불가佛家의 수단 설법數段說法은 중생의 능력에 따라 알아들을 수 있도록 여래가 불법을 설說했던 사실을 말해 준다. 그래서 불경을 보면 성인은 마음을 구하지 부처를 구하지 않으며〔聖人求心不求佛〕, 어리석은 자는 부처를 구할 뿐 마음을 구하지 않고〔愚人求佛不求心〕, 현명한 자는 마음을 다스리지 몸을 다스리지 않으며〔智者調心不調身〕, 어리석은 자는 마음을 다스리지 않고 몸만 다스린다〔愚人調身不調心〕라는 말이 있다.

사람도 품성에 따라 성인聖人과 지자智者 그리고 우인愚人으로 나눌 수 있다. 노자는 인간을 상사上士, 중사中士, 하사下士로 삼등분하기도 했다. 성인聖人, 上士은 천하에 출현하기 어렵다고 치더라도 지자智者, 中士는 심심찮게 나타나고 대부분 우인愚人, 下士의 부류에 속하는 인간들이 세상을 메운다.

불가의 상사上士는 심을 깨우쳐 실천하는 자이고, 도가의 상사는 도를 믿고 실천하는 자이다. 불가의 마음〔心〕이란 것과 도가의 길〔道〕은 서로 통하는 데가 많다. 물론 불가의 마음과 도가의 길이 같다는 것은 아니다. 불가의 마음은 유有와 무無를 동시에 부정하려 할 뿐이고 만물은 인연에 따라 생기는 미망迷妄에 불과한 것으로 본다. 그러나 도가는 유무有無를 생성과 소멸의 관계로 보고 만물의 조화로 생각한다. 하지만 불가나 도가가 인간의 상념想念을 멀리하라고 타이르는 점에서 보면 서로 통한다.

불가는 마음이 유무에서 벗어난 경지를 해탈이라고 한다. 해탈이란 공空:虛만의 경지를 말한다. 불가의 유무는 상相과 염念이고 이러한 상념들이 마음 안팎에 있는 것을 미망이라고 한다. 불가는 해탈의 경지를 깨우치라 하고 그 깨우침을 행하라고 한다.

그러나 도가의 길은 깨우치는 길이 아니라 믿음의 길이요, 그 믿음을 실천하라는 길이다. 마음이 만물을 느끼고 생각하며 이해하고 판단하는 것을 도가는 부정하지 않는다.

인간이 다만 있는 그대로의 만물을 상념할 것을 도가는 주장한다. 도가는 있는 그대로 생각하고 행동하는 것을 무위로 여기고 인간의 의지를 개입시켜 인간의 뜻대로 대하는 것을 인위라고 생각한다.

무위를 믿고 인위를 버리라는 것이 도가의 생각[虛靜]이다. 불가는 이러한 생각마저 마음에서 버리라고 한다. 이를 불가는 선禪이라고 한다. 불가는 허정虛靜에 빠지는 것도 하나의 망념妄念이 된다고 보지만 도가는 텅 비어 욕심이 없는 마음[虛靜]으로 도를 믿게 한다. 인간이 도를 믿는데 한결같지 않음을 노자는 다음처럼 밝힌다.

으뜸가는 인간은 도를 들으면 부지런히 지켜 행하고[上士聞道 勤而行之], 중간치의 인간은 도를 들으면 도를 믿는 것 같기도 하고 믿지 않는 것 같기도 하다[中士聞道 若存若亡]. 아래치의 인간은 도를 들으면 크게 비웃는데[下士聞道 大笑之], 아래치의 인간에게 도를 말해 주어도 그가 비웃지 않는다면 그러한 도는 참다운 도가 아닐 것이다〔不笑 不足以爲道〕.

조선조 세조 때 홍윤성洪允成이란 자는 어리석은 인간 중에서 가장 못난 아래치에 속할 것이다. 홍윤성은 워낙 먹성이 좋았고 그의 힘을 당할 자가 없었다. 세조가 임금의 자리를 빼앗을 때 앞장서서 갖은 험한 짓을 도맡아 저질렀던 공으로 정난 공신靖難功臣이 되어 우의정까지 올라갔다.

홍윤성은 임금의 실세를 빙자해 못하는 짓이 없었다. 홍이 이조판서가 되었을 때 그의 숙부가 찾아와 아들을 벼슬길에 오르게 해 달라고 간청했다. 숙부의 말을 듣고 홍은 논 스무 마지기를 자기에게 주면 그렇게 해 주겠다고 하였다.

"공이 어찌 그렇게 말한단 말인가. 뜻을 얻지 못해 곤궁할 때 근 삼십 년 동안 나에게 의지하지 않았나. 이제 재상의 몸이 되어서 내 자식 하나 벼슬을 시켜 줄 수 없단 말인가." 이렇게 숙부가 섭섭한 마음을 드러냈다. 자신의 과거가 밖으로 드러날까 봐 홍은 그 자리에서 숙부를 제 손으로 쳐죽여 뒤뜰에 암매장했다.

제 숙부를 때려 죽인 홍을 벌하라고 아무리 상소를 올려도 아무 소용이 없었다. 세조가 온천 가는 길을 틈타 그 숙부의 아내가 직소를 올렸다. 세조는 크게 노했지만 홍의 공을 생각해 살려 주고 그 대신 홍의 종 수십 명을 죽여 벌을 변상하게 했다. 죽여야 할 홍은 살려 두고 죄 없는 종을 대신 죽인 세조의 짓 또한 천벌을 받아야 한다.

홍의 비위에 거슬린 자는 파리 목숨이나 같았다. 그의 문전을 말을 탄 채로 지나가면 누구든 잡혀 죽음을 당했다. 홍의 집 근처 시내에서 말을 목욕을 시켰던 탓으로 마부는 말과 함께 생죽음을 당했다. 홍은 홀로 사는 한 노파의 논을 빼앗아 미나리를 심게 했다. 살길이 막힌 그 노파가 논을 되돌려 달라고 문서를 갖고 찾아갔지만 홍은 그녀를 거꾸로 매달아 놓고 돌로 쳐죽인 다음 그 시체를 길가에 버렸다. 그러나 누구 하나 그 처사를 입 밖에 내지 못했다.

이렇게 권신權臣의 행패를 일삼았지만 세조는 못 본 척했다. 이러한 자가 인산부원군仁山府院君이 되었고 우의정까지 벼슬을 살았다니 그 임금에 그 신하였던 셈이다.

홍윤성 같은 인간에게 제 목숨처럼 남의 목숨을 소중히 하라는 노자의 도를 말한다면 부끄러워하기는커녕 오히려 그렇게 말하는 자를 단칼에 쳐죽일 것이다. 홍 같은 인간은 가장 못난 아래치[下士]가 아닌가! 무도한 망나니에 불과하다. 남의 목숨을 초개처럼 앗아 가는 짓을 밥 먹듯이 해치우는 인간이 권좌에 앉게 되면 세상은 도마 위에 놓인 생선 꼴이 되어 토막나고 말 것이다.

못난 인간이 권세를 누리면 날아가는 새도 떨어질 지경으로 과시하는 법이다. 독버섯은 화려한 빛깔로 눈을 끌지만 독이 없는 버섯은 그늘에 숨어 있을 뿐이다. 노자가 말한 상사上士는 독 없는 버섯처럼 숨어 있게 마련이고 자연의 도를 입으로만 지껄일 뿐 행하지는 않는 중사中士들이 사나운 하사下士들을 졸개로 삼아 세상을 주무르려고 할 때 세상은 갖가지 도둑들의 행패로 어지러워진다.

그래서 노자는 남을 사랑하는 마음[慈]과 검소하고 겸허하게 하는 것[儉], 그리고 남보다 앞서지 않는 것[不爲先]이 자신이 간직한 보물이라고 말했다. 이러한 보물은 결국 자연의 도를 본받아 부지런히 행할 것을 말한 것이다. 왜냐하면 도는 숨어 드러나지 않지만〔道隱無名〕, 오로지 도만이 제 것을 만물에 잘 빌려 주고 잘 이루어 준다〔夫唯道善 貸且成〕는 것은 그 세 가지 보물을 통해 실천되기 때문이다.

도가 숨어서 드러나지 않음〔道隱無名〕의 깊은 뜻을 어떻게 비유해 볼 수 있을까? 이를 위하여 노자는 그 속뜻을 여러 가지 면에서 헤아 리고 새겨 보게 한다.

어둡지만 밝은 것을 아는가?

밝은 도는 어둡게 보이는 것 같다〔明道若昧〕.

어머니의 사랑을 어려서는 모른다. 철들어 가면서 어머니의 사랑 이 뼈에 사무치도록 그리워진다. 미처 몰랐던 어머니의 사랑같이 명 도明道는 어둠을 서서히 걷히게 한다.

물러가지만 나아가는 것을 아는가?

나아가는 도는 물러가는 것 같다〔進道若退〕.

첫새벽 동쪽 하늘은 붉은 해가 터 오고 아침 햇살은 서편을 비추며 동쪽으로 어둠이 물러간다. 그러나 저녁 무렵 해거름에는 서편 하늘 에 황혼이 붉고 저녁 어둠은 서편에서 동쪽으로 나아간다. 이처럼 천 지에 밝음과 어둠이 물러가기도 하고 다가오기도 한다. 이 같은 명암 의 조화에서 진도進道를 체험한다.

굽었지만 평평한 것을 아는가?

평평한 도는 굽은 것 같다〔夷道若纇〕.

가파른 산골의 개울을 흘러 내려온 들판의 냇물을 보라. 굽이굽이 돌아 들녘을 적시고 흐르는 물길은 굽어 보이지만 물은 어디서나 평 평해지기를 기다려 흐른다. 물길은 굽어져 있지만 넘실넘실 흐르는 물은 평평하다. 이도夷道는 굽이쳐 흐르는 물길을 볼 때 헤아려진다.

낮지만 높은 것을 아는가?

높은 덕은 낮은 골짜기 같다〔上德若谷〕.

산이 높을수록 골은 깊다. 정상은 높지만 초목은 잘 자랄 수 없다. 골짜기는 낮지만 온갖 초목이 살고 온갖 짐승과 벌레가 산다. 덕이란 바로 이런 골짜기와 같다. 목숨을 이롭게 하고 우주 만물에 두루 통하는 길이 바로 상덕上德이 아닌가!

검지만 흰 것을 아는가?

아주 새하얀 것은 검은 것과 같다〔大白若辱〕.

아무것도 없이 빛만 있는 허공은 검다. 햇빛에 일곱 가지 색깔이 있다는 것은 무지개를 보거나 프리즘을 통해 햇빛을 보면 안다. 그러나 모든 색깔을 머금으면 검고, 모든 색깔을 버리면 희게 된다. 도는 모든 것을 빌려 주면서도 대가를 바라지 않고 이룩해 준다. 색깔로 비유하자면 도는 희기도 하고 모든 것을 품안으로 안으므로 검기도 하다. 구만 리 허공은 검지만 그 안에 있는 별은 빛난다.

부족함이 만족으로 되는 것을 아는가?

넓은 덕은 온전하지 않은 것과 같다〔廣德若不足〕.

황희 정승이 궁궐에 들여보낼 서찰을 쓰고 있는데 계집종의 세 살배기 아들놈이 들어와 종이 위에다 그만 오줌을 누고 말았다. 황 정승은 오줌이 묻은 종이를 버리지 않고 그냥 옷소매로 쓱 닦아 낸 다음 그대로 서찰을 썼다. 예의 바르고 깔끔한 사람의 눈으로 보면 황 정승이 모자라는 것처럼 생각될지도 모른다. 그러나 넓은 덕은 바다 같아 맑은 물이든 흐린 물이든 가리지 않고 받아들인다. 황 정승의 인품은 광덕의 길을 걷고 있었던 셈이다.

빈약해 보이나 건실한 것을 아는가?

넉넉한 덕은 빈약해 보인다[建德若偸].

윤회가 길을 가다 날이 저물어 어느 부잣집에서 하룻밤 신세를 지게 되었다. 그는 마당에서 놀고 있던 거위가 땅에 떨어진 구슬을 모이인 줄 알고 주워 먹는 광경을 보았다. 조금 뒤 주인이 나와 귀중한 보석이 없어졌다면서 윤회를 도둑으로 몰았다. 날이 새면 관아에 넘기겠다고 그를 묶어 가두려고 했을 때 그는 거위와 함께 있게 해 달라고 간청했다. 날이 새자 거위 똥에서 도둑맞았다던 보석이 나왔다. 민망해진 주인이 왜 거위가 주워 먹었다는 말을 하지 않았느냐고 물었다. 그러자 윤회는 그랬다면 거위를 죽여 배를 갈라 보았을 것이 아니냐고만 조용히 말해 주었다. 이처럼 건실한 덕은 지극하게 일을 하되 그 일로 얻어진 공을 앞세우지 않는다.

왜 순박한 진실은 어리석게 보이는가?

질박한 진실은 어리석어 보인다[質眞若渝].

한 늙은 농부가 두 마리의 소로 밭을 갈다가 소를 쉬게 한 다음 자기도 쉬려고 느티나무 밑으로 갔다. 그 나무 밑에는 과거를 보려고 한양으로 올라가던 한 선비가 쉬고 있었다. 그 선비가 큰 소리로 농부에게 두 마리 중에 어느 소가 일을 더 잘 하느냐고 물었다. 농부는 선비의 귀에 대고 작은 소리로 검정 소가 일을 더 잘한다고 말했다. 왜 그렇게 조용히 말을 하느냐고 선비가 물었다. 농부는 누런 소가 들으면 서운할 것이라고 대답했다. 소가 사람의 말을 어떻게 알아듣느냐고 선비는 핀잔을 주었고 농부는 빙긋이 웃기만 했다. 농부의 미소 같은 것이 질진質眞을 체험케 한다.

위와 같이 노자는 도은무명道隱無名을 풀이해 주고 있다. 그리고 도가 숨어 있는 이유는 그것이 크나크기 때문이라고 다음처럼 해석해 준다.

크나큰 것은 모서리가 없고〔大方無隅〕, 크나큰 그릇은 쉽사리 이루어지지 않으며〔大器晩成〕, 크나큰 소리는 귀로 들을 수 없고〔大音希聲〕, 크나큰 모습은 겉모양이 없다〔大象無形〕.

대방大方은 사방의 공간이 아니다. 우주를 안고 있는 허虛의 모습이라고 여기면 된다. 우주에는 동서남북도 없고 상하도 없으며 좌우도 없고 안팎도 없다. 대방의 허는 걸림이 없고 넉넉해 우주를 안으며 우주는 천지를 안고 있다. 이처럼 대방무우大方無隅는 걸림이 없음〔無拘〕이요, 분방함〔無執〕이다.

대기大器는 우주를 담고 있는 그릇 같다고 여기면 된다. 말하자면 대기는 현빈玄牝의 품안인 셈이고 도의 풀무통이라고 생각해도 무방하다. 마음이 넓고 깊은 사람을 큰 그릇이라고 한다. 이처럼 대기만성大器晩成은 우주 만물을 껴안는〔經天緯地〕 둥지요, 창조의 곡신谷神인 셈이다.

대음大音은 입으로 말할 수 없는 것을 말한다. 그러므로 대음은 침묵과 같다. 깊은 물은 소리 없이 흐르고 빈 수레가 요란하다는 속담이 있다. 귀로 들을 수 없는 것을 희성希聲이라고 한다.

장자는 거문고 줄을 뜯으면 파괴요, 멈추면 창조라고 말했다. 시비 논쟁의 말로써 말을 만들지 마라. 이처럼 대음희성大音希聲은 덕은 침묵하지만 부덕不德은 요란하다는 것을 깨우치게 한다.

대상大象은 우주 만물이 생산되는 모습이다. 즉 자연의 도가 작용하는 모습이 대상이다. 눈으로 볼 수 없는 모습을 무형無形이라고 한다. 대상은 덕인 셈이다. 덕은 만물을 길러 주고 어루만져 줄 뿐〔德有所長〕 겉치레를 하지 않는다〔形有所亡〕고 한다. 이처럼 대상무형大象無

形은 우주 만물이 생성되고 소멸되는 온갖 현상을 일컫는 말이다.

위와 같은 노자의 말을 들으면 왜 노자가 인간에게 자연의 도를 따라 생존을 누리라고 했는지 깨우치게 된다. 쩨쩨하고 옹색하며 시샘하면서 사촌이 논을 사면 배 아파하는 소인배들이 부끄러워지는 까닭이다.

흥부는 상사上士의 신하가 될 수 있지만 놀부는 하사下士의 졸개밖에 될 수 없다는 것은 첨단 과학의 시대에서도 진실이요, 사실이 아닌가!

원문의역

으뜸가는 인간은 도를 들으면 부지런히 지켜 행한다.

〔上士聞道 勤而行之〕 상사문도 근이행지

중간치의 인간은 도를 들으면 도를 믿는 것 같기도 하고 믿지 않는 것 같기도 하다.

〔中士聞道 若存若亡〕 중사문도 약존약망

아래치의 인간은 도를 들으면 크게 비웃는데, 아래치의 인간에게 도를 말해 주어도 그가 비웃지 않는다면 그러한 도는 참다운 도가 아닐 것이다.

〔下士聞道 大笑之 不笑 不足以爲道〕 하사문도 대소지 불소 부족이위도

그래서 다음과 같은 말이 있다. 밝은 도는 어둡게 보이는 것과 같다. 나아가는 도는 물러가는 것과 같다. 평평한 도는 굽은 것과 같다. 높은 덕은 낮은 골짜기와 같다. 아주 새하얀 것은 검은 것과 같다. 넓은 덕은 온전하지 않은 것과 같다. 넉넉한 덕은 빈약해 보인다. 질박한 진실은 어리석어 보인다.

〔故建言有之 明道若昧 進道若退 夷道若纇 上德若谷 大白若辱 廣德若不足 建德若偸 質眞若渝〕 고건언유지 명도약매 진도약퇴 이도약뢰 상덕약곡 대백약욕 광덕약부족 건덕약투 질진약투

크나큰 것은 모서리가 없고, 크나큰 그릇은 쉽사리 이루어지지 않으며, 크나큰 소리는 귀로 들을 수 없고, 크나큰 모습은 겉모양이 없다. 도는 숨어 드러나지 않지만, 오로지 도만이 제 것을 만물에 잘 빌려 주고 잘 이루어 준다.

〔大方無隅 大器晩成 大音希聲 大象無形 道隱無名 夫唯道善貸且成〕 대방무우 대기만성 대음희성 대상무형 도은무명 부유도선대차성

도움말
제41장은 왜 사람이 자연의 도를 믿고 따라야 하는지를 밝혀 준다. 도는 지식智識의 대상이 아니라 명지明知의 차원이기 때문이다. 지식은 사물을 상대로 보고 시비를 하지만 명지는 사물을 상호로 보고 하나임을 깨우친다. 이러한 명지로 삼라만상의 모습을 헤아려 도의 크나큼[大]을 체험하게 하는 장이다.
상사上士는 공자의 입장에서 보면 군자이고 장자의 입장에서 보면 지인至人이다. 즉 덕이 더없이 풍부한 인간을 말한다.
중사中士는 보통 인간보다 좀 위쪽에 속하는 사람이다. 명지明智의 조화를 이루지 못한 인간을 두루 말한다. 명明은 내가 나를 아는 것〔自知者明〕이고 지智는 바깥 것들을 아는 것〔知人者智〕인데 중사는 지智만을 쫓는 자인 셈이다.

하사下士는 소인배나 졸부 같은 인간을 말한다.

명明은 밝음이요, 매昧는 어둠이다.

이夷는 평평함을 뜻하고 뇌纇는 굽은 것을 뜻한다. 이도夷道는 곧은 길이고 뇌도纇道는 굽은 길이다.

대백약욕大白若辱의 욕辱은 검은 것〔黑〕을 뜻한다.

건덕약투建德若偸의 투偸는 나약한 것을 말한다.

질진약투質眞若渝의 투渝는 어리숙하고 모자라게 보이는 것을 뜻한다.

이처럼 제41장은 동양 사상의 속성은 사물의 상대성相對性이 아니라 사물의 상호성相互性에 따라 사고한다는 것을 보여 준다.

제42장 화和는 존재의 해명解明이다

힘을 믿는 자의 끝은 험하다

우리말의 '것'이란 낱말은 무엇을 뜻할까? '것'은 모든 존재를 하나로 묶는 낱말이며 동시에 해명解明이다. 존재하면 무엇이든 '것'이다. 있는 것도 존재요, 없는 것도 존재인 셈이다. '것'을 생각하면 노자가 말하는 도道 역시 존재이다. 도라는 것은 무엇인가? 이렇게 문제를 제기할 수 있는 까닭이다. 이러한 문제에 대하여 노자는 도를 모든 것의 어머니[玄牝]라고 해명하고 있는 것이다.

도는 온갖 것을 낳고 길러 주고 거두어 가는 어머니이며, 어머니가 만물을 낳고 거두어 가는 것을 노자는 풀무와 같다고 비유했다. 풀무통은 비어 있게 마련이다. 그래서 노자는 도를 허虛라고도 했다.

비어 있는 풀무통으로 바람이 들고 난다. 풀무통에서 바람이 나오는 것을 생生이라 하고 풀무통으로 들어가는 것을 사死라고 헤아려 본다면, 생生은 이미 소멸의 시작이며 사死는 생성의 시작이라는 존재의 상호성相互性:反者을 이해할 수 있게 된다.

바람은 한시도 멈추지 않는다. 자연과학은 바람 속을 관찰해 산소와 질소 등으로 구성되어 있다고 밝힌다. 그러나 바람의 모습을 철학

적으로 마주하면 존재의 생성과 소멸을 생각하게 된다. 있는 것이면
서도 없는 것처럼 드러나는 바람이 생성과 소멸을 사유思惟해 보게
하는 까닭이다. 동양 사상은 생성과 소멸을 해석하면서 기氣라는 발
상을 전개했다. 그 기를 바람으로 비유해 보면 기가 어떤 것인지 체
험할 수 있을 것이다.

　도대체 기란 무엇일까? 우주 만물의 인자因子쯤으로 여길 수밖에
없다. 그러한 인자를 도가 낳는다고 노자는 보았다. 이를 노자는 도
생일道生一이라고 말한 것이다.

　도는 하나를 낳고[道生一], 하나는 둘을 낳고[一生二], 둘은 셋을 낳
고[二生三], 셋은 만물을 낳는다[三生萬物]. 만물은 음을 받고 양을 껴안
으며[萬物負陰而抱陽], 음은 양을 얻고 양은 음을 얻어 서로 합하는 것
이 화가 된다[沖氣以爲和].

생사를 흙에서 나와 흙으로 되돌아간다고 풀이하면 말장난이라고 비
웃는 경우가 허다하다. 죽으면 땅에 묻히니까 흙으로 돌아간다는 말은
맞지만 흙에서 태어났다는 말은 믿을 수 없다고 한다. 죽으면 흙에 묻
히지만 태어난 곳은 어머니 뱃속이라는 것이다.

　그러나 생명은 물과 바람을 마시고 밥을 먹어야 살며 먹고 마신 것을
배설해야 산다. 천지가 없다면 생명도 있을 수 없다. 숨을 쉬게 하는
바람은 하늘에 있고 햇빛도 하늘에 있다. 먹고 마셔야 하는 물과 밥은
땅에 있다. 땅과 하늘, 이 둘[二]이 있어야 생명이 있게 된다.

　땅을 음陰이라 하고 그 음을 어머니라고 한다. 하늘을 양陽이라 하고
그 양을 아버지라고 한다. 그러므로 하늘로부터 아버지를 얻은 셈이고
땅으로부터 어머니를 받은 셈이다. 이를 다시 풀이하자면 만물은 음을

받고 양을 껴안는다〔萬物負陰抱陽〕고 할 수 있다. 생명의 탄생을 이렇게 말한 것이다.

음과 양이 각각 따로따로 있다면 만물은 있을 수 없다. 음양이 서로 만나 어울려야 풀도 되고 나무도 되고 다람쥐도 되고 사람도 된다. 음양이 만나 민들레를 낳게 하고, 소나무를 낳게 하며, 지렁이를 낳게 하고, 사람을 낳게 하는 것은 음양을 만나게 하는 힘〔氣〕이다.

음양을 암수라고도 한다. 그 암수가 교미나 성교나 수분受粉을 해야 생명이 태어난다. 생명이 태어나도록 하는 것이 셋〔三〕인 셈이다. 음양이 짝짓기를 하게 하는 힘을 충기沖氣라고 한다. 충기는 음양을 서로 짝짓게 하는 힘이요, 그 힘은 화和라고 한다.

기氣를 어떻게 헤아리면 될까? 무엇을 만들어 내는 힘을 기라고 여겨도 무방할 것이다. 음양이 두 번째 힘〔氣〕이라면 충기는 세 번째 힘〔氣〕인 셈이다.

음양이 충기를 이룩한다면 음양을 이룩하는 힘은 무엇일까? 그 힘을 노자는 하나〔一〕라고 밝혔다. 그 하나를 원기元氣라고도 한다.

부모가 나를 낳았고 그 부모를 천지라고 한 것은 음양을 뜻함이다. 그 음양을 낳은 것이 하나이다. 만물의 조상이 하나이니 흙에서 왔다가 흙으로 돌아간다는 것은 만물은 모두 같다는 뜻이다. 그러므로 '나는 나, 너는 너' 이렇게 분별하고 차별하는 것은 하나를 잊은 탓이거나 잃은 탓이다. 그래서 노자는 하나를 놓치지 말라〔抱一〕고 했고, 하나를 얻어 간직하라〔得一〕고도 했다. 그러므로 하나는 크나큰 사랑으로 체험되고 그러한 체험은 절대 평등을 터득하게 한다.

보통 사람들은 외로움을 싫어하고, 덕이 없다는 말을 듣기 싫어하며, 선하지 않다는 말을 들으면 모욕을 당했다고 분개한다. 왜 범인들은 이러한 성질을 부리는가? 자기를 제일 돋보이게 하고 싶고, 세상이 자기를 위해 주기를 바라는 까닭에 그런 것이다.

싫고 좋음을 자기중심으로 판단하고 저마다 제 잘난 맛에 산다고 호언하는 현대인들은 고독하다는 말을 입에 달고 살며 자기를 따돌리는 세상을 보고 부조리하다며 저항하려고 한다. 그러나 세상을 자기중심으로 보고 듣고 느끼며 생각을 하는 사람은 촛불을 등 뒤에 켜 두고 앞이 어둡다고 불평하는 것과 같다.

크게 버리는 것[大捨]은 촛불을 정면에 켜 두는 것이고, 중간치로 버리는 것[中捨]은 촛불을 옆구리에 켜 두는 꼴이며, 작게 버리는 것[小捨]은 촛불을 등 뒤에 켜 두는 꼴과 같다고 불가에서 말하기도 한다. 무엇을 버리란 말인가? 헛된 생각[迷妄]을 버리라는 것이다.

대사大捨의 마음은 밝은 것이고, 중사中捨의 마음은 밝았다 어두워지는 혼란스러운 것이며, 소사小捨의 마음은 항상 캄캄하다.

그렇다면 대사는 왜 밝은가? 자기중심의 욕심이 없는 까닭이다. 중사는 왜 명암이 겹치는가? 욕심의 출몰이 그치지 않는 까닭이다. 소사는 왜 캄캄한가? 욕심이 가득하고 사납기 때문이다. 도자가 밝히는 시비 분별是非分別은 불가의 미망과 통하는 데가 많다.

노자의 상사上士는 심 그 자체[卽心]를 깨달은 불가의 대사大捨처럼 무위자연의 도를 믿고 그 믿음을 행하고, 노자의 중사中士는 즉심卽心을 깨달은 척하며 의심하는 불가의 중사中捨처럼 도를 믿다가도 믿지 않는 짓[若存若亡]을 범하며, 노자의 하사下士는 즉심의 깨우침이 무엇인지 생각조차 하지 않는 불가의 소사小捨처럼 도를 팽개치고 제가 제일이라고 건방을 떤다.

하룻강아지 범 무서운 줄 모르고 덤빈다. 기는 놈 위에 뛰는 놈 있고 뛰는 놈 위에 나는 놈 있다. 왜 이런 속담들이 생겼을까? 아래치의 인간들〔下土, 小撬〕이 하늘 무서운 줄 모르고 날뛰는 까닭에 이런 속담이 생긴 것이 아닌가! 열맹說孟과 힘 겨루기를 했던 위 나라 무왕武王은 제 몸의 뼈를 비틀리게 해서 죽었다. 이처럼 제 힘만을 믿고 날뛰는 자〔强梁者〕는 목숨대로 살지 못하고 험한 꼴을 당한다.

장자가 메뚜기 뒤에는 사마귀가 있고, 사마귀 뒤에는 까치가 있고, 까치 뒤에는 솔개가 있다고 말한 것도 힘 자랑을 일삼는 아래치들을 두고 한 말이 아닌가! 노자는 이를 간명하게 말한다.

힘 자랑을 일삼는 자는 제 명대로 살지 못한다〔强梁者 不得其死〕.

그러나 성인聖人:上土은 스스로 외로워하고〔孤〕, 스스로 덕이 부족함을 알며〔寡〕, 스스로 선하지 못함〔不穀〕을 안다. 그래서 상사는 도를 들으면 열심히 행한다〔勤而行之〕고 노자는 밝혔다. 제41장의 상사上土는 제42장에 나오는 왕공王公인 셈이다.

왕공은 누구인가? 그는 변함없는 것을 아는 그릇〔知常容〕과 같다. 변함없는 것은 무엇인가? 자연의 도道이다. 도와 같이 하는 것을 복명復命이라고 하며 이를 밝음〔明〕이라고 한다. 지상용知常容은 투명하고 텅 빈 그릇이므로 밝다. 그러므로 왕공은 명자明者인 셈이다.

명자明者는 누구인가? 자기를 살펴서 스스로를 아는 자이다. 자기 자신을 살펴서 아는 사람은 세상이 제 뜻대로 되지 않음을 안다. 그는 천지가 사람의 것이 아니〔天地不仁〕라는 사실을 알고 있는 자이다.

그러나 힘을 앞세워 제 욕심대로 하려는 자〔强梁者〕는 오만하며 남을 업신여기고 마치 세상이 제 손 안에 들어 있는 것처럼 착각한다. 왕공은 누구인가? 명자이다.

제16장에서 노자가 밝힌 용내공容乃公이요, 공내왕公乃王이란 말을 들은 적이 있을 것이다. 용容은 득일得—의 그릇이 아닌가! 덕이 가득한 그릇〔容〕은 '나는 너〔我是彼〕 너는 나〔彼是我〕'인 우리〔公〕로 두루 통하는 왕王:往, 周의 경지인 포일抱—이 아닌가! 왕공王公을 공내왕公乃王의 준말로 받아들여도 된다.

왕공은 스스로 자신이 외롭고, 부덕하며, 불선不善하다는 것을 숨기지 않는다. 남들이 외면하는 복명의 걸림 없는 길을 걷는 자인 까닭에 외롭고, 더함 없는 덕을 누리려고 하는 까닭에 항상 부덕하다고 여기며, 선하면서도 드러내지 않는 까닭에 불선하다고 하는 것이다. 이 얼마나 넉넉하고 수수하며 겸허한가! 왜 그러한가? 왕공은 다음과 같은 물정物情을 알고 있기 때문이다.

세상 물정은 손해를 보았다가 이익을 보고〔物或損之而益〕, 이익을 보았다가 손해를 본다〔或益之而損〕.

그러나 강량자强梁者는 이익을 탐하고 손해를 싫어한다. 다다익선多多益善이란 말을 범인은 제일 좋아한다. 제 몫의 이익을 될 수 있는 대로 많게 하려고 강량자는 홀로 있는 것을 무서워하며 패를 짓고, 덕을 짓지 않으면서도 덕을 쌓은 척하며, 선하지 않으면서도 선한 척하는 잔꾀를 일삼고, 세상을 제 것인 양 훔쳐서 차지하려고 한다. 그래서 강량자는 제 명대로 살지 못하고 험한 꼴을 당한다.

그러나 물욕의 노예가 되어 버린 현대인은 왕공을 패배자로 몰아붙이고 강량자야말로 잘난 사람이 아니냐며 세상을 향해 삿대질을 한다. 바로 이러한 짓거리가 현대인을 고통스럽게 한다. 이러한 어리석음을 범하지 말라고 많은 사람들이 가르쳤고〔人之所教〕, 노자 자신도 그러한 것을 가르치고 있다〔我亦教之〕고 밝힌 것이다.

강량자는 자기만 아는 소인배이다. 그러한 소인배는 우주 만물이 어떻게 생성되었고 서로 어떤 관계인지를 알려고 하지 않는다. 소인 배는 제 욕심만 알므로 눈이 멀고 귀가 멀어 세상을 모른다. 그래서 만물은 서로 어울려 산다는 이치〔沖氣以爲和〕를 모른다.

강량자가 되기를 바라는 현대인은 무엇이든 분별하며 시비를 걸고 다투며 산다. 장자는 이러한 인간들의 마음속은 매일 싸움질만 한다〔日以心鬪〕고 했다. 강량자는 만물과 싸움을 하고 왕공은 만물과 어울 려 산다. 나는 어느 쪽에 속할까? 이렇게 자문해 보면 현대인은 누구 나 부끄러워질 것이다. 왜냐하면 우리 모두는 강량자의 무리이기 때 문이다.

원문의역

도는 하나를 낳고, 하나는 둘을 낳고, 둘은 셋을 낳고, 셋은 만물을 낳는다.
〔道生一 一生二 二生三 三生萬物〕 도생일 일생이 이생삼 삼생만물

만물은 음을 받고 양을 껴안으며, 음은 양을 얻고 양은 음을 얻어 서 로 합하는 것이 화가 된다.
〔萬物負陰而抱陽 沖氣以爲和〕 만물부음이포양 충기이위화

인간은 누구나 외롭고 부덕하며 불선한 것을 싫어하지만, 왕공은 스 스로 자신이 외롭고 부덕하며 불선하다는 것을 숨기지 않는다. 왜냐

하면 세상 물정은 손해를 보았다가 이익을 보고, 이익을 보았다가 손해를 보기 때문이다. 남들이 이러한 물정을 가르쳤고, 나 또한 그 점을 가르쳤다.

〔人之所惡 惟孤寡不穀 而王公以爲稱 故物或損之而益 或益之而損 人之所教 我亦教之〕인지소오 유고과불곡 이왕공이위칭 고물혹손지이익 혹익지이손 인지소교 아역교지

힘을 믿고 앞세우는 자는 제 명대로 살지 못한다. 나는 앞으로 이를 가르쳐 줄 선생이 되리라.

〔强梁者 不得其死 吾將以爲教父〕강량자 부득기사 오장이위교부

도움말

제42장은 동양의 존재론存在論에 대해 짚어 보는 장이다. 특히 화和에 주목한다. 동양의 사상은 화和를 천지의 원기元氣로 파악하고 있다. 원기는 만물이 스스로 자랄 수 있는 기이고 우주가 스스로 제자리에 있게 하는 기이다. 제42장에서는 그러한 화和를 도생일道生一의 일一이라고 밝힌다.

일一은 원기이고 이二는 음기陰氣와 양기陽氣이며, 삼三은 음은 양을 받고〔負〕양은 음을 받아 서로 합하여 변하게 되는 화기和氣로 생각해도 무방하다. 결국 화기는 원기로 되돌아간다. 이것이 사물들의 관계를 상대相對로 보지 않고 상호相互로 보는 동양 사상의 근원이 된다.

부음이포양負陰而抱陽은 존재의 생성을 해석하는 개념이며 생성은 변화를 뜻한다. 도가 낳는 원기元氣:一가 음기陰氣와 양기陽氣를 낳고, 그 둘이 합하고 화和하여 변화하는 계기를 부負와 포抱가 담고 있다.

충기이위화沖氣以爲和의 충기沖氣는 음양이 서로 합해 변화하는 계기를 마련해 주는 기이다. 그 충기를 화和라고 한다. 그래서 충기를 화기和氣라고도 한다. 음양이 서로 받고 껴안아 어울림을 낳는 것〔陰陽交而生和〕이고, 화기가 합쳐져 만물을 낳는다〔和氣合而生物〕고 새겨진다.

고과불곡孤寡不穀의 고孤는 도를 듣고 열심히 행하는 것[聞道勤而行之]을 뜻하는 모습이며, 과寡는 덕을 행하는 데 한이 없음을 알고 항상 부덕不德하다고 생각하는 모습이고, 불곡不穀은 선하지 못함을 항상 생각하는 모습으로 새기면 된다.

강량자强梁者는 힘을 믿고 내세우며 우쭐대는 자이다. 양梁은 가지가 자라 등걸[棟]이 되는 것이며, 나무에 물이 말라 단단하게 되는 것[木絶水而梁]을 뜻하므로 강량자는 힘을 앞세우는 굳고 거친 자를 뜻한다고 새겨도 무방하다.

교부敎父는 가르치는 자를 뜻한다. 즉 선생이라고 여겨도 된다. 왜냐하면 낳는 것을 모[言生曰母]라 하고, 가르치는 것을 부[言敎曰父]라고 하기 때문이다.

제43장 빛은 금강석을 뚫는다

왜 무위無爲는 이로운가

그릇은 텅 빈 속이 있으므로 쓸모가 있다. 그릇 속이 꽉 들어차 메워져 있다면 어느 그릇이든 제 구실을 못한다. 수레바퀴는 테와 살로 그 모양을 갖추고 있지만 가운데에 축軸이 들어갈 빈 구멍이 없다면 쓸모가 없다.

그릇과 수레바퀴가 쓸모가 있는 것은 텅 빈 속이나 구멍 때문이다. 사기그릇의 사기질이나 바퀴의 테나 살은 단단하고 굳지만 텅 빈 그릇 속이나 바퀴 구멍은 걸림도 없고 부딪칠 것도 없어 모양 있는 것이 들어갈 수도 있고 나올 수도 있다.

텅 빈 것을 허虛라고 한다. 마음이 텅 빈 속 같다면 그 마음은 허심虛心이요, 마음속이 가득 찬 창고 같다면 그것은 욕심欲心이다. 욕심은 샘을 내고 꾀를 부리며 달면 삼키고 쓰면 뱉는 짓을 서슴지 않는다. 변덕스러운 마음씨일수록 숨겨 둔 욕심에 사로잡힌 종과 같다. 그러나 텅 빈 마음속은 무엇이든 들고 날 수 있으므로 걸릴 것도 없고 부딪칠 것도 없다.

가장 무거운 짐은 등에 진 것이 아니라 마음속에 치렁치렁 걸려 있는 욕심 덩어리가 아닌가! 등짐을 지면 무거운 줄 알면서도 욕심 자루 속에 들어 있는 용심用心이 무거운 줄은 모른다. 등에 짊어진 짐은 땀을 흘리게 하지만 마음속의 용심은 밤잠을 설치게 하고 악몽에 시달리게 한다.

등짐을 벗으면 몸이 가벼워지는 것처럼 욕심을 버리면 마음이 텅 빈 하늘에서 노니는 구름처럼 가벼워진다. 텅 빈 마음은 허공 같으므로 부드럽고 연약해 보인다. 그러나 욕심사나운 마음은 굳고 거칠어 보인다. 굳고 거친 용심이 세상에서 판을 치고 부드럽고 연약한 허심은 세상의 뒷전으로 밀려나게 마련이다. 허심은 이를 두려워하거나 무서워하지 않으며 바라지도 않는다. 왜냐하면 노자의 다음과 같은 말이 마음을 무한히 편케 하고 겸허하게 하면서 욕심의 불길을 잠재워 주기 때문이다.

천하에서 가장 부드러운 것[天下之至柔]이 천하에서 가장 견고한 것을 길들여 부린다[馳騁天下之至堅]. 모습이 없는 것은 틈이 없는 사이에도 들어간다[無有入於無間]. 나는 이를 보고 무위가 유익함을 안다[吾是以知無爲之有益].

밀가루는 부드럽다. 그러나 물을 넣고 반죽하면 부드럽던 것이 끈끈해지면서 더욱 부드러워진다. 밀가루 반죽에 오랫동안 바람을 쏘이면 단단해진다. 단단해진 밀가루 덩어리는 바늘 끝으로 찔러도 들어가지 않을 만큼 굳어 버린다.

굳어 버린 밀가루 덩어리를 떨어뜨리면 쪼개지거나 깨진다. 왜냐하면 반죽 속에 들어간 물이 다 증발해 버려 굳어졌기 때문이다. 이처럼 물은 모든 것에 스며들어 부드럽게 하므로 물을 이겨낼 것은 없다.

불이 나면 물로 끌 수 있지만 홍수가 나면 막을 방법이 없다. 홍수의 물길이 태산을 허물고 바위를 굴려서 모래알로 만들어 버리고 산하를 휩쓸어도 어떻게 할 도리가 없다. 가장 부드러운 것이 굳고 거친 것을 이긴다.

모습이 없는 것은 틈이 없는 사이에도 들어간다[無有入於無間]. 이렇게 노자는 무위를 풀어 주고 있다. 무위는 물길과 같다. 물은 낮은 곳으로만 흐르고 언덕을 만나면 멈추고 넘치면 다시 흐른다. 물길은 억지를 부리지 않는다. 이러한 것이 진정한 무위가 아닌가!

무위를 무유無有라고 새겨도 된다. 무위는 물처럼 바람처럼 어떤 모습이나 모양을 고집하지 않기 때문이다. 무위를 문물제도 따위로 묶어 둘 수는 없다. 어떤 밧줄로 천지를 묶어 두고 우주를 매달아 둘 것인가! 허공에 담겨져 있는 우주를 도道가 빚은 하나의 그릇이라고 여겨도 된다. 오로지 만물이 있도록 만든 우주는 무위의 창조가 아닌가!

무위는 이것저것 편을 갈라 도와주거나 해치지도 않는다. 아군도 없고 적군도 없다. 그러므로 무위는 어떠한 방패도 필요없고 못 들어갈 성곽의 문도 없다. 어디라도 들어가고 나온다. 무위는 금강석 속을 파고 들어가는 빛살 같기도 하고, 미루나무 가지 끝에 달린 잎새에도 올라갈 수 있는 물기와도 같다. 무위는 왜 이렇게 하는가? 어떤 것으로 정해진 모습이 없는 까닭이다.

무유無有! 무無는 무엇인가? 허虛라고 한다. 유有는 무엇인가? 실實이라고 한다. 우주 만물은 실實의 한 덩어리인 셈이고 그 덩어리는 허虛에 있는 셈이다. 그렇다면 허는 실의 둥지가 아닌가!

우주라는 둥지 속에 만물이 옹기종기 있는 셈이다. 이보다 더 유익한 것은 없다. 그러나 인간들만 이러한 무위를 멀리하므로 인간의 세상에서는 그 이로움을 행하기가 어렵다. 그것은 인위의 탓이다.

인위란 무엇인가? 천지를 인간의 것인 양 소유하려는 생각이요, 행동이다. 인간의 그러한 생각과 행동 때문에 인간끼리 편을 갈라 아군이니 적군이니 하면서 전쟁을 하고 살생을 하면서 정복하고 무엇이든 훔치고 낭비하면서 제멋대로 산다. 인위란 것이 얼마나 해로운 것인가!

원문의역

천하에서 가장 부드러운 것이 천하에서 가장 견고한 것을 길들여 부린다.

〔天下之至柔 馳騁天下之至堅〕천하지지유 치빙천하지지견

모습이 없는 것은 틈이 없는 사이에도 들어간다. 나는 이를 보고 무위가 유익함을 안다. 그러나 무위가 유익하다는 것을 말로 가르쳐 줄 수는 없다.

〔無有入於無間 吾是以知無爲之有益 不言之教〕무유입어무간 오시이지무위지유익 불언지교

그래서 무위가 유익한 것이 세상에서 행해질 수 없는 것이다.

〔無爲之益 天下希及之〕무위지익 천하희급지

도움말

제43장은 무위가 왜 유익한지를 살펴 생각하게 하는 장이다.

지유至柔는 도의 작용, 즉 무위를 말하고 지견至堅은 만물의 성질을 말한다.

치빙馳騁은 길들여 마음대로 다스린다는 뜻이다.

무유無有는 모습이나 모양이 없는 것으로 새겨도 된다. 물론 유有와 무無로 나누어 무는 허虛이고 유有는 실實이라고 생각해도 무방하다.

희급지希及之는 행하기가 어렵다는 뜻이다.

제44장 행복은 바르게 제대로 사는 것이다

어떻게 하면 잘사는 것인가

잘사는 것과 못사는 것을 어떻게 저울질할 수 있을까?

두 개의 저울이 있다고 생각된다. 하나는 겉을 달 수 있는 저울로 그 저울대에는 남들이 볼 수 있는 눈금이 선연하게 새겨져 있다. 다른 하나는 속을 달 수 있는 저울인데 그 저울대에는 남에게 분명하게 보여 줄 수 있는 눈금이 없다. 겉을 달 수 있는 저울을 물질의 저울, 속을 달 수 있는 저울을 마음의 저울이라고 한다.

당신은 어떤 저울로 인생을 저울질하고 싶은가?

이러한 질문을 받으면 사람들은 거짓말을 한다. 겉으로는 마음의 저울대로 인생을 저울질한다고 말하면서도 속으로는 물질의 저울대로 저울질하려는 욕심을 감춘다.

왜 인생이 험하고 지저분하며 더러운가?

두 갈래의 저울을 정반대로 사용하고 있는 까닭이다. 바깥으로 내놓아야 할 물질의 저울은 감추어 두고 안에다 간직해 두어야 할 마음의 저울은 서슴없이 남 앞에 내놓기 때문에 세상은 거짓투성이의 무대처럼 요란스럽다. 모두가 제 잘난 맛으로 산다고 호언한다. 부끄러운 줄 모르고 제 자랑을 서슴없이 내놓고 자신이 훌륭한 존재라고 스스로 선전한다. 웃기는 세상이란 이를 두고 붙여진 이름이다.

왜 세상이 도둑들의 소굴처럼 되어 가는가?

물질의 저울대에 새겨진 눈금의 크기에 따라 잘살고 못사는 것이 판정나는 까닭이다. 재산이 많으면 많을수록 잘사는 것이라고 선언한다. 돈으로 못할 일이란 없다고 단언한다. 권세와 지위가 높으면 높을수록 명성이 나면 날수록 돈벌이가 잘된다고 확신한다. 그래서 사람들은 모두 돈벌레가 되어 인생을 돈으로 따져 행복의 눈금을 소유의 수치로 가늠한다. 세상을 돈 덩어리로 보는 순간 사람들은 저마다 고깃덩이에 붙은 개미 떼처럼 게걸스럽게 되고, 어떻게 해서든 뜯어내고, 훔쳐서라도 물질의 눈금이 긋고 있는 수치를 높이는 것만이 행복을 가져오는 지름길이라고 여기게 된다. 여기서 인간의 도심盜心이 발동하고 세상은 그 소굴처럼 된다.

어떻게 하면 인간의 도심을 쓸어 낼 수 있을까?

물질이 풍요로운 세상이면서도 마음이 궁핍한 세상으로 돌변한 것은 불가사리처럼 훔쳐 먹고 뜯어먹으려는 물질에 대한 소유욕 때문이다. 그러한 욕망이 인간을 더럽게 하고 추하게 만든다. 무슨 일이 있어도 인간은 소유욕의 시궁창에서 빠져나와야 한다. 어떻게 빠져나온단 말인가? 다음과 같은 노자의 말을 들으면 빠져나오는 통로를 찾을 수 있을 것이다.

명성과 목숨 중에서 어느 것이 소중한가[名與身孰親]? 목숨과 돈 중에서 어느 것이 귀중한가[身與貨孰多]? 얻는 것과 잃는 것 중에서 어느 것이 괴로운가[得與亡孰病]?

만석꾼이면서도 천하가 다 아는 자린고비가 있었다. 그는 여름이면 굴비 한 마리를 천장에 매달아 놓고 밥을 먹었다고 한다. 밥 한 숟갈 뜨고 매달린 굴비 한 번 쳐다보고 굴비 맛을 상상하며 반찬으로 삼았다는 것이다. 그의 아내가 왜 그렇게 청승을 떠느냐고 하면 그는 비싼 굴비를 어떻게 구워 먹을 수 있느냐고 반문했다.

그는 하루에 세 번씩 방문을 걸어 잠그고 자기 혼자만 방 안에 있곤 했다. 그럴 때는 아내도 얼씬거리지 못하게 했는데, 엄청나게 큰 궤짝 속에 숨겨 둔 수많은 논 문서와 밭 문서를 매만진 다음 엽전 꾸러미를 헤아려 보기 위해서였다. 그는 매일 불어나는 재산을 확인하면서 희열을 느꼈던 것이다.

그런데 이 자린고비 집에 어느 날 밤 도둑이 들었다. 도둑이 그의 목에 칼을 대고 돈궤의 열쇠를 주겠느냐 아니면 목숨을 주겠느냐고 물었다. 그는 목숨을 주었으면 주었지 열쇠는 내놓을 수 없다고 말했다.

그는 언제나 열쇠 꾸러미를 차고 있었다. 허리춤에 달려 있는 열쇠를 두 손으로 움켜쥐고 도둑이 들었다고 소리를 치려는 순간 도둑의 칼날이 자린고비의 목줄을 끊어 버렸다. 목숨을 잃어버린 자린고비의 손은 여전히 열쇠 꾸러미를 움켜쥐고 있었다. 도둑은 열쇠를 빼앗아 돈궤를 열고 엽전 꾸러미를 송두리째 훔쳐 달아나고 말았다.

만석꾼인 자린고비가 험하게 죽었다는 소문이 고을에 바람처럼 퍼졌다. 자린고비의 죽음을 슬퍼하는 사람보다 빈정대는 입질이 많았다. 도둑의 칼에 목줄이 잘렸고 돈마저 빼앗겼으니 저승 갈 노잣돈도 못 가지고 갔을 거라며 수군거렸다. 재물에 눈이 어두워 수많은 소작인들을 울렸기 때문에 자린고비는 죽어서도 좋은 말을 듣지 못했던 것이다.

자린고비의 주검을 염했던 한 늙은 노인마저도 이렇게 중얼거렸다.

"목숨을 돈으로 바꾼 자린고비는 헛살다 죽었고 목숨을 빼앗아 돈을 훔쳐 간 도둑은 천벌을 받을 것이다."

명성이 소중한가 아니면 목숨이 소중한가?

누구나 목숨이 소중하다고 말한다. 그러나 말은 그렇게 하면서도 명성을 부나비처럼 쫓다가 목숨을 불에 태워 버리는 사람들이 많다. 명예욕 때문에 설치다가 망신을 당하는 사람이 있는가 하면 출세하지 못할 바에야 살아 무엇하느냐고 반문하는 사람들도 있다.

명예욕이나 출세욕에 미친 사람은 밤낮으로 자전거를 타고 있는 자들이다. 멈추면 쓰러지기 때문에 한순간도 멈추지 못하게 계속해서 자전거의 페달을 밟아야 한다. 그러다 보면 목숨은 지칠 대로 지치고 허물어진다.

목숨보다 더 소중한 것은 없다. 하늘을 무서워하라는 것은 목숨을 소중히 하라는 말이다. 목숨을 소중히 하는 것을 순명이라고 한다. 순명은 길가에 핀 풀꽃을 사랑할 줄 아는 마음과 같다.

목숨이 귀중한가 아니면 돈이 귀중한가?

다들 돈보다 목숨이 귀중하다고 말한다. 그러나 공짜라면 비상도 먹는다고 말하지 않는가! 이 말은 따지고 보면 목숨보다 돈이 더 귀중하다는 뜻을 담고 있다.

부정부패가 왜 끊임없이 저질러지는지 생각해 보라. 뇌물을 받았다가 발각되어 감옥으로 가는 수치스러운 고관들은 누구인가? 돈이 목숨보다 귀중하다고 여겼던 부끄러운 사람들이다. 돈을 훔치려고 남의 목숨을 칼로 빼앗다가 붙들려 쇠고랑을 차고 감옥에 가는 도둑들을 보라. 그들도 목숨보다 돈이 귀중하다고 여기는 잔인한 무리들이다. 언제나 재물을 탐하면 썩은 음식을 먹은 꼴이 된다. 썩은 것을 먹고도 아무렇지 않을 수는 없다. 틀림없이 배탈이 난다.

얻는 것은 항상 기쁘고 잃는 것은 항상 괴로운가?

한 번 이익을 보았으면 한 번은 손해를 보게 된다. 이것이 물정이다. 썰물은 갯벌을 말려 주고 밀물은 적셔 주어야 갯벌 속의 조개들이 튼튼해진다. 그러나 사람들은 저마다 세상이 제 뜻대로 되지 않는다고 투덜댄다. 왜 그러한 불평을 하는가? 항상 무엇이든 얻기만 하고 잃지는 말아야 한다는 생각 탓에 그렇게 투정하는 것이다.

혹을 떼려다 혹을 하나 더 붙이거나 제 손에 들린 도끼로 제 발등을 찍는 경우는 득만 보고 손해를 보지 않으려고 잔꾀를 부리다 당하는 꼴이다. 약삭빠른 사람일수록 함정에 걸려들고, 복권을 날마다 사는 사람은 당근 탓으로 땀을 흘리는 말과 같고, 노름꾼은 따는 것만 생각하고 잃을 수 있다는 것을 몰라 낭패를 본다. 그러나 득실得失은 언제나 서로 이웃한다는 것을 알고 사는 사람은 이익을 보면 손해를 생각한다. 득실은 서로 이웃하므로 잃었다고 괴로워할 것도 없고 얻었다고 기뻐할 것도 없다.

목숨과 명성을 두고 저울질하는 사람은 명성을 쫓다가 목숨을 해치고, 목숨과 재물을 두고 저울질하는 사람은 재물을 탐하다 목숨을 상하며, 득실을 따져 이득을 노리고 저울질하다가 손해를 보는 어리석음을 범한다. 그러므로 목숨이 소중하다는 생각을 있는 그대로 간직한다면 물질의 노림수에 걸려들어 거미줄에 걸린 벌레처럼 제 인생을 망칠 일은 없을 것이 아닌가!

어떻게 하면 행복할까

세상이 마치 어미 속을 태우는 청개구리 같다고 투덜댈 것은 없다. 세상의 입장에서 보면 인간들이 어긋난 청개구리 같기 때문이다.

사람들이 세상을 마치 자기들 호주머니 속의 손수건처럼 여기는 한 인간은 행복할 수 없다. 세상이 내 이마에 흐르는 땀을 닦아 주는 것은 아니다. 세상은 나에게 땀을 흘리게 할 뿐이다. 보람 있는 땀을 흘리는 것도 내가 흘려야 하고 부끄러운 땀도 내가 흘려야 하므로 세상은 어떠한 땀이든 내 스스로 닦으라고 할 뿐이다.

세상은 내 눈에서 흘러내리는 눈물을 닦아 주지 않는다. 세상은 나에게 눈물을 흘리게 할지언정 닦아 주지는 않는다. 살아가다 보면 기쁨의 눈물도 있고, 슬픔의 눈물도 있으며, 억울한 눈물도 있게 마련이다. 기뻐서 흘리는 눈물은 반갑고, 슬퍼서 흘리는 눈물은 아프며, 억울해서 흘리는 눈물은 한스럽다. 그러나 이 모든 눈물을 세상 탓으로 돌릴 것은 없다. 본래 생존의 희로애락喜怒哀樂은 나의 밖에서 오는 것이 아니라 나의 안에서 오는 까닭이다.

그러므로 세상을 내 호주머니 속에 든 손수건처럼 생각하지 마라. 도시의 거리를 거닐다 보면 보고 들리는 것들은 많은데 심신은 왜 편하지 못한가? 소유욕의 현실이 서로 부딪치고 있는 까닭이다.

깊은 산중에서 나무나 풀이나 산새들의 지저귐을 들으면서 걸으면 심신은 왜 편안해지는가? 잠깐 동안이나마 소유욕의 부딪침이 떠나 버린 까닭이다.

저마다 소유하려는 욕심을 번득이며 인생을 마치 투전판에 걸어 둔 돈처럼 여기는 한 마음이나 몸은 편할 수가 없다. 긴장하면서 만나는 사람마다 서로 경계하면서 세상을 요리해 가다 보면 누구나 심신이 지치고 피곤하여 잘린 풀잎처럼 메말라 가게 마련이다. 이렇게 산다는 것은 분명 스스로 소모하면서 인생을 탕진하는 꼴이다.

그대여! 나무 그늘 밑 빈 의자에 잠시 앉아 지친 심신을 한번쯤 돌이켜볼 수는 없는가? 그대 자신이 그렇게 지친 것은 세상 탓이 아니라 바로 자기 탓이라고 새겨 볼 수는 없는가? 왜 인생은 감기의 신열을 담은 콧물처럼 끈적거릴 뿐이며, 마음속의 두통은 더해만 가느냐고 세상을 향해 원망할 것은 없다. 그대의 인생을 몸살 나게 하는 것은 바로 소유욕이라는 감기 신열 때문이다.

세상은 그대의 코에서 끈적거리는 콧물을 닦아 주지 않는다. 그대의 손으로 직접 그대의 콧물을 닦아 내야 한다.

나에게 더덕더덕 붙어 있는 소유욕은 내 마음에 걸린 독감과 같다. 날이 갈수록 열을 더 올리게 하는 이 지독한 독감을 어떻게 하면 치료할 수 있을까? 그 처방은 아마도 노자의 다음과 같은 말이 가장 효험이 있을 것이다.

너무 소중히 하고 아끼면 반드시 크나큰 손해를 보며〔甚愛必大費〕, 많이 감추고 숨겨서 간직하면 반드시 톡톡히 잃어버린다〔多藏必厚亡〕. 만족할 줄 알면 욕되지 않을 것이고〔知足不辱〕, 멈출 줄 알면 위태롭지 않을 것이다〔知止不殆〕.

안탄대安坦大의 딸이 중종中宗의 후궁으로 들어갔다. 안탄대의 집안은 매우 미천했으나 그는 점잖아 남과 겨루는 일이 없었다. 그런 그가 딸이 궁중에 들어간 뒤로는 더욱더 몸가짐을 조심하였다.

궁중에 들어간 딸이 왕자를 낳자 안탄대는 남들이 자기를 왕자의 외할아버지라고 할까 봐 나들이까지 삼갔다. 그는 존귀한 위치에 있었지만 몸에 비단옷을 걸치지 않았다.

안탄대는 나이가 늘자 노환으로 눈이 멀었다. 임금이 그에게 아주 값진 초피갓옷〔貂皮裝〕을 하사하려고 했다. 초피갓옷을 들고 온 신하에게 안탄대는 다음처럼 말했다. "나는 미천한 사람에 불과합니다. 미천한 자가 초피옷을 입는 것은 죽을 죄를 짓는 것입니다. 하지만 임금의 명을 어기는 것 또한 죽을 죄입니다. 이러나저러나 죽기 일반이라면 차라리 제 분수대로 살다가 죽을까 합니다."

임금은 안탄대의 뜻을 꺾을 수 없다는 것을 알았다. 그래서 안탄대의 부인을 시켜 강아지 가죽으로 만든 옷이라고 속여 그에게 주도록 했다. 이 사실을 몰랐던 안탄대는 중얼거렸다. "궁중에는 특별한 개의 종자가 있나 보다. 강아지 털이 이렇게 부드럽고 곱단 말이냐!"

안탄대란 사람은 목숨을 소중히 한다는 것이 무엇인지를 알았던 사람이다. 목숨을 소중히 하는 사람은 목숨을 구걸하지 않는다. 버릴 때는 초개처럼 버릴 줄 안다.

그러므로 무슨 일이 있어도 스스로 부끄러운 일을 범하지 않으며, 허튼짓을 해 험한 꼴을 당하지 않으려고 마음과 몸가짐을 삼가면서 분수에 맞게 산다.

목숨을 소중히 하는 사람은 사슴이 고기를 탐하지 않고 호랑이가 풀을 탐하지 않음을 안다. 그러므로 목숨을 소중히 하는 사람은 비겁하거나 비굴한 짓을 범할 수가 없다. 분수대로 살다가 죽겠다는 안탄대의 말은 바로 노자의 지족知足이요, 지지知止인 셈이다.

만족할 줄 아는 것〔知足〕과 멈출 줄 안다는 것〔知止〕은 서로 같을 뿐이다. 왜냐하면 지족知足이나 지지知止는 모두 제 분수를 알고 그 분수를 소중히 할 줄 안다는 뜻이기 때문이다.

분에 넘치는 짓을 하다 험한 꼴을 당하고 세상의 입질에 올라 욕을 먹는 인간은 잘난 척하려다 저절로 천덕꾸러기로 전락하고 만다. 결국 분수에 넘치는 짓을 하는 자는 제 목숨을 제 스스로 욕되게 하는 셈이다.

죽 쑤어 개 준다는 말이 있다. 너무 아끼는 것[甚愛]이나 엄청나게 간직하려는 것[多藏]은 분에 넘치게 애걸하는 것과 같다. 명성을 애걸하면 할수록 추해지고, 재물을 탐하면 탐할수록 더러워지며, 이득만 노리면 노릴수록 사나워진다.

명성은 저절로 오는 것이다. 살아서 명성을 누리는 것은 의심스럽고 죽어서 얻는 명성은 영원하다. 그러므로 명성을 심애甚愛하지 말 것이요, 명성을 얻으려고 잔꾀를 쓰며 다장多藏할 것은 없다.

재물이란 아편과 같다. 구백 냥 가진 자가 백 냥 가진 자에게 백 냥을 빼앗아 천 냥을 만들려고 욕심을 부리는 것이 재물 중독이다. 재물을 탐하면 탐할수록 애걸복걸하게 되어 마음속에 상거지가 들어앉게 된다. 그래서 재물이 많은 자일수록 가난뱅이란 말이 생겨났다. 재물을 심애甚愛하거나 다장多藏하면 뒤가 구려져 세상 인심은 코를 막고 등을 돌린다.

이득만 보고 손해는 입지 않겠다고 발버둥치는 자보다 더 욕심꾸러기는 없다. 본래 생쥐가 꿀단지 있는 곳을 알면 제 명대로 살지 못한다고 한다. 왜 그런가? 꿀단지는 쥐덫과 같은 것이다. 꿀단지를 득으로만 생각하고 망하게 하는 쥐덫인 줄은 몰라 꿀단지를 넘나드는 생쥐는 덫에 걸려들게 마련이다. 이익만 심애甚愛하고 다장多藏하려는 인간은 꿀단지를 넘나드는 생쥐와 무엇이 다른가?

명성과 재물 그리고 이득을 향해 분수에 넘치게 아끼는 짓[甚愛]이
나 너무 지나치게 간직하려는 짓[多藏]을 탐하지 마라. 이것이 지족知
足의 비방이요, 지지知止의 비결이다.

명성과 목숨 중에서 어느 것이 소중한가? 목숨과 돈 중에서 어느 것
이 귀중한가? 얻는 것과 잃는 것 중에서 어느 것이 괴로운가?

[名與身孰親 身與貨孰多 得與亡孰病] 명여신숙친 신여화숙다 득여망숙병

이렇기 때문에 너무 소중히 하고 아끼면 반드시 크나큰 손해를 보며,
많이 감추고 숨겨서 간직하면 반드시 톡톡히 잃어버린다. 만족할 줄
알면 욕되지 않을 것이고, 멈출 줄 알면 위태롭지 않을 것이다.

[是故 甚愛必大費 多藏必厚亡 知足不辱 知止不殆] 시고 심애필대비 다장필후
망 지족불욕 지지불태

도움말

제44장은 현대인이 새겨 두어야 할 장이다. 왜냐하면 이 장은 성취욕成就欲에 대
하여 한번쯤 성찰하도록 유도하기 때문이다. 성취욕에 치우치게 되면 스스로 위
태롭게 될 수 있고 자신을 욕되게 할 수 있음을 새겨 보게 한다.

제42장의 손해를 보면 이익이 오고[或損之而益], 이익이 나면 손해를 본다[或益之而
損]라는 구절을 떠올리게 한다. 손익損益의 반복이 세상 물정이다. 그러나 사람은
이러한 물정을 어겨 목숨을 소중히 해야 함을 잊어버린다. 심애필대비甚愛必大費

와 다장필후망多藏必厚亡은 위와 같은 망각을 다시금 뉘우치게 한다.

지족불욕知足不辱의 지족은 제16장의 만족할 줄 아는 자가 부자이다[知足者富]를 떠올리게 한다. 여기서 부富는 물질적인 것이 아니라 마음속의 부를 뜻한다. 물질의 부는 채우는 것[盈]이고 마음의 부는 비우는 것[虛]이다. 그러므로 지족知足은 허虛를 누릴 줄 아는 것이다.

지지불태知止不殆의 지지는 제32장의 도에 멈출 줄 알면 위태롭지 않다[知止可以不殆]를 떠올린다. 도道에 멈춘다는 것은 제41장의 상사는 도를 들으면 근실하게 행한다[上士聞道勤而行之]를 새겨들으면 쉽게 이해할 것이다. 도는 큰 사랑을 행하는 것[大象]이며 큰 사랑이란 곧 목숨을 소중히 하는 것이다. 내 목숨이 소중한 줄 알고 남의 목숨이 소중하다는 것을 알면 큰 사랑의 첫걸음은 시작된다. 여기서 왜 지지知止가 위태롭게 하지 않는지를 살필 수 있을 것이다.

제45장 크다는 것〔大〕은 무엇인가

대인大人은 누구인가

큰 고추는 싱겁고 작은 고추가 맵다. 여기서 싱겁다는 것은 겉보기에 허우대만 크지 속은 덜 차고 성글다는 뜻이고 맵다는 것은 겉은 작지만 속이 차서 여물었다는 뜻이다. 몸집이 크다고 대단한 것은 아니다.

코끼리가 사자를 보면 시큰둥하지만 생쥐를 보면 사지를 떤다. 힘으로 따지자면 생쥐의 힘으로는 코끼리의 콧김도 당할 수가 없다. 그러나 코끼리는 생쥐와 싸워서 이길 수 없다는 것을 안다. 생쥐의 빠른 몸놀림을 둔한 코끼리가 당할 수 없는 까닭이다. 이처럼 겉보기에 큰 것은 큰 것대로 작은 것은 작은 것대로 그 쓸모 면에서 득실得失이 있고 장단점이 있게 마련이다.

허심虛心에 노니는 신선의 몸집은 콩알만 하다고 하지 않는가! 몸집이 크다고 마음이 큰 것은 아니다. 큰 마음을 허심이라고 한다. 무심無心도 허심이다. 그러나 욕심欲心은 작은 마음이다. 욕심은 잔꾀를 부려 스스로 놓은 덫에 걸려 꼼짝 못한다. 그래서 욕심은 스스로 감옥을 만든다.

왜 사람의 마음[人心]을 하늘의 마음[天心]이라고 했을까? 왜 마음 그 자체를 보는 것은 곧 부처를 이룩한다[見性成佛]고 했을까? 욕심을 버리면 그만큼 마음이 커지고 욕심을 떠나면 떠날수록 그만큼 마음 이 커지는 까닭이 아닌가! 욕심의 저울로 마음을 단다면 나만을 위 하는 마음이 우리를 위하는 마음보다 더 무겁다. 그러나 허심의 잣대 로 마음을 잰다면 나만을 위하는 마음보다 우리를 위하는 마음이 넓 고 크다.

유가儒家에서 말하는 자신을 닦고[修身], 집안을 단속하고[齊家], 나 라를 다스리며[治國], 천하를 편하게 한다[平天下]는 것도 따지고 보면 마음의 크기를 두고 한 말이 아닌가! 수신修身이나 수기修己는 같은 말이다. 수기修己란 무엇인가? 자기중심自己中心으로 세상을 보는 마 음씨를 버린다는 뜻이다.

이렇게 보면 유가의 수기修己나 도가의 무기無己나 불가의 멸진滅盡 이 다를 것이 없다. 모두 자기중심에서 떠나는 길을 트고 있기 때문 이다.

욕심이 사나운 마음은 자기중심에 초점을 잡고 욕심을 벗어난 마 음은 하늘에 떠 있는 구름처럼 걸림이 없다. 유유함으로 잡힐 것이 없고 잡힐 것이 없으므로 걸릴 것도 없다. 이를 두고 불가에서는 운 수행각雲水行脚이라고 하지 않는가! 마음을 터서 넓고, 마음이 넓어 넉넉하고, 마음이 넉넉해서 깊고, 마음이 깊어 담담하다. 이러한 마 음을 유가에서는 하늘의 마음[天心]을 닮았다고 하고 불가에서는 없 는 마음[無心]이라 하고 도가에서는 텅 빈 마음[虛心]이라고 한다.

천심과 무심 그리고 허심은 큰 것[大]을 말함이다. 인간의 마음은 어떻게 하면 커질 것인가? 욕심을 버리는 것만큼 커진다. 마음이 욕

심을 버리면 버릴수록 맑고 밝아진다. 이를 노자는 청정淸靜하다고
했다.

　현대인은 청정한 마음을 버린 지 오래다. 저마다 욕망이란 전차를
타고 질주하려고만 한다. 너도나도 질주하다 보니 욕망의 전차들이
서로 부딪치기도 하고 추락하기도 하며 별별 고장을 다 내어 인생이
란 길을 막는다. 서울 거리의 교통체증은 누구나 알면서도 제 마음속
의 교통체증은 모른다. 그래서 현대인은 역사를 원망하고, 세상을 비
웃고, 정치를 탓하면서 자기를 왜 주인공으로 부상시키지 않느냐고
심사心事를 부린다.

　욕망이 지어 내는 심사心事는 자기중심의 전략이며 전술이다. 그러
한 전략과 전술은 어떻게 드러날까?

　자기가 웃기 위하여 남을 울리고, 제 몫을 키우기 위하여 남의 몫
을 줄이고, 제 얼굴을 돋보이게 하려고 남의 얼굴을 흠잡고, 자기의
잘못을 몰라 부끄러워할 줄을 모른다.

　이처럼 현대인의 심리는 뻔뻔스럽고 능청스러우며 내숭을 떨려고
한다. 현대인은 왜 이렇게 작아지고 있는가? 천지가 자기를 위하여
있어 주어야 한다는 착각 때문에 그렇게 되고 있는 중이다.

　날이 갈수록 작아져 가는 현대인의 마음씨를 어떻게 하면 조금이
라도 키워서 꽉 막힌 숨통을 틀 수 있을까? 이러한 문제는 노자의 다
음과 같은 말을 듣고 새기면 새길수록 그 숨통을 틀 수 있을 것이다.

　크나큰 이룸은 모자람이 있는 것 같지만〔大成若缺〕, 그 쓰임새는 흠
이 없다〔其用不弊〕. 크나큰 채움은 텅 빈 것 같지만〔大盈若沖〕, 그 쓰임
새는 다함이 없다〔其用不窮〕. 크나큰 곧음은 굽은 것 같고〔大直若屈〕, 크
나큰 기교는 유치한 것 같고〔大巧若拙〕, 크나큰 말씀은 어눌한 것 같다

〔大辯若訥〕.

지리산 실상사實相寺 근처 마을에 백석군 부농인 변씨네가 살았다. 대
대로 변씨네는 손이 귀했다. 오 대에 걸쳐 독자로만 대가 이어져 변씨
네 며느리는 시집온 날부터 달마다 불공을 들이며 아들 낳기를 빌고
아무도 모르게 돌부처의 코를 갉아 마시게 했다.

이름난 절 근처에 가면 돌부처의 코가 닳아 없어진 모습을 흔히 볼 수
있다. 돌부처의 코를 갉아 마시면 아들을 낳는다는 말 때문이다. 변씨
네 사람들도 그 말을 믿었다.

천신만고 끝에 아들 하나를 얻은 변씨는 손자의 두 돌이 지났을 때 아
들과 며느리를 불러 놓고 당부했다.

"자식 농사를 제대로 지으려면 고운 놈에게는 매를 주고 미운 놈에게
는 떡을 주라고 한다."

그러나 변씨네 며느리는 시아버지의 말을 잘못 알아들었던 모양이다.
시아버지의 말을 듣고 나온 며느리는 남편의 귀에다 대고 귀한 아들을
튼튼히 키우려면 젖물림이 끝난 다음부터라고 속삭였다.

며느리는 시아버지 몰래 두 돌이 지난 아들에게 짝수 달에는 녹용을
달여 먹이고 홀수 달에는 인삼을 달여 먹였다. 그렇게 삼 년이 지나 아
이가 다섯 살이 되었을 때는 몸집이 장대해져 마을 다른 아이들과 비
교할 수 없을 만큼 훤칠했다. 몸집은 그렇지만 영리하지 못하고 바보
나 천치처럼 항상 멍청했고 먹는 것만 게걸스럽게 밝히며 굼실거렸다.

변씨는 손자를 볼 때마다 불길한 생각을 떨쳐 버릴 수가 없었다. 무엇
을 물어도 벙어리처럼 멀뚱하고 하는 짓이 굼떠 모자란 것처럼 보였
다. 어린것에게 보약을 지나치게 장복시킨 뒤탈이라고 판단한 변씨는

며느리를 불렀다.

그리고 손자에게 녹용을 먹였느냐고 물었다. 며느리가 고개를 끄덕였다. 인삼을 달여 먹였느냐고 물었다. 연신 고개를 끄덕였다. 한 해에 한 번씩만 먹였느냐고 묻자 며느리는 고개를 저으며 달마다 삼 년을 달여 먹였다고 이실직고했다. 이 말을 들은 시아버지는 탄식했다.

"곡식에 거름을 많이 주면 미쳐 버리고 열매를 맺지 못하는 법. 어린 것에게 보약을 지나치게 먹이면 바보가 되는 줄 몰랐단 말이냐. 지나친 보약은 독약이 되는 줄을 몰랐느냐? 고운 놈일수록 매를 대고 미운 놈일수록 떡을 주라던 내 말을 몰랐구나!" 손자 농사는 이미 엎질러진 물이었다.

제 피붙이만 생각하고 욕심사납게 잘 키우겠다고 심사를 부린 것이 탈이었다. 공든 탑을 세우겠다는 욕심이 지나치고 심하면 결국은 허물어뜨리고야 만다. 지나치게 잘 키우려다 그만 멍청이를 만들어 버린 것은 욕심의 뒤탈 때문이다.

우주 만물을 이루는 것보다 더한 대성大成은 없다. 이를 천지대성天地大成이라고 한다.

천지에 온갖 만물이 있지만 천지는 그것을 자랑하거나 공치사를 하지 않는다. 이를 천지약결天地若缺이라고 한다.

천지는 움직이면서도 멈추어 있는 것 같다. 이를 천지동정天地動靜이라고 한다. 그 움직임과 멈춤이 한 치의 빈틈도 없다. 이를 천지불폐天地不弊라고 한다.

변씨네 며느리는 왜 제 자식을 제대로 키우지 못했는가? 잘 키워보겠다는 욕심이 대성大成을 망쳤다. 제대로 자라는 그것이 곧 대성이다. 억지로 잘 자라게 하려고 별별 수를 다 동원하는 짓은 곧 결함이 된다. 약을수록 제 꾀에 제가 넘어간다. 이것이 결함이다.

바늘로 찔러도 피 한 방울 나오지 않을 것처럼 야무진 사람을 만나면 뜨끔하고 무섭지만 어딘가 좀 모자란 듯이 어리숙한 이를 만나면 오히려 포근하다. 야무진 것은 불안하게 하고 어리숙한 것은 편하게 한다. 빈틈없이 야무지다는 것을 뽐내다 일을 저질러 망치는 까닭이다. 이를 폐弊라고 한다. 폐는 남을 불안하고 불편하게 한다. 망하는 짓[敗]을 저질러 딱하게 하는 것이 곧 폐弊이다.

약게 지름길을 찾지 마라. 이 말을 새기면 대성약결大成若缺의 깊은 뜻을 헤아릴 수 있다.

밤하늘을 보라. 무수한 별이 있고 구름이 있고 바람이 있다. 하늘이란 빈 보따리보다 더 가득 찬 것은 없다. 이것이 곧 대영大盈이다. 그러나 하늘은 항상 빈 것 같다. 이것이 곧 약충若沖이다.

우주를 보면 거기에는 무주택자가 없다. 해가 있는 자리, 달이 있는 자리, 지구가 있는 자리 등 어느 별자리도 자리를 차지하려고 제비뽑는 짓은 하지 않는다. 이와 마찬가지로 산하山河를 보아도 자리다툼을 하지 않는다. 바다는 강물을 가려서 받지 않고 강물은 시냇물을 차별하지 않으며 시냇물은 개천의 물을 가리지 않고 받아들인다. 우주와 산하의 대영大盈이요, 약충若沖이다. 가득하면서도 항상 빈방처럼 여유가 있고 넉넉하다. 그러나 인간들은 꽉 채우기를 원하고 비우기를 싫어하며 소유의 다툼과 제비뽑기를 좋아한다.

왜 인간은 채울 줄만 알고 비울 줄은 모르는가? 그것은 물욕과 소유욕 때문이다. 물욕은 한이 없다고 하지 않는가! 그 갈증은 동해의 물을 다 마셔도 목마름을 풀지 못한다. 물욕은 항상 궁할 뿐이다.

그러나 마음씨가 천지나 산하를 본받는다면 무엇을 아무리 담아도 텅 빈 방처럼 누릴 수 있다. 맞이하고 보낼 뿐 갖지 않는 까닭이다. 이처럼 가득하면서도 텅 빈 것이 대영약충大盈若沖의 쓰임새[用]이다.

소유욕의 심사心事를 줄일 줄만 알아도 가득하면서도 빈방처럼 보이는 넉넉한 마음을 누릴 수 있다. 이를 두고 장자는 빈방이 해를 낳는다[虛室生白]라고 했다. 빈방에 해가 들어 가득하나 비어 있는 것이 행복의 모습이라는 것이다. 이는 있고[有] 없음[無]이 넘나들고 얻고[得], 잃음[損]의 갈림길을 내지 않는 까닭을 보여 주는 셈이다. 그래서 천지의 대영大盈을 향하는 것은 궁할 줄 모른다. 이것이 대영약충大盈若沖의 쓰임새가 왜 불궁不窮한지를 밝혀 준다.

냉수도 쉬엄쉬엄 마셔라. 이러한 마음씨라면 대영약충大盈若沖의 깊은 뜻을 새길 수 있을 것이 아닌가!

곧을 줄만 알고 휠 줄 모르면 부러진다. 강풍에 나부끼는 수양버들의 가지를 보라. 강풍이 불어도 꺾이지 않는다. 그러나 굳게 서 있는 철탑은 강풍을 견뎌 내지 못하고 쓰러진다. 철탑은 곧기만 고집할 뿐 굽을 줄을 몰라 그렇게 된다.

철탑은 사람이 세웠고 수양버들은 천지가 세웠다. 인간이 세우고 허무는 것은 인위요, 천지가 세우고 허무는 것은 무위가 아닌가! 인위는 인간의 뜻에 따라 세우기도 하고 허물기도 하지만, 무위는 만물이 있는 그대로 따라 세우기도 하고 허문다. 무위의 생물生物이나 성물成物에는 사私가 없다.

독사 따위는 왜 있느냐고 인간은 불평한다. 그러나 독사는 없애고 산삼만 자라게 하면 좋겠다는 바람은 인위의 욕심일 뿐이다. 독사는 독사로 태어나는 것이 무위의 생물이요, 독사는 독사로 제 몸을 갖는 것이 무위의 성물이다. 이처럼 무위에는 사가 없다.

천지는 곧음[直]과 굽음[屈]을 함께해 만물을 어울려 살게 한다. 만물이 태어나는 것[生物]을 보라. 태어나는 것은 선악을 가리거나 귀천을 두지 않는다. 인간은 곡식을 심은 밭에 돋는 잡초를 없애지만 천지는 그렇게 하지 않는다. 인간은 사사로움에 따라 선악을 가리고 귀천을 두지만 천지는 그렇게 하지 않는다. 있는 것이면 무엇이든 공평하게 그대로 둔다. 이것이 대직약굴大直若屈의 근본이다. 인간이 그 근본을 어길 뿐이다.

사私가 없다는 것은 공公이다. 이를 노자는 공은 두루 통한다[公乃王]라고 했다. 두루 통하는 것[王, 往, 周]에는 사가 없다. 무사無私한 것은 텅 빈 것[虛]과 같다. 천지는 사사롭지 않으므로 만물을 있는 그대로 받아들이고 서로 어울려 다투지 않는다. 잡초를 뽑아 내고 곡식만 보살피는 농부를 보라. 이 얼마나 사사로운가! 사사로움이 없는 것이 직直이요, 있는 그대로 받아들이고 다투지 않는 것을 굴屈이라고 한다. 사사로움 없이 능소능대能小能大하면 직이요, 굴이다. 그러나 사사로운 굴은 굴종이며 비굴이고 위선이다.

콩 심은 데 콩 나고 팥 심은 데 팥 난다. 이것이 대직大直의 근본에 따른 생물이다. 콩은 콩이고 팥은 팥이다. 이는 대직의 근본에 따른 성물이다. 그러나 콩이 팥이 되자거나 팥이 콩이 되자고 다투지는 않는다. 콩은 콩으로, 팥은 팥으로 만족한다. 이러한 만족을 허虛라고 하며 순順이라고도 한다. 허와 순이 곧 대직의 굴이다.

잡초밭을 들여다본 적이 있는가? 갖가지 풀들이 갖가지 모양을 가진 잎새와 줄기를 뻗고 있는 모습을 살펴본 적이 있는가? 잘 다듬어진 잔디밭보다 잡초밭에 볼거리가 훨씬 많다.

잔디밭을 가까이 가서 들여다보면 싱겁기 짝이 없다. 잔디만 남겨 두고 모든 풀을 뽑아 버린 탓이다. 박樸으로 기器를 만든다고 하지 않는가! 잡초밭이 박이라면 잔디밭은 기이다. 박은 있는 그대로의 그 것이요, 기는 손질하여 다듬은 것이다. 나뭇등걸은 박이요, 그 등걸을 톱질하고 끌질해서 함지박을 만들려고 목공이 손을 대면 박은 기가 된다. 인간의 교巧는 손질해 다듬어진 기이고, 천지의 교는 있는 그대로의 박이다.

다시 잡초밭을 들여다보라. 둥근 잎새도 있고 모난 잎새도 보일 것이다. 그러나 어느 하나 같은 꼴로 둥글거나 모난 것 없이 저마다 제 모습의 둥근 것[圓]이요, 모난 것[方]이다. 이 얼마나 교묘한 원방圓方인가!

다시 잡초밭을 들여다보라. 큰 풀도 있고 작은 풀도 있다. 얽히고 겹쳐 잡초들이 어우러져 있지만 나름대로 제자리를 잡고 자라는 잡초들은 키가 크기도 하고 작기도 하지만 있는 그대로 자라고 있을 뿐이다. 긴 것[長]과 짧은 것[短], 큰 것[大]과 작은 것[小], 잡초는 제 나름대로 지니고 있는 그대로 어우러져 잡초밭에서 살고 있다. 이 얼마나 교묘한 장단長短이며 대소大小인가!

잘 가꾸어 다듬어 놓은 잔디밭은 교巧만 있을 뿐 졸拙이 없다. 다듬어 꾸미는 행위가 없는 것[無作]과 돋보이게 하는 행동이 없는 것[無爲]을 일러 졸이라고 한다. 강변에 널려 있는 돌밭의 돌은 졸의 모습이고 그 돌을 주워다 돌담을 쌓으면 돌은 졸을 잃어버린다. 명장明匠의 솜씨가 어린애의 솜씨를 못 당한다고 하지 않는가? 명장의 솜씨에는 교만 있지 졸이 없는 까닭이며 어린아이의 솜씨에는 졸이 교를 앞서 질박한 솜씨가 있는 까닭이다.

산천의 만상이 보여 주는 모습을 보라. 저마다 원방곡직圓方曲直을 보여 주고 장단대소長短大小를 제 나름대로 지니며 모든 것들이 있는 그대로 있다. 이를 대교大巧라고 한다. 대교란 무엇인가? 천지의 모습이요, 만물의 모습이다. 그 모습이 무작無作하고 무위無爲하므로 졸이라고 한다. 어린애의 코딱지는 예쁘다. 이런 것이 대교약졸大巧若拙이다.

초목은 말하지 않는다고 할 수 있는가? 엉겅퀴는 엉겅퀴임을 있는 그대로 보여 주어 말하고 느티나무는 느티나무임을 보여 주어 말한다. 찔레꽃 향기와 후박꽃의 향기는 서로 다르다. 서로 다르면 이미 말하는 것이요, 말하면 곧 변辯이 아닌가! 다만 초목은 귀로 들리는 소리를 내지 않을 뿐이다.

사계절의 산천을 보라. 산천의 색깔은 철 따라 제 말을 한다. 봄은 주로 꽃으로 말하고 여름이면 잎새로 말하고, 가을이면 열매로 말하며 겨울이면 알몸으로 말하지 않는가! 더하지 않고 덜하지 않으며 있는 그대로 천지는 말한다. 천지는 이미 대교약졸하므로 수사학修辭學을 필요로 하지 않는다. 오직 인간만이 수사학으로 달변을 늘어놓고 시비를 짓는다.

짐승들의 소리나 새들의 소리를 듣고 참말인지 거짓말인지 시비를 가릴 것도 없고 그렇게 할 필요도 없다. 인간을 제외하면 어느 것 하나 말재주를 부리지 않고 그런 달변을 탐하지 않는 까닭이다. 대변약눌大辯若訥은 말이 많은 것보다 적은 것을, 말이 적은 것보다는 없는 것을 바란다. 천지는 침묵으로 모든 것을 말한다. 이것이 대변大辯의 눌訥이다. 깊은 물은 소리 없이 흐르고 얕은 물은 시끄럽게 흐른다.

왜 천지의 큰길[大道]은 대성大成하면서도 불폐不弊한가? 모자람[缺]

을 덜거나 더하지 않는 까닭이다.

왜 천지의 큰길은 대영大盈하면서도 불궁不窮한가? 텅 비기를 멀리 하거나 꺼리지 않는 까닭이다.

왜 천지의 큰 길은 곧으면서 굽고 절묘하면서 치졸하고 능변이면서도 어눌한가? 자연이요, 무위인 까닭이다.

이러한 까닭을 노자는 다음처럼 밝히고 있다.

고요함은 초조함을 이기고[靜勝躁], 차가움은 뜨거움을 이긴다[寒勝熱]. 그래서 맑음과 고요함은 천하의 바른 것이 된다[淸靜爲天下正].

여기서 이긴다는 것[勝]은 정복하거나 굴복시키는 것을 의미하지는 않는다. 처지거나 넘치지 않음을 뜻할 뿐이다. 넘치지도 않고 처지지도 않는 것이 곧 도의 움직임[大象]이 아닌가!

대상大象은 음양의 조화라고 새겨도 무방할 것이다. 사납게 초조하면 고요함으로 다스릴 일이요, 뜨겁게 달아오르면 차가움으로 다스릴 일이다. 이러한 다스림이 곧 음양의 조화가 아닌가! 음양의 조화 그것은 욕심을 버리는 것과 같다.

천지는 음양의 조화로 크게 이루고[大成], 크게 가득하며[大盈], 크게 곧고[大直], 크게 묘하며[大巧], 크게 말하고[大辯] 있을 뿐 더하거나 덜하지 않다. 이를 노자는 천하의 바름[天下正]이라고 했다. 대인大人은 누구인가? 그는 천하정天下正을 어기지 않으려고 사사로움을 버리는 자가 아닌가!

크나큰 이룸은 모자람이 있는 것 같지만, 그 쓰임새는 흠이 없다. 크나큰 채움은 텅 빈 것 같지만, 그 쓰임새는 다함이 없다. 크나큰 곧음은 굽은 것 같고, 크나큰 기교는 유치한 것 같고, 크나큰 말씀은 어눌한 것 같다.

〔大成若缺 其用不弊 大盈若沖 其用不窮 大直若屈 大巧若拙 大辯若訥〕대성약결 기용불폐 대영약충 기용불궁 대직약굴 대교약졸 대변약눌

고요함은 초조함을 이기고, 차가움은 뜨거움을 이긴다. 그래서 맑음과 고요함은 천하의 바른 것이 된다.

〔靜勝躁 寒勝熱 淸靜爲天下正〕정승조 한승열 청정위천하정

도움말

제45장은 왜 무위자연이 큰지를 헤아려 보게 한다. 반대로 인간은 왜 작은 존재인가를 성찰하게 한다. 인간의 물욕이 소유욕으로 통하고 있는 까닭에 사사롭고 만물에 두루 통하는 덕을 잃어 가는 것임을 깨닫게 하는 장이다.

대성大成은 천지가 어느 것 하나 버리지 않고 이룩하는 것이다.

약결若缺은 흔적을 남겨 공치사를 하지 않음〔無形無跡〕이다.

폐弊는 패敗의 뜻이다.

대영大盈은 천지의 삼라만상森羅萬象을 새기게 한다.

약충若沖은 걸림이 없고〔圓滿〕, 빈틈이 없는 것〔具足〕을 하늘처럼 지닌 모습이다.

불궁不窮은 다함이 없는 것을 뜻한다.

대직大直은 사사로움이 없는 생물生物이요, 성물成物이다.

굴屈은 만물을 담는 텅 빈 모습〔容〕이며 다투지 않음〔順〕이다.

대교大巧는 만물 하나하나의 생긴 모습이다. 즉 원방곡직圓方曲直이며 장단대소長短大小의 조형적 절묘함이다.

졸拙은 꾸밈없는〔無作〕있는 그대로〔樸〕를 뜻한다.

눌訥은 침묵을 뜻한다.

정조靜躁와 한열寒熱은 음양陰陽의 다른 말로 새겨도 된다.

제46장 소유욕과 지배욕이 전쟁을 낳는다

무위無爲의 정치를 하라

이 땅 위에는 무수한 생물이 산다. 사람도 그중의 하나이다. 사람을 제외하면 모든 생물은 자연으로 산다. 자연으로 산다는 것은 서로 더불어 어울리는 삶이다.

그러나 인간은 다투고 겨루며 산다. 인간이 사는 현실을 경쟁의 사회요, 성취의 사회라고 하지 않는가! 초목이나 금수는 다투지도 않고 겨루지도 않는다. 인간만이 승자와 패자를 갈라놓고 이기면 무엇이든 빼앗고 지면 무엇이든 빼앗기는 역사를 만든다.

인간은 판돈을 걸어 놓고 투계鬪鷄니 투견鬪犬이니 투우鬪牛 놀이를 한다. 닭이나 개나 소가 스스로 싸움꾼이 된 것은 아니다. 인간이 그렇게 둔갑시켜 놓고 싸움질을 즐기는 것이다. 다른 동물들을 아무리 살펴보아도 싸움을 즐기는 종자는 인간밖에 없다.

평화를 위하여 전쟁을 한다는 말보다 어처구니없는 역설은 없다. 그러나 치자治者들은 전쟁을 저질러 놓고 자유와 평화를 위하여 피를 흘리자고 호소한다. 영웅은 수많은 병사의 주검을 밟고 서 있는 자에 불과하다고 아무리 역사가 꾸짖어도 지구상에 전쟁이 없었던 날은 하루도 없다.

전쟁은 인간을 모두 싸움꾼으로 둔갑시킨다. 따지고 보면 전쟁이
란 힘 겨루기의 다툼이며 빼앗는 놀음에 불과할 뿐이다. 이제 인간은
모든 면에서 싸움꾼으로 돌변하고 있다. 이제는 생활 자체를 전쟁처
럼 여기고 생존의 현장은 마치 전선처럼 그 양상을 부추기고 있다.

이러한 탓으로 인간은 누구나 날마다 마음속으로 싸움질을 한다〔日
以心鬪〕는 장자의 말을 실감할 수 있다.

개인은 개인끼리 경쟁과 성취라는 미명 아래 다투고, 집단은 집단
끼리 몫을 놓고 겨루며, 나라는 나라끼리 국익國益을 앞세워 싸움질
을 한다. 이미 국가와 국가 사이에서 문화는 소리 없는 전투를 하고
있는 중이다. 오늘날의 세계는 모든 면에서 소리 없는 전쟁을 한다.

왜 인간은 전쟁을 하지 말자고 하면서 계속 저질러 대는가? 노자
는 이러한 물음에 이미 고민했다. 백성을 사랑하고 나라를 다스린다
〔愛民治國〕는 무위無爲의 정치를 버린 탓이라고 노자는 다음처럼 밝혀
주고 있다.

천하에 도가 있으면〔天下有道〕, 병마兵馬를 거름 내는 농마農馬로 바
꾸어 버린다〔却走馬以糞〕. 그러나 천하에 도가 없으면〔天下無道〕, 무기
실은 수레를 끄는 병마가 변방에서 양생된다〔戎馬生於郊〕.

국군과 유엔군이 낙동강 전선에서 반격을 가하자 수만 명의 인민군 패
잔병들이 북으로 가지 못해 지리산의 백무동, 뱀사골, 피아골 등으로
숨어들었다. 그리고 인민군들은 빨치산으로 돌변했다.

지리산 주변 산간 지역은 낮이 되면 남한이 되고, 밤이 되면 북한이 되
는 경우가 허다했다. 밤이면 빨치산이 마을로 내려와 농민의 양식을

털어 갔고 소와 돼지를 잡아갔다. 낮이면 전투경찰이 들이닥쳐 양식을 털어 갔고 소를 빼앗긴 농부들을 붙잡아 가서는 빨치산을 도와주었다고 고문했다. 농민들은 이러지도 저러지도 못해 밤낮으로 번갈아 시달리는 파리 목숨이었다.

젊은 농사꾼들은 모조리 차출되어 지역 토벌대가 되었다. 그들은 한이틀 동안 총기 다루는 훈련을 간단히 받은 다음 빨치산 토벌에 투입되었다. 토벌대는 밤마다 빨치산 루트를 따라 매복 근무를 하면서 양식을 털려고 내려오는 빨치산과 야간 전투를 벌였다.

빨치산 토벌의 전과를 확인하려고 토벌대에게 사살한 빨치산의 귀를 하나씩 잘라 오도록 했다. 그러자 한 명을 사살하면 전과 보고는 두 명으로 불어났다. 하나의 주검에서 귀 한쪽만 잘라 오는 것이 아니라 두 쪽을 잘라 왔기 때문이다.

전과를 많이 올린 날이면 토벌대장은 잘라 낸 귀들을 인동넝쿨에 꿰어 목걸이처럼 목에 걸고 내려오기도 했다. 처음에는 토벌대들이 산버섯을 따 가지고 내려오는 것으로 생각했다. 그러나 자세히 보니 산버섯이 아니라 주검에서 잘라 낸 귀라는 것을 알았을 때 산중의 백성들은 무서워 몸서리쳤다.

사살한 빨치산의 귀를 잘라 오면 한 명이 두 명으로 불어난다는 것을 안 다음에는 빨치산의 양근陽根을 잘라 오도록 했다. 그 후 토벌대장의 목걸이에는 잘린 양근이 걸려 있곤 했다.

착하기만 했던 농사꾼들이 토벌대가 된 다음부턴 사나운 사냥개로 둔갑했고 빨치산을 사냥감 정도로 생각했으니 토벌대 대장은 사냥개를 잘 부리는 명포수였던 셈이다. 빨치산도 마찬가지였다. 빨치산은 지리산에서 제일가는 명포수로 이현상을 받들고 사냥개 노릇을 밤마다 저질렀다.

전투경찰과 지역 토벌대가 빨치산 소탕전을 근 이 년간에 걸쳐 치르면서 지리산 주변 산간 백성들은 치자들의 세상을 원망하면서 죽지 못해 살아야 했다. 그래서 죄 없는 백성들은 빨치산도 싫고 전투경찰도 싫다는 속마음을 가슴속에 묻어 두고 하루살이처럼 떨었다.

전쟁은 인간을 미친개처럼 만들거나 잔등을 밟힌 독사로 둔갑시킨다. 이러한 전쟁을 백성은 원하지 않는다. 오로지 치자의 소유욕에서 가지를 친 지배욕이나 정복욕이 명예욕을 부추기며 전쟁이라는 불을 질러 원치 않는 백성을 그 불길 속으로 내몰고, 어쩔 수 없이 백성은 애간장을 태우며 파리 목숨이 된다.

그래서 노자는 제30장에서 군사가 머문 곳에는 가시가 돋아나고〔師之所處荊棘生焉〕, 대군을 일으킨 다음에는 반드시 흉년이 든다〔大兵之後必有凶年〕고 했고, 제31장에서는 무릇 아름다운 무기는 상서롭지 못하다〔夫佳兵者不祥之器〕고 단언했다. 치자의 소유욕과 지배욕 그리고 정복욕과 명예욕 등은 인간의 유위有爲에 속한다.

농사꾼이 농사를 짓는 것은 무위의 이웃이지만 농사꾼이 토벌대가 되어 빨치산을 사냥해 사살하는 짓은 유위의 하수인 노릇을 하는 셈이다. 심고 가꾸어 곡식을 거두어들일 줄만 알았던 농사꾼이 사람을 죽이고 그 주검에서 귀를 잘라 내고 양근을 도려 낼 수 있는 망나니로 돌변하게 하는 유위를 보라.

유위란 무엇인가? 인간의 짓이요, 인간이 자기중심으로 생각하고 행동하며 소유욕을 채우려는 수작이다. 장자는 이러한 짓을 두고 말에게 재갈을 물리고〔絡馬首〕 소의 코를 뚫는 것〔穿牛鼻〕이라고 말했다.

그래서 노자는 죄 중에서 욕심을 부리는 것보다 더 큰 죄는 없다[罪莫大於可欲]고 했다.

성욕性欲은 목숨의 본성이다. 수나비는 십 리 밖에 있는 암나비의 암내를 맡고 찾아 나선다. 수벌은 한 번의 교미를 위해 목숨을 버리고 소나무는 수분受粉하려고 하늘을 송화 가루로 채운다. 이처럼 목숨은 성욕으로 이어진다. 인간도 예외가 아니다.

식욕食欲도 목숨의 본성이다. 먹지 않고 사는 생명은 없다. 지렁이는 먹이를 찾아 시궁창을 헤매고, 구더기는 먹이를 찾아 분뇨통에서 꿈틀거리며, 이끼의 뿌리는 먹이를 찾아 단단한 바위를 핥는다. 이처럼 목숨은 식욕으로 이어진다. 인간도 예외가 아니다.

그러나 인간은 성욕이나 식욕마저도 소유욕으로 둔갑시켜 호사하려고 한다. 소유욕을 만끽하려는 인간의 욕심이 지배욕을 낳고, 지배욕은 명예욕을 더하면서 한도 끝도 없이 소유욕을 부풀린다. 그렇게 부풀려진 것이 이른바 부귀영화라는 것이다. 임금은 삼천 궁녀를 거느리고 산해진미로 입맛을 다시며 천하를 제 것인 양 호령하지 않았는가!

소유욕이든 지배욕이든 명예욕은 만족할 줄 모른다. 욕망이란 강물에 빠져 있으면서도 항상 갈증을 못 면하는 것이 소유욕이다. 그래서 소유욕에 걸려든 인간은 욕망의 강물에서 퍼득거리다 결국 익사하고 마는 험한 꼴을 당한다. 그래서 노자는 만족할 줄 모르는 것보다 더 큰 환난은 없다[禍莫大於不知足]고 했다.

제 몫만 챙기거나 앞세우는 사람은 굶주린 개가 쓰레기통을 뒤지는 꼴을 면할 수가 없다. 사리사욕은 인간을 미친개처럼 만들기도 하고 성난 땅벌처럼 만들기도 하면서 정신을 잃게 한다. 왜냐하면 인간의 욕심이 사나우면 눈을 멀게 하고 귀를 먹게 하여 스스로 파 놓은 함정에 걸려들게 한다. 욕심 많은 개미는 개미귀신의 밥이 된다고 하지 않는가!

욕심이 사나워 이득만 채우려고 하면 음흉하게 마련이고, 음흉하다 보면 숨기고 감추는 것이 많게 되어 얻어맞은 개처럼 남의 눈치를 살피며, 꽁무니를 빼고 욕심을 채울 거리를 찾아 눈을 부라린다. 추잡하고 비굴하게 자기 자신을 천하게 만들어 버린다. 욕심쟁이는 왜 이렇게 되는가? 세상 물정을 모르는 탓이다.

한 번 손해가 나면 이익이 돌아오고[或損之而益], 한 번 이익이 나면 손해가 돌아온다[或益之而損]는 것이 세상 물정이라고 제42장에서 노자는 이미 밝혔다. 그러나 사나운 소유욕이나 지배욕은 이러한 물정을 저버리려고 한다. 그래서 노자는 항상 얻으려고만 하는 것보다 더 큰 허물은 없다[咎莫大於欲得]고 한 것이다.

죄를 짓게 하고, 불행을 불러오는 화근[禍根]이 되고, 온갖 허물을 뒤집어쓰게 하는 소유욕을 인간은 왜 버리지 못하는가? 만족할 줄 몰라 항상 게걸스러운 천덕꾸러기로 인간은 전락하는 것이다.

소유욕과 지배욕이 정복욕과 명예욕으로 이어지면 사람이 사람을 죽이는 전쟁의 불씨를 당기게 된다는 것을 인간은 알면서도 그렇게 어리석은 역사의 수레바퀴를 굴려 언제나 전국 시대를 만들어 낸다.

무력 전쟁을 치르고 만족하지 못해 경제 전쟁을 펴고 무역 전쟁을 벌이며 문화 전쟁으로 인간의 심신을 동여매는 유위[有爲]라는 동아줄을 어떻게 하면 잘라 버리고 행복한 삶을 누릴 수 있을까? 노자의 다음과 같은 말을 새겨들으면 생존을 행복하게 하는 열쇠를 찾을 수 있을 것이다.

있는 그대로 만족할 줄 알면 언제나 부족함이란 없다〔故知足之足常足矣〕.

현대인이여! 그대는 만족할 줄 아는가? 그렇다면 그대의 마음속은 다 타 버린 재처럼 조용할 것이다. 그렇지 못하다면 치열한 전쟁터를 가슴에 담고 처참하게 버티는 전선의 병졸과 같을 것이다. 현대인이여! 그대는 만족할 줄 아는가? 그렇다면 바로 그대가 재벌이다.

원문의역

천하에 도가 있으면, 병마兵馬를 거름 내는 농마農馬로 바꾸어 버린다. 그러나 천하에 도가 없으면, 무기 실은 수레를 끄는 병마가 변방에서 양생된다.

〔天下有道 却走馬以糞 天下無道 戎馬生於郊〕 천하유도 각주마이분 천하무도 융마생어교

죄 중에서 욕심을 부리는 것보다 더 큰 죄는 없다. 만족할 줄 모르는 것보다 더 큰 환난은 없다. 항상 얻으려고만 하는 것보다 더 큰 허물은 없다.

〔罪莫大於可欲 禍莫大於不知足 咎莫大於欲得〕 죄막대어가욕 화막대어부지족 구막대어욕득

그러므로 있는 그대로에 만족할 줄 알면 언제나 부족함이 없다.

〔故知足之足常足矣〕 고지족지족상족의

도움말

제46장은 무위無爲의 정치와 유위有爲 또는 인위人爲의 정치가 어떻게 다른지를 헤아려 보는 장이다. 세상을 평화롭게 하고 백성을 행복하게 하는 정치는 무위무욕無爲無欲의 치자를 기다리는 것이다. 천하유도天下有道와 천하무도天下無道의 도道는 무위無爲의 도를 이르고 있다.

각却은 물리친다는 뜻이다.

주마走馬는 전선에 투입되는 병마兵馬를 말한다.

분糞은 분뇨와 같은 농사 거름을 뜻한다.

융마戎馬의 융戎은 무기를 실은 수레(兵車)를 뜻한다. 즉 융마는 무기를 실은 수레를 끄는 병마를 이른다.

교郊는 나라와 나라가 맞닿아 있는 변방을 뜻한다.

구咎는 허물을 말한다.

제47장 곁눈질로는 진리를 보지 못한다

관찰이나 실험을 할 수 없는 것이 있다

백 번 들어도 한 번 보는 것만 못하다〔百聞而不如一見〕. 사물을 보면 마음이 생겨난다〔見物生心〕. 이러한 말들은 지智를 말하고 있는 것이다. 바깥 것을 아는 것이 지智이다.

현대인은 안은 덮어 두고 겉만 살피면서 확인하려고 한다. 마음속을 닦는 일보다 몸을 닦는 일을 열심히 하는 것이 현대인의 습성이다. 그리고 사실의 물증이 없으면 지식이 될 수 없다고 단언한다. 목숨도 하나의 물리적 구조mechanism에 불과하다고 말한다. 유전자遺傳子가 단백질 구조를 어떻게 형성하느냐에 따라 생명이 구성된다고 말하기도 한다. 이렇게 현대인은 지智에만 매달리며 서슴없이 과학주의를 선언한다. 그래서 인간은 점점 물질화되어 가고 있다.

물질화된 인간은 의심을 일삼는다. 왜 현대인은 자신의 속을 드러내지 않는가? 의심하는 버릇 때문이다. 의심은 속을 숨기고 겉을 살피려고 한다. 의심은 안〔內〕과 밖〔外〕을 달리 보려고만 한다. 겉 다르고 속 다르다고 하는 생각이 곧 의심이다.

의심은 확인 절차를 밟게 한다. 사람마다 주민등록증이 있고 그 증명서에는 주민등록번호가 있다. 내 이름을 대면서 확인시켜 주어도 사람들은 믿지 않는다. 주민등록증을 보자고 한다. 주민등록증에 붙어 있는 사진과 실제 얼굴을 비교해 보고 증명서에 붙어 있는 사진을 근거로 나를 살피고 확인한다. 이 얼마나 근본과 말단이 뒤바뀐 현실인가!

내 얼굴이 근본이요, 내 얼굴의 사진은 말단일 뿐이다. 그러나 증명서에 붙어 있는 사진을 근거로 내 얼굴을 대조하여 나를 검문하고 확인하는 것이 현대 사회의 생리인 셈이다. 이처럼 현대인이나 현대 사회는 안[內]을 믿지 않고 밖[外]을 확인해 사실 여부를 결정한다. 밖의 사실에 매달릴 때 의심은 싹이 돋게 마련이다. 의심하는 것에서부터 시작해 확인하려고 하는 것이 밖을 관찰하고 실험하게 한다. 모든 것은 사실이어야 한다. 이렇게 지식智識은 선언한다.

과학주의는 내외內外를 분별한다. 마음이 다르고 물질이 다르다고 보는 것이 그러한 분별이다. 그러나 하늘의 도道는 내외가 다르지 않고 같다[內外無間]는 길이다. 내용과 형식이 별개로 있는 것도 아니요, 마음과 몸이 따로 있는 것도 아니다. 무간無間은 도가의 입장에서 보면 포일抱一이며, 불가의 입장에서 보면 불이不二이다. 그래서 하늘의 도를 걷는 자는 의심할 것도 없고 확인할 것도 없다.

안과 밖이 하나이며 겉과 속이 하나라 함[內外無間]은 자연이나 무위라고 하는 것과 같다. 있는 그대로가 자연이며 무위이므로 거기에는 참이나 거짓이 따로 없다. 진위眞僞나 선악善惡 등은 분별의 탓이요, 차별의 속셈이요, 시비의 걸림일 뿐이다. 분별이나 차별이나 시비는 따져서 들추어내고, 옳거나 좋으면 상을 주고 그르거나 싫으면 벌을 주려고 한다. 이를 유위有爲라고 한다. 유위는 인간만이 행하는 인위人爲이다.

인위는 무엇이든 그냥 두지 못하고 인간의 뜻에 따라 변죽을 울리고 변덕을 부리므로 믿을 수가 없다. 닭을 잡아먹고 오리발을 내밀거나, 용을 그린다고 하다가 뱀 꼬리를 그리는 것이 인위에 속한다. 그래서 믿을 수가 없고 세상은 의심투성이가 된다.

이러한 인위의 절정은 과학주의에서 엿볼 수 있다. 자연의 입장에서 보면 과학주의는 인간을 불가사리처럼 만들어 닥치는 대로 우주 만물을 남용하게 한다.

물질의 풍요는 남용을 불러오고 남용은 인간을 타락하게 하며 게걸스럽게 한다. 천하가 쓰레기 더미로 덮이고 인간은 서로 믿지 못하면서 시비를 일삼고 제 몫 다툼으로 하루도 편할 날이 없다. 믿고 일하는 것이 아니라 먼저 의심하고 일을 벌인다. 그래서 책상물림으로 일을 하지 말고 발로 뛰어 현장을 확인하라고 한다. 이 얼마나 못 믿는 세상인가! 의심이 많은 세상은 편할 수 없다. 그래서 정치는 우리를 불안하게 하고 치자는 우리를 두렵게 한다. 이러한 불행은 내외무간內外無間이란 자연의 도道을 잊어버린 탓이라고 노자는 말한다.

집 밖을 나가지 않아도 세상을 알며[不出戶知天下], 바라지창으로 고개를 내밀고 보지 않아도 하늘의 도를 본다[不窺牖見天道]. 바깥을 알아보려고 멀리 나가면 나갈수록[其出彌遠] 그 지식은 점점 작아져 아는 것이 없게 된다[其知彌少].

속이 깊은 어머니는 아이에게 장난감을 만들어 준다. 그러면 그 아이는 장난감을 동무 삼아 귀하게 여기며 싫증내지 않고 함께 논다. 그 아이는 장난감과 친해져 아끼며 소꿉장난을 한다. 서로 마음을 주고 받는 정情을 나눈다. 그러한 정은 순박하다.

게으른 어머니는 아이에게 장난감을 사 준다. 그러면 아이는 장난감은 밖에서 가지고 오는 것인 줄 안다. 그 아이는 며칠 동안 장난감과 함께 놀다가 다른 장난감을 사 달라고 어머니를 조른다. 어머니가 아이의 성화에 못 이겨 다른 것을 하나 더 사 주면 먼저 것은 천덕꾸러기가 된다. 그 아이는 장난감에게 마음을 주는 것이 아니라 받기만 하려는 정을 갖게 된다. 이러한 정은 욕심이다.

속이 얕은 어머니는 아이를 장난감 가게로 데리고 가서 아이에게 장난감을 고르게 한다. 가게에 진열된 무수한 장난감들이 아이를 혼란시킨다. 이것도 갖고 싶고 저것도 갖고 싶고 아이는 괴로워한다. 두리번거릴 뿐 아이가 고르지 못하면 성급한 어머니는 아무것이나 하나만 골라 보라고 재촉한다. 그럴수록 아이는 어리둥절해져 어쩔 줄 모르고 바둥거리고 결국 어머니는 마음대로 하나를 골라 사 준다.

장난감을 들고 가게 문을 나서는 아이는 가게에 남아 있는 수많은 다른 장난감을 잊지 못하고 제 손에 들린 장난감을 업신여긴다. 제 장난감을 예뻐하는 것이 아니라 싫어하는 정을 갖는다. 이러한 정은 허욕이다.

만들어 준 장난감을 가진 아이는 스스로 그것과 함께 놀 줄 안다. 장난감을 사 줘서 갖게 된 아이는 새 장난감과 얼마간만 놀 뿐이다. 장난감 가게를 가 본 아이는 장난감이 많다는 것만 알지 함께 놀 줄은 모른다. 유치원 교사가 자모회에 모인 젊은 어머니들에게 이와 같은 이야기를 해 준 다음 질문을 던졌다. "이들 세 아이 중에서 장난감에 대해 어떤 아이가 가장 잘 알까요?"

어머니들은 어떤 아인 줄 알면서도 꿀먹은 벙어리였다. 대신 교사가 말을 이었다.

"아이들에게 많은 것을 구경시켜 준다고 많은 것을 아는 것은 아니지요. 어머니 품안에서 어린이는 모든 것을 배운답니다." 결국 그 교사가 유치원은 또래들이 만나서 놀다 가는 곳일 뿐 배우는 곳이 아니라는 것을 가르쳐 준 셈이다.

물질문명의 세상은 마치 갖가지 장난감을 진열해 놓은 가게가 아이를 혼란스럽게 하는 것처럼 현대인의 얼을 빼는 백화점과 같다. 날마다 유행이 변하고 모델이 바뀌어 새것이 며칠도 못 가 헌것이 되고 만다. 이처럼 바깥 세상은 정보의 홍수를 이루고 정보에 뒤지면 바보가 된다는 강박관념을 갖게 하여 인간들은 바깥 소식을 알려고 혈안이다.

너무 많이 먹으면 배탈이 나는 것처럼 너무 많이 알면 제대로 아는 것이라곤 하나도 없고 그저 변죽만 대강 알 뿐이다. 이러한 것이 바깥을 아는 것〔智〕의 병이다. 대강 알므로 의심은 의심을 낳고 항상 지식욕에 애태우게 한다. 이것이 인위人爲의 변덕이다.

만일 천지가 인간처럼 변덕을 부린다면 하루도 살 수 없을 것이다. 밤낮의 순환이 틀림없고 생성과 소멸이 틀림없으므로 태어나 살다가 죽는 운명을 누릴 수 있는 것이 아닌가! 성인은 이를 깨달아 세상을 나가지 않아도 세상을 알고 천문대의 망원경으로 별을 관찰하지 않아도 별들이 제 길을 따라 도는 것을 안다.

성인은 누구인가? 말단을 보고도 근본을 제대로 알고 있는 자이다. 봉숭아 씨앗은 봉숭아꽃을 피게 한다. 봉숭아꽃을 보면 그 씨앗을 생각하고 안다. 이러한 이치를 노자는 불출호지천하不出戶知天下

요, 불규유견천도不窺牖見天道라고 한 것이 아닌가!

그렇게 되면 암행어사를 지방에 몰래 보내지 않아도 세상이 어떻게 하면 잘되고 어떻게 하면 못되는지를 알 수 있다. 하늘이 무심한 것처럼 성인은 무정無情한 까닭이다. 무정이란 무엇인가? 두루 골고루 아끼고 사랑하는 정이다. 유정有情이란 무엇인가? 사랑하고 미워함을 함께 지닌 정이다. 무정은 어울림[和]의 정情이요, 유정은 한패[同]의 정이다. 공자도 군자는 어울리되 패를 짓지 않고[君子和而不同], 소인은 패거리를 짓되 어울릴 줄 모른다[小人同而不和]고 했다.

천지와 어울리는 것을 노자는 포일抱一이라 했고 득일得一이라 했다. 포일이나 득일은 곧 자연의 도에 안기는 믿음이다. 이러한 믿음을 행하는 성인은 아무것도 의심하지 않는다. 난초는 난초꽃을 피우며 뱁새는 뱁새의 알을 낳는다. 이것이 천도天道이다. 성인은 천도를 믿는다.

그러나 소인은 난초를 심어 두고 장미꽃이 피기를 바라기도 하고 뱁새 알을 주워다 봉황이 나오기를 바라며 별별 수작을 다 부리고 꾀를 낸다. 이것이 인도人道이다. 그래서 현대인은 무엇이든 저질러 보아야 직성이 풀리고, 두 눈으로 확인해야 확실한 것이 아니냐며 증거를 따지고, 죽이 되든 밥이 되든 불을 지펴야 일을 이룰 것이 아니냐며 아우성친다.

왜 이렇게 인도는 아수라장인가? 장자의 말을 빌어 생각하면 될 것이다. "자연은 소나 말의 네 다리요[牛馬四足 是謂天], 문화는 소의 코를 뚫은 것이다[穿牛鼻 是謂人]."

말의 다리가 넷인지 알아보려고 마굿간에 가지 않아도 된다. 그러나 소의 코를 뚫어 코뚜레를 걸자면 소를 잡아서 묶어 놓고 쇠꼬챙이를 달구어 억지로 뚫어야 한다. 노자가 말하는 성인은 소의 코를 뚫을 생각은 하지 않는다. 그러므로 성인은 외양간에 가지 않아도 소를 안다. 그래서 성인은 행하지 않아도 알고[不行而知], 보지 않아도 이름을 짓고[不見而名], 하지 않아도 이루어 낸다[不爲而成].

그러나 현대인은 물질을 믿되 마음을 믿지 않으려고 한다. 주민등록증에 사진을 붙이고 번호를 달아 사람을 확인하는 세상이므로 목숨도 담보가 없으면 보장이나 보호를 받지 못한다. 이러한 난장에서 성인을 상상으로나마 모시고 사는 순간은 행복하지 않겠는가!

원문 의역

집 밖을 나가지 않아도 세상을 알며, 바라지창으로 고개를 내밀고 보지 않아도 하늘의 도를 본다.
〔不出戶知天下 不窺牖見天道〕 불출호지천하 불규유견천도

바깥을 알아보려고 멀리 나가면 나갈수록 그 지식은 점점 작아져 아는 것이 없게 된다.
〔其出彌遠 其知彌少〕 기출미원 기지미소

이러하므로 성인은 행하지 않아도 알고, 보지 않아도 이름을 짓고, 하지 않아도 이루어 낸다.
〔是以 聖人不行而知 不見而名 不爲而成〕 시이 성인불행이지 불견이명 불위이성

도움말

제47장은 인간이 왜 자연의 도를 떠나서는 안 되는지를 알려 주는 장이다. 몸과 마음이 허명虛明하는 것이 어떤 경지인지를 헤아리게 한다. 허명하면 일에 임해 바를 수 있다. 왜냐하면 사욕私欲을 떠난 마음은 밝고 맑을 수 있기 때문이다. 그러면 생각도 맑고 밝아 행동 또한 그러해진다.

규규規窺는 엿보는 것을 뜻한다.

유牖는 바라지창이다.

미원彌遠의 원遠은 바깥 것들을 알려고 찾아 나서는 것으로 이해하면 된다.

기지미소其知彌少의 지知는 명지明智의 지智를 뜻한다. 지智는 사물을 알려고 하는 앎[知]이고 명明은 자기를 알려고 하는 앎이다. 근본[體]은 명明이고 말단[用]을 지智로 보는 것이 동양의 지식관이다.

제48장 잃는 것 가운데 얻는 것이 있다

배움[爲學]과 터득[爲道]의 두 갈래

학學이란 무엇인가? 그르침을 깨우치는 것[覺非]이다. 다산茶山 정약용은 이렇게 말했다.

《대학大學》에 보면 격물치지格物致知란 말이 있다. 격물이란 사물을 살피고 따져 보는 것이요, 치지란 적당히 아는 것이 아니라 철저하고 완전하게 아는 것이다.

공자에게 앎[知]이란 무엇이냐고 물었을 때 "아는 것을 안다고 하고[知知之] 모르는 것을 모른다고 하는 것이[不知不知之] 앎이다[知也]" 라고 응답했다. 공자가 《대학》의 격물치지를 밝혀 준 셈이다.

공자와 노자는 서로 다른 길을 걸었다. 공자는 위학爲學의 길을 걸었고 노자는 위도爲道의 길을 걸었다. 그래서 노자는 자연을 잊지 말라고 했고 공자는 인간을 잊지 말라고 했다.

노자의 무기無己는 자연을 잊지 말라는 것이다. 인간이 자연이 되기 위해 먼저 자기를 없애라고 노자는 말하고 있다. 공자의 수기修己는 인간임을 잊지 말라는 것이다. 인간이 인간답게 되기 위해 자기를 닦으라고 공자는 말하고 있다.

배우고 배워 때때로 익히니〔學而時習之〕 이 또한 즐겁지 않느냐〔不亦說乎〕! 이것이 공자의 터득〔修〕이다. 그러므로 공자의 터득은 곧 배움〔爲學〕인 셈이다. 인간임을 배워서 자기를 이겨내려는 것이 곧 공자의 극기克己인 셈이다. 생각을 일으키고〔興〕, 세세히 살펴보고〔觀〕, 시비를 가려 따지고〔怨〕, 서로 무리를 지으며〔群〕, 알게 된 것〔識〕을 많게 하는 것이 공자의 학문學文이요, 호학好學이다.

노자는 인간의 것〔文〕을 배우는 짓이 인간을 괴롭힌다고 보았다. 그래서 이미 제18장에서 다음과 같이 선언했다.

성인인 체하는 짓을 끊어 버리고 바깥 지식을 버려라〔絶聖棄智〕. 어진 체하는 짓을 끊어 버리고 옳은 체하는 짓을 버려라〔絶仁棄義〕. 기교를 부리는 짓을 끊어 버리고 이익을 탐하는 짓을 버려라〔絶巧棄利〕.

노자는 지식이 많다는 식자識者들을 믿지 않는다. 겉모습은 세련되고 깔끔하지만 마음속을 들여다보면 시궁창의 썩은 냄새처럼 갖은 음모를 꾸미고 수작을 부리며 자기 옹호를 일삼고 자기 몫만 챙기는 데 혈안이 되어 있다고 보았던 것이다.

세련되게 심신心身을 치장하려고 땀을 흘리지 마라. 있는 그대로 내버려두라〔質樸〕.

질박質樸은 산비탈에 서 있는 나무와 같고, 기교技巧는 목공이 나무를 잘라서 다듬어 낸 함지박과 같다.

무위자연無爲自然이란 무엇인가? 함지박이 되지 말고 나무가 되라는 것이다. 이러한 경지가 노자의 터득〔爲道〕이다.

그러나 공자의 위학爲學은 배움을 더해 세련된 함지박을 만들어 내자고 한다. 이것이 공자의 호학好學이다.

하지만 노자의 위도爲道는 함지박을 만들어 내려는 지식의 배움을 철저하게 덜어서 비워 내는 터득인 것이다. 이러한 터득을 장자는 "즐거움은 텅 빈 것에서 나온다[樂出虛]"라고 했다. 이는 배우고 배워 때때로 익혀[學而時習之]서 온다는 즐거움과 아주 다르다. 왜 다른가? 노자의 다음과 같은 말을 들어 보면 짐작할 수 있다.

배움은 매일매일 불어나고[爲學日益], 터득은 매일매일 줄어든다[爲道日損]. 줄이고 또 줄여 무위에 이르게 되므로[損之又損以至於無爲], 무위는 억지로 하지 않을 뿐 하지 못할 것이 없다[無爲而無不爲].

세 노인이 탑골 공원에서 쉬고 있었다.

그중에 한 노인이 입을 열었다.

"요즘은 세 살 때까지 에미의 품안을 떠나지 않으려고 보채던 아이라도 네 살만 되면 할아버지의 품안을 찾아."

왜 그러냐고 옆에 앉은 노인이 물었다.

"네 살 때부터는 어머니가 이것저것을 배우게 하지만 할아버지는 언제나 손자와 놀아 주는 까닭이지."

이렇게 이유를 말한 노인은 여섯 살인 자기 손자의 일과를 다음처럼 도란거렸다.

"며느리가 아이를 유치원에 보내는 것은 이해하겠어. 유치원 갔다 오면 제 원대로 놀게 내버려두어야 하는 것 아닌가. 그런데 아이가 놀 시간이 없어. 오후에 그 어린것이 학원 세 곳을 드나들어야 한단 말이야. 피아노 학원에 가서 피아노 치는 법을 배우고, 속셈 학원에 가서 셈하는 법을 배우고 나면 아이의 간담을 키워야 한다면서 태권도 학원에 보내는 거야."

다른 두 노인들이 쓸쓸해하며 맞장구를 쳐 주었다.

"손자놈이 날마다 파김치가 되겠구먼."

"그렇지. 여기서 자네들과 놀다가 손자 녀석이 태권도 학원에서 나올 시간에 맞추어 날마다 내가 업으러 간단 말이야. 손자를 태권도 학원에서 데려오는 일은 내가 하겠다고 며느리와 약속했지. 지칠 대로 지친 녀석이 내가 등을 내놓으면 염치 불구하고 업힌단 말이야. 손자놈은 큼직하지만 무겁지가 않아."

두 노인이 다시 맞장구를 친다.

"오죽하면 업히겠나."

"집 근처에 와서 내려놓지. 그 녀석은 병약한 편이야. 그래서 나는 손자가 쉬어야 하고 놀아야 한다는 생각을 버릴 수 없어. 결국 며느리에게 아이를 좀 놀게 하라고 했더니 몇 달 있으면 초등학교에 가야 하기 때문에 준비해 두어야 한다며 시아버지 말을 그냥 받아넘기고 말더군."

두 노인이 중간에 말을 끊었다.

"단단히 말하지 그랬어!"

"요새 젊은것들이 늙은이 말을 듣나? 오히려 무식하다는 게야. 밤만 되면 손자 녀석이 제 방에서 안 자고 내 방에 와서 함께 자겠다고 하지. 그래서 같이 자리에 누워 손자놈과 이야기를 나누지. 나 요즘 그 재미로 산다고 해도 과언이 아니야."

두 노인이 물었다.

"자네마저 선생 노릇한단 말인가?"

"아니야. 나는 묻고 손자놈이 대답을 하지. 피아노 학원에 가면 재미있냐? 없어요. 왜? 내 맘대로 피아노를 가지고 놀지 못하게 하니까요. 속셈 학원에 가면 어떠냐? 재미없어요. 할아버지는 하나, 둘, 셋이라고 했는데 속셈 학원에서는 일, 이, 삼이라고 해요. 보태기, 빼기를 배우는데 귀찮아요.

태권도 학원에서는 운동하며 놀겠네? 아니예요. 태권도 시합에 나가 이기려면 더 열심히 해야 한다면서 쉬지 못하게 해요. 네가 하고 싶은 것은 뭐냐? 엄마에게 나 학원에 보내지 말라고 할아버지가 말해 주세요. 내 맘대로 놀고 싶단 말이에요."

이렇게 노인이 손자와의 대화 내용을 말해 주자 다른 두 노인이 손자를 놀게 해 주라고 채근했다.

현대 사회는 유치원에 꼬마를 보내는 것은 또래들과 놀 수 있는 시간을 주는 데 그 목적이 있다는 것을 모른다. 유치원도 무엇인가를 열심히 배우게 하는 학교쯤으로 여기는 것이다.

꼬마가 제 마음대로 실컷 놀고 싶다고 하소연하는 것은 노자의 길로 통하지만, 꼬마가 학원에 가서 무엇인가를 배우도록 독촉하는 것은 공자의 길을 잘못 알고 있는 욕심일 뿐이다.

공자는 학문學文을 하라고 했지 학문學問을 하라고 한 것은 아니다. 학문學文은 인간이 되는 법을 배우는 것이고, 학문學問은 그저 단순히 사물을 배우는 것이다.

꼬마가 학원에 가서 더하기, 빼기를 배우면 산수 공부가 되어 수학數學이란 학문學問의 시작이 될지는 모르지만, 인간이 되라는 학문學文에 보탬이 되는 것은 아니다.

그러나 할아버지의 품에서 일, 이, 삼, 사가 아니라 하나, 둘, 셋을 배우면서 할아버지의 사랑을 손자가 알고 느끼고 즐기면 학문學文의 위학일익爲學日益으로 통하는 셈이다.

그러나 손자가 제 마음대로 놀게 내버려두어야 한다는 할아버지의 생각은 위도일손爲道日損으로 통한다. 어린 목숨의 즐거움은 어디에 있는가? 먹고 싶을 때 먹고, 놀고 싶을 때 놀고, 자고 싶을 때 자는 것이며 이것이 꼬마의 자연自然이요, 무위無爲이다.

꼬마의 목숨이 누리는 즐거움은 놀이이다. 그 놀이는 억지로 시켜서 노는 것이 아니라 제 뜻대로 놀게 하는 것이다. 어린것에게까지 인생의 즐거움을 빼앗는다면 참으로 슬픈 일이다.

현대인의 생활이 왜 막막하고 답답하며 옹색한가? 인생이 짐이 되고 있는 까닭이다.

공자의 말을 제대로 듣고 새기면 인생을 짐 되게 하는 짓을 좀 벗어 버릴 수 있고, 노자의 말을 듣고 새기면 그런 짓들을 완전히 벗어 버리고 홀가분해질 수 있다.

학문學問을 뒤로하고 학문學文을 앞세우면 그만큼 인생의 짐이 가벼워질 것이다.

공자의 학문學文에는 나를 다스려 이겨내는 예락禮樂이 있는 까닭이다. 그러나 공자의 위학爲學에는 인간이 되는 법〔禮〕을 마음속에 채우고 행하라고 하므로 인생에 고삐를 달아 둔다.

노자의 위도爲道에는 인생을 붙잡아 맬 고삐라는 것이 없다. 청운의 꿈을 품고 천하를 다스릴 학식으로 무장한 군자를 쓸어 내고 있는 까닭이다. 절성기지絶聖棄智가 바로 그것이다. 있는 그대로 그냥 삶을 맞이한다면 인간의 삶과 민들레의 삶이 무엇이 다를 것인가!

그래서 노자나 장자는 문화의 품을 떠나 자연의 품에 안기라고 한다. 특히 장자는 자연은 소의 네 발과 같고 문화는 소의 코를 뚫어 걸어 둔 코뚜레와 같다고 말하고 있다.

인생을 짐 되게 하지 않으려면 인생의 코에 걸린 코뚜레를 걸어 내면 될 것이다. 이를 노자는 제48장에서 손損이라고 했다.

매일매일 손해를 보라. 현대인에게 이렇게 말하면 아무도 듣지 않을 것이다. 그러면 망한다고 믿는 까닭이다. 매일매일 이익을 올리자. 이렇게 말하면 현대인은 누구나 박수갈채를 보낸다.

그러나 이익이 나면 날수록 욕심은 정비례해서 불어난다. 욕심이 목구멍까지 차면 어느 목숨이나 숨이 차는 법이다. 살려고 부렸던 욕심이 목숨을 해치고 나서야 욕심꾸러기 짓을 후회한다. 이것이 인간의 어리석은 미망迷妄이 아닌가! 노자는 이런 바보 같은 짓을 말라는 것이다. 그래서 손해를 보라고 했다.

이익을 노리고 일을 하면 항상 뜻대로 되지 않는다. 서로 노리고 다투고 시샘하는 까닭에 일이 제대로 풀리지 않고 꼬인다. 그러나 이익을 탐하지 않고 버린다면 안 될 일이 없다.

허공에는 숨쉴 바람이 있고 산천에는 마실 물이 있지만 값을 따져 숨을 쉬게 하거나 물을 마시게 하지 않는다.

이와 같은 경지에 이르는 것을 노자는 손지우손損之又損이라고 했다. 이는 무위와 자연을 해석하고 있음이다.

그러나 현대인은 노자의 말이나 공자의 말을 듣지 않으려고 한다. 현대인은 문화를 성취했을지는 몰라도 자연을 잃었으며, 물질을 취하는 대신 가장 소중한 인간을 잃었기 때문이다.

말로만 인간주의를 내세울 뿐 인간주의의 담보를 철저하게 물질이란 잣대로 재려고 하며 자원과 자본은 많을수록 좋다는 욕심의 야망에 사로잡힌 현대인은 노자가 밝혀 주는 터득〔爲道〕의 길에서 벗어난지 이미 오래이다. 그래서 현대인은 힘의 지배를 받아 항상 불안하며 목숨의 소중함을 헤아릴 줄 모르고 벼랑에 서 있는 심정으로 살아간다.

그러나 물질문명의 코뚜레가 인간의 코만 욱신거리게 하는 것이 아니라 날이 갈수록 심장까지 아프게 하려고 한다.

본래 인간은 영악하지만 손톱 밑이 아프면 당장 알아도 심장이 곪는 것을 아는 데는 시간이 걸린다. 심장이 곪아 있음을 알게 되면 인간은 노자의 다음과 같은 말을 귀담아들어 줄 것이다.

천하를 얻은 자〔取天下者〕는 항상 억지로 만들어 내는 일이 없어야 한다〔常以無事〕. 억지로 만들어 하는 일이 있으면〔及其有事〕, 천하를 얻어 다스린들 만족할 수가 없다〔不足以取天下〕.

부디 정치를 술수의 예술이라고 하지 마라. 그리고 물질의 풍요가 행복의 보증수표라고 말하지도 마라. 잃어버린 인생의 즐거움을 어디에 가서 찾을 것인가? 바로 내가 내 마음속의 짐을 끊고〔絶〕 버리는〔棄〕 길에 있다. 그 길을 노자는 위도爲道라 했고 그 위도는 인간의 짓을 더하는 것이 아니라 덜어 내는 것〔損〕이라고 했다. 이러한 손損의 모습을 장자는 "빈방이 햇빛을 낳는다〔虛室生日〕"라고 했던가!

원문
의역

배움은 매일매일 불어나고, 터득은 매일매일 줄어든다. 줄이고 또 줄여 무위에 이르게 되므로, 무위는 억지로 하지 않을 뿐 하지 못할 것이 없다.

〔爲學日益 爲道日損 損之又損以至於無爲 無爲而無不爲〕 위학일익 위도일손

그러므로 천하를 얻은 자는 항상 억지로 만들어 내는 일이 없어야 한다. 억지로 만들어 하는 일이 있으면, 천하를 얻어 다스린들 만족할 수가 없다.

〔故取天下者 常以無事 及其有事 不足以取天下〕고취천하자 상이무사 급기유사 부족이취천하

도움말

제48장은 배우는 것〔爲學〕과 터득하는 것〔爲道〕이 각각 어떤 것인지를 헤아리게 하는 장이다. 그 다름을 익益과 손損으로 밝히고 있다. 손익損益을 계산해서 타산을 따져 이익을 취하고 손해를 버리려고 하는 짓이 얼마나 인생을 괴롭게 하는지를 살펴보게 하는 장이다. 손해 보는 것이 곧 이롭다는 것을 무위無爲에서 발견할 수 있음을 제48장은 말해 준다.

위학爲學은 바깥 지식 즉 사물에 대한 지식을 쌓으려는 견문見聞의 길을 뜻한다. 위학은 박식博識과 총명聰明을 기린다.

위도爲道는 무엇보다 마음을 온전하게 하고 덕을 함양해 마음을 맑고 밝게 해 무심하고 무욕한 천지의 이치를 터득하려 함을 뜻한다. 어리석어 보이기도 하고〔若愚〕 꾸밈새가 없어 보이기도 하고〔若拙〕 사사로운 정으로 기울어지거나 어긋난 짓을 멀리하면서 천지의 허정虛靜을 터득해 가는 것이 위도爲道의 길인 셈이다.

익益은 더하는 것이요, 불어나게 함이다.

손損은 더는 것이요, 줄어들게 함이다.

취천하자取天下者는 세상을 다스리는 자를 뜻한다.

무사無事는 억지스러운 일을 저지르지 않음이요, 유사有事는 일을 도모하고 일을 벌여 명리名利를 의도하는 짓이다.

제49장 성인에게는 선악이 따로 없다

덕은 선하게 하고 미덥게 한다

도道가 있으므로 이理가 있고 덕德이 있으므로 선善이 있다. 이 말을 옛 현자들은 믿고 따랐으며 생존의 길잡이로 삼았다. 현자란 누구인가? 그는 학식이 많은 이가 아니라 후덕한 사람이다.

후덕한 사람은 어떠한가? 달다고 삼키고 쓰다고 뱉지 않으며 인생의 길을 허물지도 않으며 새로 트지도 않는다. 그는 스스로를 하염없는 나그네라고 여기며 산다. 인생은 목숨의 여행인 셈이다. 이것이 현자에게는 생존의 모습이고 그 모습 속에 삶의 이치가 숨어 있다. 그러므로 산다는 것은 걸어가야 할 삶의 길이 있게 마련이다.

생존의 이理란 무엇일까? 흐르는 물이 앞을 다투지 않는 것[流水不爭先]처럼 그렇게 인생을 살아가는 것이다. 그러한 삶의 걸음걸이는 곁길이나 샛길을 탐하지 않고 지름길 따위를 넘보지 않는다. 그냥 하염없이 목숨의 길을 걷는다. 인간의 목숨이 가는 길이 따로 있지는 않다. 목숨의 길을 인간만 유별나게 가는 것은 아니다.

목숨의 길은 인간이든 초목이든 물고기든 산짐승이든 날짐승이든 가릴 것 없이 다 함께 더불어 가는 길이라고 현자는 생각한다.

불가의 불살생不殺生과 노자의 포일抱一은 다를 바가 없다. 모두 다른 목숨을 제 목숨처럼 소중히 여기고 사랑하라는 말씀인 까닭이다. 그래서 노자는 득일得一하라고 한다. 그 하나(一)는 무엇인가? 어렵게 말하자면 도생일道生一의 일一일 것이고 좀 쉽게 말하자면 만물을 차별하지 말고 한결같이 보라는 하나이다. 그 하나에는 선악善惡이 없다. 이러한 경지에 이른 인간은 무기無己의 인간이요, 진기盡己의 인간이다.

노자가 말하는 성인은 현자의 모범이고 공자가 말하는 성인은 군자의 모범이다. 현자는 정치를 멀리하고 군자는 정치를 개혁하려고 한다. 그래서 군자는 먼저 제 몸을 닦고(修身), 집안을 단속하며(齊家), 나라를 경영하고(治國), 천하를 태평하게 하는(平天下) 길을 걷자고 한다. 그러나 현자는 밤이면 별을 보며 놀다 자고, 낮이면 밭에서 일을 하며 산천과 더불어 산다. 현자가 사는 이러한 모습을 노자의 무위자연無爲自然이라고 여기면 될 것이다. 이렇게 사는 현자이므로 그를 숨어사는 사람(隱者)이라고도 부른다. 그러나 은자隱者를 홀로 사는 이라고 여기지 마라. 은자는 보통 사람들과 함께 묻어 표 내지 않고 없는 듯이 산다.

군자는 천하를 다스릴 생각을 세우려고 하지만 현자는 목숨을 소중히 하는 생각을 간직한다. 군자는 청운의 꿈을 가꾸지만 현자는 그러한 꿈의 씨앗 따위조차 심지 않는다. 군자는 궁궐의 문턱을 염두에 두지만 현자는 초야에 묻혀 풀벌레와 더불어 백성과 어울려서 드러나지 않게 산다. 자기를 앞세우려고 하거나 드러내지 않으므로 현자는 자기가 없는 자(無己)요, 살아가는 일에 정직하고 충실하므로 현자는 자기를 다하는 자(盡己)이다.

노자는 군자가 치자로 나서는 것보다 치자들이 현자의 마음을 닮아 세상을 다스리기를 바란다. 왜 세상에는 많은 치자들과 별별 제도들이 다 있는데도 태평성대는 오지 않고 난세亂世로만 이어지는가? 이에 대하여 노자는 한탄했고 슬퍼했다. 그래서 노자는 다음과 같은 말을 남겨 성인이 어떻게 세상을 다스릴 수 있는지 밝혀 두었다.

성인은 어떠한 이념 따위도 갖지 않고 백성의 마음을 자기의 마음으로 삼는다[聖人無常心以百姓之心爲心]. 그래서 선한 것은 성인을 선하게 하고[善者吾善之], 선하지 않는 것은 오히려 성인을 더욱 선하게 한다[不善者吾亦善之]. 이것이 덕의 선이다[德善矣]. 그리고 다시 신실한 것은 성인을 신실하게 하고[信者吾信之], 신실치 못한 것은 오히려 성인을 더욱 신실하게 한다[不信者吾亦信之]. 이것이 덕의 신실이다[德信矣].

그는 서울에 있는 모 여고의 교사이며 이남일녀를 둔 가장이다. 첫아들은 똑똑하지만 둘째아들은 좀 모자랐다. 그는 둘째의 이름을 운명이라고 지어 주었고 가족들도 그렇게 불렀다. 열네 살이 넘었지만 운명은 유아원 아이만도 못해 집 안에서만 맴돌 뿐 바깥 세상으로 나가려 하지 않는다.

가족들은 운명이를 천치, 바보라고 제껴 놓는 한편 제일 많이 아낀다. 운명이 때문에 아들, 딸이 학교에서 빨리 돌아온다. 그도 퇴근 시간이 되면 집으로 빨리 돌아간다. 가족들이 그렇게 하는 것은 온종일 운명이의 뒷바라지를 하는 어머니를 돕기 위해서이다.

하루는 어머니가 피치 못할 일이 생겨 운명이를 잠깐 집에 혼자 두어야 했다. 어머니는 운명이에게 곧 돌아올 테니 집 안에 가만히 있으라고 신신당부를 하고 집을 비웠다.

홀로 있던 운명이는 갑자기 어머니가 보고 싶어졌다. 그래서 잠긴 문을 열지 못해 담을 넘어서 집 밖으로 나갔다. 없어진 어머니를 찾아야 한다는 생각을 했던 모양이다.

일을 바삐 마치고 돌아온 어머니는 운명이가 없어진 것을 알고 학교로 남편에게 전화를 걸었다. 연락을 받은 그는 얼굴이 하얗게 질리면서 망연해했다. 그렇게 그는 멍하니 의자에 앉아 있다가 교감선생의 허락을 맡고 집으로 달려갔다. 아내가 운명이를 찾아 나선 탓으로 집에는 아무도 없었다.

그도 무작정 운명이를 찾아 나섰다. 이 골목 저 골목을 운명이를 부르며 찾아다녔다. 이미 날은 저물었다. 탈진해 집으로 돌아온 그가 잠긴 문을 두드리자 딸 아이가 나오며 운명이를 찾았다고 소리 쳤다.

부리나케 집 안으로 들어가며 운명이를 불렀다. 울음 섞인 목소리로 아버지를 부르는 소리가 그의 귀에 닿았다. 그 순간 그는 마당에 푹 주저앉고 말았다. 큰놈이 나와 부축해 방 안으로 들어간 그는 부둥켜안고 서로 매만지며 울고 있는 모자를 보았다. 온 가족이 운명이를 껴안고 아무 말 없이 울먹였다.

이들이 흘리는 눈물이 성인의 마음이요, 덕의 선이며 덕의 신信이다. 원래 부모의 심정은 모자란 자식을 더 사랑하는 것이 아닌가! 이러한 마음이 곧 성인의 마음이다.

세종 임금은 백성을 어여삐 여기는 마음을 지녀서 후세에 성군이란 소리를 듣고 연산군은 임금 노릇을 행패로 채우고 말아 폭군 소리를 듣는다. 세종은 성인의 마음에 가까이 가려 했던 것이고 연산군은 떠나 버렸던 것이다. 임금이 부모처럼 한다면 어느 백성이 자식 노릇을 못할 것인가!

살인을 저지른 아들일지라도 그 어미는 미워하지 못한다. 다만 사랑하므로 애통해할 뿐이다. 그러나 법은 그렇지 않다. 잘하면 상을 주고 못하면 벌을 주는 것이 법이다. 성인의 마음에는 법이 없다. 다만 목숨을 소중히 하고 사랑하는 마음씨가 덕으로 있을 뿐이다.

어떤 마음씨가 덕인가? 그것은 무상심無常心이다.

무상심을 변덕스런 마음으로 생각하지 마라. 변덕을 부리는 마음도 제 욕심을 앞세워 그렇게 하는 마음씨이고 고집을 부리는 마음도 제 탐욕에 빠져 있는 마음씨이다. 무상심은 무심無心이요, 무욕無欲이요, 무기無己이며, 진기盡己의 마음가짐일 뿐이다.

치자여! 상심常心을 굳히지 마라.

치자에게 상심이 굳어지면 이념理念이 된다. 조선조의 치자들에게 주자학朱子學이 굳어져 그들은 공론空論에 빠졌고, 백성은 굶주렸으며, 급기야 녹을 받아 영화를 누렸던 대신들이 왕조를 팔아 넘기는 매국문서에 도장을 찍고야 말았다. 왜 그렇게 조선왕조는 나약했던가? 백성이 등을 돌렸던 탓으로 조선은 벼랑에서 헤매다가 결국 나락으로 떨어진 셈이었다.

산하가 쑥대밭이 되었고 사람의 목숨이 개값만도 못했던 6·25를 생각해 보라. 김일성의 상심이 사회주의 혁명이란 이념으로 굳어져 그런 지경에 이르렀던 것이다.

치자의 굳은 이념은 통치권을 제 마음대로 누리기 위하여 총칼이나 권력으로 힘의 그물을 치고 백성을 멸치 떼처럼 여기고 잡아들여 제 입맛대로 백성을 젓갈처럼 담가 버리는 짓에 불과할 뿐이다. 이러한 치자의 통치욕은 백성을 위하는 것이 아니라 백성을 부려먹는 채찍질에 불과할 뿐이다.

만일 한 나라의 대통령이 그 나라 백성의 마음을 자신의 마음으로 삼는다면 그 나라는 망할 것도 없고 못살 이유도 없다. 백성을 배불리 먹여 준다고 다 되는 것은 아니다. 우선 백성의 마음을 편케 해 주어야 한다. 백성은 불안과 공포를 일삼는 폭정暴政을 싫어한다. 그래서 백성은 치자의 상심을 물잔 옆에 놓인 비상처럼 여긴다.

치자여! 덕선德善을 아는가?

노자는 왜 의를 버리라[絶棄]고 했나? 의義는 시비의 선악을 분별하고 차별하는 까닭이다. 옳다는 것[是]이 정해지면 옳지 못한 것[非]이 걸려들게 마련이다. 이것이 세상 물정이다. 행복이 시是라면 불행은 비非가 되고 부富가 시라면 빈貧은 비가 된다. 시비를 가리자고 하는 것이 의義이다. 그러나 권력은 의義를 편리하게 길들이려고 한다. 그래서 충신도 생기고 간신도 생기며 역적도 생기는 것이 아닌가! 어디 이뿐인가! 의義라는 것이 힘에 길들여지면 법도 거미줄이 된다. 거미줄에는 벌레만 걸려들지 새는 차고 날아간다는 것을 백성이 가장 잘 안다.

덕선은 무엇인가? 시비의 선악으로 분별되는 선이 아니라 선 그 자체일 뿐이다. 밥만 귀하게 여기고 똥을 더럽다고 천하게 여기는 것은 시비의 선악일 뿐이다. 그러나 밥이 고마운 것처럼 똥도 고맙다고 여기면 그것이 곧 덕선이다.

건강함은 선이고 병약함은 악인가? 시비의 선악은 그렇다고 단정한다. 그러나 덕선은 건강함도 선하게 하는 것이고 병약함도 선하게 함을 깨우치게 한다. 병약한 자식을 둔 어미는 건강을 되살려 주려고 더욱 애를 쓴다.

목수는 곧은 소나무를 보면 좋은 것(善)이라 하고, 굽어 비뚤어진 소나무를 보면 나쁜 것(惡)이라고 한다. 이렇게 말하는 것이 시비의 선악이다. 그러나 덕선은 굽고 비뚤어진 소나무가 선산을 지켜 준다는 속담을 헤아리도록 한다. 이처럼 덕선은 선하지 않는 것(不善)을 뿌리치지 않고 선한 것으로 돌려 놓는다. 그러므로 덕선의 품안에 들면 무엇이든 선이 된다.

치자여! 덕신德信을 아는가?

왜 주민등록증이 있고 왜 인감증명은 있는가? 진위를 가려서 확인하려고 있는 것이다. 그러나 따지고 보면 못 믿어서 그러한 것들이 생겨난다. 호적만 있으면 될 일인데 별별 증명서들이 다 있다. 불신의 시대인 까닭이기도 하다.

옛날에는 마패를 찬 암행어사가 등장하면 관아官衙가 떨었던 것처럼 이제는 사정의 바람이 불면 관청官廳이 떤다. 그러나 백성은 어사의 말발굽 소리에 속이 후련했고 이제는 사정의 바람이 태풍처럼 불수록 시민들은 순풍이 분다고 박수를 보낸다. 왜냐하면 백성은 가장 밝은 귀와 눈을 지녔고 맑은 마음을 지닌 까닭이다.

사슴은 뫼풀이 아니면 먹지 않고 호랑이는 날고기가 아니면 먹지 않는다. 먹을 것과 먹지 못할 것을 안다면 배탈이 날 리가 없다.

젖먹이는 배고프면 울고, 배부르면 자고, 어디가 아프면 보챈다. 하늘을 우러러 한 점 부끄럼이 없다면 젖먹이 같은 심성心性을 지닌 것이다. 이러한 심성에는 참과 거짓이 따로 있지 않다. 거짓이 없다면 숨길 것도 없고 감출 것도 없으며 돋보이게 드러낼 것도 없다. 엄살을 피울 것도 없고 궁상을 떨 것도 없다. 수면水面을 보라. 바람이 불면 물결이 일고 바람이 자면 물결을 거둔다. 심성이 이렇다면 그것은 곧 덕신인 것이다.

믿게 히려고 호들갑 떨지 마라. 믿어 보라고 추적거리지 마라. 믿을 만하다고 눈짓을 던지지도 마라. 봄이 가면 여름이 오고 가을이 가면 겨울이 오지 않느냐고 덕신은 반문한다.

마음이 성실하고 충실해 당당하다면 그만이다. 속마음이 천지 앞에 떳떳하다면 그것이 곧 덕신이다. 부실不實은 드러나게 마련이고 불충不忠은 잡히게 마련이다. 부실을 뉘우쳐 성실로 돌려 놓고 불충을 깨우쳐 정중하게 하는 것이 덕신이 아닌가? 그러므로 덕신의 품 안에 들면 신임과 불신이 따로 없이 모든 것은 성실하고 충실할 뿐이다. 왜냐하면 덕은 속일 줄 모르고 감추거나 숨길 줄 모르며 훔칠 줄 모르는 까닭이다.

성인의 마음은 무엇인가? 무상심無常心이요, 덕선德善이며, 덕신德信이라고 노자는 밝혀 둔 셈이다.

힘을 믿고 앞세워 백성에게 군림하는 치자治者의 치인治人과 성인의 치은은 다르다. 성인은 작은 생선을 굽듯이 정성과 두려운 마음으로 세상을 조용히 백성의 마음에 맞추어 두는 까닭이다. 이렇게 정치를 한다면 백성이 사는 세상이 다음처럼 될 수밖에 없는 것이 아닌가!

성인이 천하에 있으매[聖人在天下], 성인은 아무것에도 집착하지 않는 마음으로 천하를 위하여 그 마음을 다 쏟는다[歙歙焉爲天下渾其心]. 그래서 백성은 모두 성인의 이목을 주시하게 되고[百姓皆注其耳目], 성인은 모든 백성을 어린아이같이 순진하고 순박하게 한다[聖人皆孩之].

성인은 어떠한 이념 따위도 갖지 않고 백성의 마음을 자기의 마음으로 삼는다. 그래서 선한 것은 성인을 선하게 하고, 선하지 않는 것은 오히려 성인을 더욱 선하게 한다. 이것이 덕의 선이다. 그리고 다시 신실한 것은 성인을 신실하게 하고, 신실치 못한 것은 오히려 성인을 더욱 신실하게 한다. 이것이 덕의 신실이다.

〔聖人無常心以百姓之心爲心 善者吾善之 不善者吾亦善之 德善矣 信者吾信之 不信者吾亦信之 德信矣〕 성인무상심이백성지심위심 선자오선지 불선자오역선지 덕선의 신자오신지 불신자오역신지 덕신의

성인이 천하에 있으매, 성인은 아무것에도 집착하지 않는 마음으로 천하를 위하여 그 마음을 다 쏟는다. 그래서 백성은 모두 성인의 이목을 주시하게 되고, 성인은 모든 백성을 어린아이같이 순진하고 순박하게 한다.

〔聖人在天下 歙歙焉爲天下渾其心 百姓皆注其耳目 聖人皆孩之〕 성인재천하 흡흡언위천하혼기심 백성개주기이목 성인개해지

도움말

제49장은 성인聖人의 마음을 살펴보게 하는 장이다. 성인은 백성의 마음을 제 마음으로 삼는다. 이러한 밝힘이 주목된다. 무상심無常心과 덕선德善과 덕신德信이 자기를 없애는 것〔無己〕과 자기를 다하는 것〔盡己〕의 경지임을 헤아리게 하는 장이다. 그리고 제49장은 유가의 '나를 닦고 백성을 다스린다〔修己治人〕'의 경지도 무기無己를 떠나 이루어질 수 없음을 따져 보게 한다.

무상심無常心의 상심常心은 변함이 없는 주의, 주장을 말한다. 이념理念:ideology 따위를 생각하면 이해가 될 것이다.

덕선德善은 선악의 시비是非를 따지게 되는 선善이 아니라 덕의 작용을 뜻하는 선이다. 덕에는 선악의 분별이 없다.

덕신德信은 진위眞僞의 시비를 따지게 되는 신信이 아니라 덕의 관계를 뜻하는 신이다. 덕에는 믿음과 의심의 분별이 없다.

개주기이목皆注其耳目의 기이목其耳目은 성인이 듣고 있는 것과 성인이 보고 있는 것을 뜻한다.

해지孩之는 갓난아이같이 한다는 뜻이다. 갓난아이에게는 사私도 없고 욕망도 없이 본성 그대로이다. 해지를 무심무욕無心無欲으로 새겨들어도 될 것이다. 제37장의 사사로운 욕심으로 무슨 짓을 내려고 하면[化而欲作] 나는 그렇게 하려는 백성을 무명의 박으로 진정시킬 것이다[吾將鎭之以無名之樸]를 상기한다면 이해가 될 것이다. 무명지박無名之樸은 무위자연을 의미하고 박樸은 나뭇등걸 그 자체를 비유해서 말하는 순박하고 질박함을 뜻한다.

제50장 왜 목숨을 소중히 해야 하는가

동양의 생사관生死觀을 보라

생生은 나오고 사死는 들어간다. 이것이 동양의 생사관이 지닌 요체이다. 즉 동양의 생사관은 생사의 출입出入인 셈이다.

생은 어디서 나오고 사는 어디로 들어가는가? 나오는 곳도 하나요, 들어가는 곳 또한 하나이다. 그 하나란 무엇인가? 공맹孔孟은 천天이라 했고 노장老莊은 도道라고 했다. 다만 유가는 생을 중심으로 인간의 성명性命을 밝히려 했고 도가는 생사의 관계를 중심으로 자연의 천명天命을 밝히려고 했다.

유가는 생의 가치만을 밝히려고 한다. 그것이 공맹의 인의仁義인 셈이다. 그러나 도가는 생사의 근원을 밝히려고 한다. 그것이 노자의 도생일道生一의 일一이다.

도생일의 일을 천명으로 보아도 될 것이요, 일생이一生二의 이二를 성명性命으로 보아도 될 것이다.

천명은 오고가는 것〔來去〕이 아니요, 음양陰陽의 동정動靜을 떠나 있으니 하나〔一〕이며, 성명은 오고가는 것이요, 음양의 동정을 떠날 수 없는 까닭에 둘〔二〕인 셈이다.

음양의 동정이란 무엇인가? 성명性命의 조화이며 변화이다. 생사가 곧 그러한 변화이다. 그러한 변화를 무상無常이라고도 하고 생성과 소멸이라고 부르기도 한다.

천명에서 성명을 받아 나의 생명이 된다. 그래서 나의 생명은 나의 것이 아니다.

내가 오는 것[來]은 내 뜻이 아니요, 하늘의 뜻이며 내가 가는 것[去] 또한 내 뜻이 아니요, 하늘의 뜻이다. 내가 오는 것을 나에게 부여된 생生이라 하고, 내가 가는 것을 나에게 부여된 사死라고 한다. 이러한 생각이 동양의 생사관을 푸는 열쇠가 된다.

생生이란 무엇인가? 성명性命이 오는 것[來]이다. 사死란 무엇인가? 성명이 가는 것[去]이다.

성명의 성性은 양陽에 속하고 명命은 음陰에 속한다. 성명이 오면 동動이요, 성명이 가면 정靜이다. 그러므로 성명의 생사는 오고감[來去]이요, 움직임과 고요함[動靜]이라고 새겨도 된다.

천명은 미운 것 고운 것 따져 성명性命을 주지 않으며, 귀한 것 천한 것 따져 성명을 주는 것도 아니다.

그래서 장자는 "여희麗姬를 미녀라고 하지 마라. 여희가 못가에 서면 물고기는 그녀가 징그러워 숨는다"고 했다. 성명의 입장에서 보면 천하의 절색이라는 양귀비도 하나의 암컷일 뿐이다.

목숨[生命]을 성명에서 보면 인간의 생사나 지렁이의 생사나 다를 바가 없다. 그러므로 목숨을 소중히 하라는 것이다. 이 말은 바로 노자의 포일抱一로 통한다. 불가의 불살생不殺生도 무릇 모든 목숨을 소중히 하라는 말이 아닌가!

성명 그 자체를 이기理氣라고도 한다. 그러나 인간의 성명은 그 이기에다 기질氣質을 더한다. 그래서 기질은 부모에게 받고 이기는 천명에게 받는다고 하는 것이다.

인간의 기질을 칠정七情 육욕六欲으로 가름하기도 한다. 노자도 인간의 기질을 그렇게 보았던가? '열에 셋이 더 있다[十有三]'는 묘한 말이 그런 짐작을 하게 한다.

이러한 기질 때문에 인간은 생명을 마치 제 것인 양 소유하려고 발버둥치기도 하고 헌신짝처럼 버리기도 한다. 죽지 않으려고 불사약不死藥을 찾는 짓이나 제 목숨을 제 손으로 잘라 버리는 자살이 서로 다를 바가 없다.

보약으로 오래 살려고 몸부림치는 것도 기질 탓이요, 자살하는 것도 인간의 기질 탓이다. 보약을 찾는 새를 보았는가 아니면 자살하는 토끼를 보았는가? 사람 이외는 그 따위 짓을 하지 않는다.

오로지 인간만이 칠정七情 육욕六欲 탓으로 목숨을 소중히 할 줄 모른다. 그래서 노자는 다음처럼 밝히고 있다.

나오는 것이 생이요, 들어가는 것은 사이다[出生入死]. 살아가는 무리에는 열에 셋이 더 있으며[生之徒十有三], 죽어 가는 무리에도 열에 셋이 더 있고[死之徒十有三], 인간의 삶이 움직여 죽음의 곳으로 가는 것에도 역시 열에 셋이 더 있다[人之生動之死地者 亦十有三]. 왜 그런 것인가[夫何故]? 그렇게 살아서 사는 일을 후하게 하는 까닭이다[以其生生之厚].

폭군은 간신을 만나면 기뻐한다. 간신은 달콤한 사탕을 폭군의 입에 넣어 주는 재주를 가진 까닭이다. 폭군은 충신을 만나면 화를 낸다. 충신은 쓰디쓴 소태를 폭군의 입에 밀어 넣는 일을 맡아서 하기 때문이다.

이처럼 제 입에 달면 기뻐하고[喜], 제 입에 쓰면 노여워[怒]한다. 어디 폭군만 그러한가? 인간이 다 그러하다.

전쟁은 승패勝敗의 갈림길을 긋는다. 패장敗將은 싸움에 진 것을 슬퍼하며, 원수를 갚겠노라 애끓이고, 이를 갈며 이길 날을 기다린다. 승장勝將은 싸움에 이긴 것을 자랑하고, 빼앗은 전리품을 병졸에게 나누어주며 패할 때도 있다는 것을 잊는다.

이처럼 패배하면 슬퍼하고[哀], 원수를 갚자고 앙심[懼]을 품는다. 어디 패장만 그러한가? 인간이 다 그러하다.

상거래는 손익損益을 따져 속셈한다. 살 사람은 값을 깎기를 좋아하고 값이 올라가는 것을 싫어한다. 팔 사람은 값을 올리기를 좋아하고 값이 내려가는 것을 싫어한다.

이처럼 이익이 나는 것을 좋아하고[愛], 손해가 되는 것을 싫어하며[惡] 살아가는 물정을 저마다 제 마음에 맞추어 저울질한다. 어디 상거래에만 인간이 그러한가? 살아가는 일 모두에 그러하다.

몸무게는 알면서 욕심의 무게는 모른다.

산 원숭이의 골을 빼먹고, 곰 발바닥을 도려내 먹는 짓은 식욕食欲이 미친 것이다.

아내는 한낮에 집을 나가 서방질을 하고, 남편은 밤낮으로 밖에 나가 계집질을 하는 짓은 성욕性欲이 미친 것이다.

고관에게 뇌물을 주면 안 될 일이 되고, 말단에게 급행료를 주면 질질 끌던 일이 곧장 해결되며, 교사에게 촌지를 갖다 바치면 성적이 올라간다는 요지경은 물욕物欲이 미친 것이다.

옛사람들은 생生의 칠정七情을 희로喜怒와 애구哀懼, 애오愛惡, 욕欲으로 밝혀 이를 멀리하며 절제하자고 했다. 그러나 요즘 사람들은 칠정을 곁에 두고 서슴없이 남용한다. 그래서 목숨이 다치고 병들어 아프고 천해지고 만다.

어디 인간에게 식욕과 성욕과 물욕이란 욕심만 있는가? 육욕六欲이 인간의 목숨에 족쇄를 채우며 욕심의 불길이 주리를 틀고 탐욕의 꾸러미를 엮어 내며 용트림한다.

혀〔舌〕는 말을 짓고 맛을 밝혀 탐한다.

한 혀로 참말도 하고 거짓말도 지껄인다. 맛이 나면 혀를 빨고 맛이 없으면 혀를 뱉는다. 이처럼 인간의 욕심은 용렬하다.

코〔鼻〕는 냄새를 밝히고 탐한다.

향기가 나면 코를 벌름거리며 좋다고 호들갑을 떨고, 구린내가 나면 코를 쥐고 더럽다며 오두방정을 떤다. 이처럼 인간의 욕심은 용렬하다.

눈〔眼〕은 멋을 찾고 밝혀 탐한다.

눈에 들면 가지려고 눈독을 들인다. 심하면 훔치고 감추고 숨긴다. 눈 밖에 나면 버리고 눈살을 찌푸린다. 심하면 눈을 깔고 노리며 약점을 찾는다. 이처럼 인간의 욕심은 용렬하다.

귀〔耳〕는 쓰거나 달콤한 말을 가려 밝히고 탐한다.

좋은 말은 빈말이라도 고맙게 듣고, 싫은 말은 참말이라도 고깝게 든는다. 이러한 귀 때문에 말 한마디로 천냥 빚을 갚는다는 엉뚱한 속담이 생겼고, 말 잘해서 밑질 것이 없다는 속된 말도 생겼다. 이처럼 인간의 욕심은 용렬하다.

몸〔身〕은 편안함과 호사를 찾아 헤매고 탐한다.

몸은 서 있는 것보다 앉기를 바라고, 앉는 것보다는 눕기를 원하므로 꾀를 부리고 힘든 일이 있으면 지름길을 찾는다. 그리고 옷이 날개라며 비싼 옷 비싼 보석으로 치장하여 돋보이게 하려고 한다. 이런 욕심 탓으로 빛 좋은 개살구란 속담이 생겼다. 이처럼 인간의 욕심은 용렬하다.

인간은 갖가지로 도모하려는 뜻[意]이 유리하냐 불리하냐를 따져 잔꾀를 꾸며 내려고 한다. 시비를 걸고 차별을 내세워 맞고 틀림을 판가름하려고 아는 척한다. 고집과 편견 그리고 독단이 서로의 다리를 끊어 버리고 등 돌리게 한다. 제 뜻에 맞으면 한패라 추어올리고 엇나가면 멱살을 잡자고 한다. 이처럼 인간의 욕심은 용렬하다.

옛사람들은 눈[眼], 귀[耳], 코[鼻], 혀[舌], 몸[身], 그리고 뜻[意]을 욕심을 채우는 구멍이라고 했다. 그 구멍들이 크면 클수록 마음속의 욕심 보따리가 무거워져 사는 일이 짐이 된다고 여겼다. 그러나 요즘 사람들은 그 구멍을 최대한으로 늘여서 욕심 보따리가 천하를 다 싸 버릴 만큼 커졌지만 작다고 아우성이다.

현대인에게 만족하느냐고 물어보면 모두 한목소리로 불만투성이라고 할 것이다. 왜 그러느냐고 물어보면 희로애구애오욕喜怒哀懼愛惡欲의 칠정과 안이비설신의眼耳鼻舌身意의 육욕을 다 못 채워 그렇다고 할 것이다. 이러니 현대인은 행복할 수가 없다. 왜냐하면 욕심의 갈증은 한강의 물을 다 마셔도 풀리지 않는 까닭이다.

노자의 십유삼十有三이란 묘한 구절을 위와 같이 칠정七情 육욕六欲을 곁들여 새겨 보면 왜 인간이 영악스러우면서도 어리석은지를 헤아릴 수 있다.

불가에서도 "어리석은 사람은 스스로 얽매인다[愚人自縛]"고 한다. 인간은 제 욕심이란 것이 스스로 제 자신을 묶어 버리는 동아줄이란 것을 몰라 결국 칠정 육욕의 덫에 걸려든다. 이 얼마나 어리석은가!

노자의 십유삼十有三을 어떻게 헤아리면 될까? 한사코 생명의 소유욕所有欲을 암시한다는 느낌이 든다. 왜냐하면 다음과 같은 말이 마음에 들어오기 때문이다.

내가 들어 본 바로는[蓋聞], 목숨은 내 것이 아니라 나에게 맡겨진 것이라 생각하고 잘 지키는 자[善攝生者]가 육지에 나가서도 외뿔소나 호랑이를 만나지 않으며[陸行 不遇兕虎], 전쟁터에 가서도 복병에게 피습을 당하지 않는다[入軍不被甲兵].

양생養生을 하는 사람은 몸만 튼튼하면 생명은 저절로 제 것이 된다고 착각하는 자이다. 그러나 섭생攝生을 잘하는 사람은 마음속 욕심을 비우면 몸은 덩달아 가벼워지고 본래 생명이란 제 것이 아니라 천명이 맡긴 것을 잘 지녔다가 천명이 요구하면 고스란히 반납한다는 생각을 지닌 자이다.

그렇게 살아서 사는 일을 후하게 한다[以其生生之厚]라는 구절과 생명은 내 것이 아니라 나에게 맡겨진 것임을 잘 지키는 자[善攝生者]라는 구절을 견주어 보라. 생지후生之厚는 양생이지 섭생은 아니다. 양생은 칠정 육욕에 걸려든 삶이요, 섭생은 칠정 육욕을 넘어선 삶이다.

내 목숨은 내 것이므로 내 마음대로 한다는 사람은 함부로 사는 사람이다. 그런 사람은 외뿔소의 날카로운 뿔보다 더 무섭고, 호랑이의 날카로운 발톱보다 더 무섭고, 숨어서 적의 목숨을 노리는 복병의 총부리보다 더 무섭다. 그래서 목숨을 내놓은 사람 옆에는 가지 말라고 하는 것이다.

제 목숨만 소중하고 남의 목숨을 모른 척하는 사람을 냉혈한冷血漢이라고 한다. 돈을 받고 사람을 죽이는 총잡이 같은 치가 바로 냉혈한이다. 제 몸 하나 호사하려고 남의 목숨을 험하게 하는 이들은 십유삼十有三에 걸려 사는 무리들이다.

왜 이 세상은 한사코 빈익빈 부익부의 골을 파며 아파하는가? 십유삼十有三의 무리들이 얽히고 설켜 있는 까닭이 아닌가! 그러므로 제 목숨만 후하게 하려는 욕심이 탈이다.

섭생은 목숨 그 자체를 소중히 하라는 말이다. 그리고 내 목숨이 내 것이 아니라 하늘의 것임을 받아들인다. 섭생하는 사람은 파리의 목숨도 하늘의 것이요, 풀잎의 목숨도 하늘의 것이라고 여긴다.

왜 섭생자攝生者에게는 다음과 같은 일이 일어나는가?

외뿔소는 제 뿔로 섭생을 잘하는 이를 받아치는 일이 없으며〔兕無所投其角〕, 호랑이도 발톱을 드러내 그를 할퀴는 일이 없으며〔虎無所措其爪〕, 복병은 쥐고 있는 칼날로 그를 해치는 일이 없다〔兵無所容其刃〕.

이에 대하여 노자는 다음처럼 풀이해 준다.

목숨을 제 것으로 집착하지 않는 섭생자에게는 죽을래야 죽을 곳이 없기 때문이다〔以其無死地〕.

이처럼 섭생자는 천명에 따라 나와서〔出〕 살다가〔生〕 천명에 따라 가고〔去〕, 죽는다〔死〕. 이것이 동양의 생사관生死觀이다. 태어나자 갓 죽은 영아가 장수한 것이고 칠백 년을 살다 죽은 팽조彭祖가 요절한 것이라고 장자가 말한 것은 곧 이러한 생사관을 풀어 준 말이다.

동양의 생사관은 천명天命이 성명性命을 내리고 인간은 그 성명을 받아 목숨을 누린다는 것이다.

그래서 천지는 하나의 여인숙이요, 인간은 거기 머물다 가는 나그네라고 하지 않는가! 그러나 제 목숨이 제 것인 양 인간들은 칠정七情 육욕六欲에 걸려들어 제 목숨만 잘 누리면 그만이라고 호언하고 별짓을 다해 아방궁을 지으려고 아우성을 친다.

그러나 생사의 출입은 아무것도 소유하지 않는다. 빈손으로 왔다가(空手來) 빈손으로 간다(空手去)고 하지 않는가!

이처럼 동양의 생사관은 우리를 후련하게 하고 생사의 운명과 숙명을 인간의 소유가 아님을 깨우치게 한다.

原文의譯

나오는 것이 생이요, 들어가는 것은 사이다.
〔出生入死〕 출생입사

살아가는 무리에는 열에 셋이 더 있으며, 죽어 가는 무리에도 열에 셋이 더 있고, 인간의 삶이 움직여 죽음의 곳으로 가는 것에도 역시 열에 셋이 더 있다.
〔生之徒十有三 死之徒十有三 人之生動之死地者 亦十有三〕 생지도십유삼 사지도십유삼 인지생동지사지자 역십유삼

왜 그런 것인가? 그렇게 살아서 사는 일을 후하게 하는 까닭이다.
〔夫何故 以其生生之厚〕 부하고 이기생생지후

내가 들어 본 바로는, 목숨은 내 것이 아니라 나에게 맡겨진 것이라 생각하고 잘 지키는 자가 육지에 나가서도 외뿔소나 호랑이를 만나지 않으며, 전쟁터에 가서도 복병에게 피습을 당하지 않고, 외뿔소가 제 뿔로 섭생을 잘하는 이를 받아치는 일이 없으며, 호랑이가 발톱을

드러내 그를 할퀴는 일이 없고, 복병은 쥐고 있는 칼날로 그를 해치는 일이 없다는 것이다.

〔蓋聞 善攝生者 陸行 不遇兕虎 入軍不被甲兵 兕無所投其角 虎無所措其爪 兵無所容其刃〕개문 선섭생자 육행 불우시호 입군불피갑병 시무소투기각 호무소조기조 병무소용기인

왜 그런 것인가? 섭생자에게는 죽을래야 죽을 곳이 없기 때문이다.

〔夫何故 以其無死地〕부하고 이기무사지

도움말

제50장은 동양의 생사관生死觀을 생각해 보게 한다. 인간의 욕정欲情이 생명을 소유물처럼 착각하게 만든다. 그런 착각 탓으로 인간은 망령된 행위를 빚어 제 목숨을 소중히 할 줄 모른다. 이러한 착각에 빠지지 말라는 것이 제50장이 밝혀 주는 무위의 삶〔生之〕이 섭생攝生임을 깨우치게 한다. 섭생의 참뜻을 살피는 것이 제50장의 요체이다.

출생입사出生入死에서 출입出入은 생사는 도가 나왔다 들어가는 것임을 뜻하고 있으며, 출出은 무無에서 유有로 나가는 것으로 그것이 곧 생生이고, 입入은 유가 무로 들어가는 것으로 그것이 곧 사死임을 뜻한다.

십유삼十有三은 열 가운데 셋이 있다고 옮길 수도 있지만 열에 셋이 더 있다고 새겨 십삼十三으로 보고 칠정七情과 육욕六欲을 암시한다고 이해했으면 한다.

동지動之의 지之는 어디로 향해서 간다는 뜻이다.

선섭생자善攝生者의 섭생攝生은 내 생명은 내 것이 아니라 나에게 맡겨진 것으로 믿고 목숨을 돌보는 것이다. 그러므로 섭생은 양생養生과는 다르다. 양생은 제 목숨을 제 것으로 생각하고 소중히 하려는 관점이다. 그러나 섭생은 하늘이 목숨을 맡겼다고 생각하는 관점이다.

시兕는 외뿔소이다.

조爪는 사나운 짐승의 발톱이다.

제51장 도道는 낳고 덕德은 길러 준다

왜 도덕을 높이고 받드는가

요즘 도덕 재무장이란 말이 심심찮게 들린다. 잃어버린 도덕을 찾자고도 한다. 노자가 이런 말을 듣는다면 싱겁게 웃을 것이다. 말이 안 되는 말만을 하고 있기 때문이다.

인간은 도덕을 재무장할 수도 없고 잃어버릴 수도 없다. 도덕은 인간의 장치도 아니며 도구도 아니다. 그러므로 인간에게 도덕은 다시 갖추어질 수 없는 것이요, 다시 고쳐서 쓸 수도 없는 것이다. 다만 인간들이 도덕이 무엇인지를 잊어버리고 도덕 재무장이나 도덕 찾기란 말만 할 뿐이다.

인륜人倫을 재무장하자고 한다면 그 말은 일리가 있다. 왜냐하면 인륜이란 인간다워짐을 말하는 까닭이다. 그러나 현대인은 인륜을 재구성하기도 어렵다. 인륜을 갖자면 무엇보다 물심物心의 균형이 앞서야 하는데 현대인은 이미 그러한 균형을 깨뜨렸다. 그래서 인간의 물질화는 이미 위험수위를 넘은 지 오래이다.

과학문명과 물질문명, 과학주의와 물질주의 이런 말들은 다 같은 맥락을 띠고 있는 사고에서 비롯된다. 그 맥락이란 어떤 것일까? 사실事實인 것만이 진실이고 신비神秘는 거짓이라는 발상發想의 이념이다. 이보다 더 무서운 이념은 없다. 인간이 알 수 있는 사실만 진실로 맞을 뿐 인간이 알 수 없는 신비는 거짓이고 틀렸다는 독단을 인간에게 심어 주기 때문이다. 바로 이러한 인간의 독단이 곧 인간의 물질화를 빚어낸다.

현대인은 사실 확인이라는 잣대로 모든 것을 재려고 하며 그 저울로 달아 보려고 한다. 그래서 신비를 미신으로 치부하려고 한다. 그러나 신비는 과학 너머에 있으므로 잴 수 없고 달 수도 없다.

노자가 밝힌 덕선德善과 덕신德信은 신비를 잊지 말라는 경고와 같다. 덕선과 덕신이 인간을 갓난아이처럼 해 준다는 말을 새겨들으면 짐작이 간다. 갓난아이는 사고하지 않는다. 있는 그대로의 목숨이다. 갓난아이 그 자체의 목숨을 소중히 하는 마음은 곧 신비로 통한다. 그래서 노자는 도를 배우지 말고 터득하라고 했다. 신비는 인간이 알 수 없고 모르는 경지일 뿐 거짓이 아니라는 것을 터득하는 것이 노자의 덕선이요, 덕신인 셈이다.

목숨의 신비를 떠나서는 인류가 길을 잃는다고 동양은 보았다. 왜냐하면 생명은 천명天命이고, 인륜은 천륜天倫이기 때문이다. 천명이나 천륜은 신비지 사실은 아니다. 이러한 신비는 인간으로 하여금 '흙에서 나와 흙으로 돌아간다'거나 '생명은 하늘이 내린다'라는 목숨의 생사를 진실로 받아들이게 한다.

동양의 인륜이 지닌 요체는 무엇인가? 그 요체는 '아버지는 낳고 어머니는 기른다(父生母慈)'에 있다. 아버지가 나를 낳았다고 생각하는 현대인은 없다. 어머니의 뱃속에 있는 자궁에서 나온 사실만을 확인하는 까닭이다. 그리고 현대인은 아버지의 정자와 어머니의 난자가 합쳐져 만들어진 것이 자기라고 단언한다.

왜 동양에서 생명은 천명이고 인륜은 천륜이라고 했는가? 도덕道德과 천지天地와 음양陰陽과 부모父母를 한 줄기로 본 까닭이다. 이처럼 신비가 사실을 낳는다. 현대인은 이러한 진리를 잊었기 때문에 인간이란 목숨을 마치 기계의 구조인 것처럼 생각한다. 이 얼마나 무서운 현대인의 물질화인가! 그러므로 신비가 사실을 낳는다는 믿음〔德信〕을 떠나서는 도덕의 재무장도 안 될 일이요, 인륜의 확립도 어려운 일이다.

도덕이란 무엇인가? 만물을 낳아 주고 길러 주는 것이다.

인륜이란 무엇인가? 사람이 도덕을 소중히 한다는 것이다.

도덕을 소중히 하는 것은 무엇인가? 목숨을 소중히 하는 것이다.

왜 목숨을 소중히 하는가? 내 목숨은 내 것이 아니라 나에게 맡겨진 것이므로 소중히 한다.

무엇이 맡겼는가? 도덕이요, 천지가 맡겼다.

'목숨은 맡겨진 것이므로 소중하다.' 여기서 인륜은 출발한다. '내 목숨이 소중하면 남의 목숨도 소중하다.' 이것이 인륜이 밝히는 가치의 근본이다. 이러한 근본을 공자는 인의仁義로 밝혔다. 그러나 노자는 인륜을 인간의 중심〔人爲〕에 두지 말고 자연의 중심〔無爲〕에 두라고 했다.

'남의 목숨을 소중히 하라.' 공맹孔孟의 유가는 남〔他〕과 사람〔人〕을 중심으로 보았지만, 노장老莊의 도가는 만물을 하나로 본 '남'이었다. 그러나 신비를 잊고 물질화된 현대인은 제 목숨만 소중히 하려고 발버둥치면서 남의 목숨을 가볍게 보려고 한다. 이 얼마나 공포스러운 일인가! 인간이 이러한 공포에서 해방되려면 신비가 사실을 낳는다는 이치를 다시 터득해야 할 것이다. 그 터득의 비밀이 노자의 다음 말 속에 숨어 있다.

　도는 낳고[道生之], 덕은 길러 주고[德畜之], 만물은 모습을 지니며[物形之], 형세가 이루어진다[勢成之]. 이러하므로[是以] 만물은 도덕을 높이 받들지 않을 수 없다[萬物莫不尊道而貴德]. 도를 받들고 덕을 귀하게 하는 것은[道之尊德之貴] 무릇 그렇게 하라고 해서 따르는 것이 아니라 언제나 절로 그럴 뿐이다[夫莫之命而常自然].

　이제 손금[手相]을 보고 운명을 읽지 않는다. 다만 지문指紋을 보고 범인을 찾아내려고 한다.

　손금을 운명으로 보려는 눈은 신비를 그리워하지만 지문을 증거로 삼는 눈은 사실만 보려고 한다. 목숨을 신비롭게 여기면 목숨을 소중하게 다루지만 목숨을 사실로 따지고 들면 쓸모에 따라 다룬다.

　이제 아버지는 하늘이고 어머니는 땅이라는 말을 믿지 않는다. 그리고 아버지는 생명의 씨앗이고 어머니는 생명의 밭이란 말도 믿지 않는다. 왜 믿지 못하는가? 신비롭기 때문이다.

　남자의 정자와 여자의 난자가 합쳐져 생명이 만들어진다는 말은 사실로 받아들인다. 그리고 염색체가 단백질을 구성해 갖가지 생명을 합성해 낸다고 말하면 믿는다. 왜 믿는가? 과학적이기 때문이다.

　현대인은 동물원에 가서 원숭이를 구경한다고만 생각한다. 철망 안에 갇힌 원숭이가 철망 밖에 서 있는 인간을 구경하는 것이라고 말하면 웃는다. 천지에 인간의 목숨만 있고 다른 모든 것은 물질이라고 여기는 까닭이다. 물질은 무엇인가? 인간이 자연을 잊었다는 증거이다.

　한 스님이 조주 스님에게 다음처럼 물었다.

"여러 장님들이 코끼리를 만지고 제 각각 다른 말을 했다는데 무엇이 진짜 코끼리입니까?"

조주 스님이 대답했다.

"가짜 코끼리란 없으며 알지 못한 것은 바로 너다."

현대인은 이러한 선문답禪問答을 말장난이라고 일소에 붙인다. 사실은 여러 갈래로 말을 낳고 신비는 하나로 통한다. 이를 현대인은 알려고 하지 않는다. 왜 그런가? 없는 것〔無〕은 알 필요가 없고 오직 있는 것〔有〕만 알면 된다고 여기는 까닭이다. "생사生死를 말하지 마라. 사는 것〔生〕만 문제일 뿐이다." 현대인은 이렇게 선언한다.

불가의 불佛은 사실로 알 수 없는 것이고 도가의 도道 또한 사실로 알 수가 없다. 불은 생사를 떠나라고 하고 도는 생사를 갈라놓지 말라고 한다. 생사를 떠난다는 것도 하나의 신비요, 생사를 함께한다는 것 또한 하나의 신비이다.

신비란 무엇일까? 출생 이전과 이후를 생각하라. 그 이전은 신비요, 그 이후는 사실이다.

다시 신비란 무엇일까? 사망 이전과 이후를 생각하라. 그 이전은 사실이요, 그 이후는 신비이다.

죽지 않는다고 고집하는 것도 망할 짓이고, 죽어도 좋다고 여기는 것도 망할 짓이다. 망할 짓이란 어리석음〔迷妄〕의 끝장이 아닌가! 그래서 현명한 사람은 순리대로 하고〔明者無爲〕 어리석은 사람은 스스로를 묶는다〔愚人自縛〕고 하는 것이다. 왜 현명한 사람은 순리로 사는가? 산다는 것도 제 것이 아니며 죽는 것 또한 제 것이 아님을 아는 까닭이다.

도생지道生之는 내가 태어났다고 여기지 말라는 뜻이다. 나를 태어나게 했다는 것[生之]을 새겨 보라는 말과 같다. 부모가 나를 낳았다고만 생각할 것이 아니라 그 부모가 천지와 같다고 생각하라는 뜻이다. 이처럼 사실을 신비와 결합해 생각해 보라. 그러면 사람은 누구나 순박해진다.

덕축지德畜之는 나 자신이 크다고 여기지 말라는 뜻이다. 나를 크게 해 주는 것이 무엇인지를 생각해 보라는 말과 같다. 밥을 먹어야 살고 물을 마셔야 살며 숨을 쉬어야 산다. 천지가 나를 살게 한다고 여기면 인생은 신비롭고 내가 벌어들인 것으로 산다고 여기면 인생은 사실이다. 인생을 사실로 보면 인생을 소유하려 하고 인생을 신비로 보면 인생을 베풀게 된다. 소유하면 각박하고 잔인하다. 그러나 베풀면 훈훈하고 담담하다. 이처럼 인생을 신비로 여기면 사람은 누구나 넉넉해진다.

물형지物形之는 나만 존재한다고 여기지 말라는 뜻이다. 나와 너, 우리가 있음을 알라. 어디 사람만 있는가! 있는 것은 삼라만상이 아닌가! 만물 중에서 인간만 귀하고 인간 중에서 나만 귀하다고 여기지 말라는 뜻이다. 몸을 받아 있게 된 것을 고마워한다면 귀천을 따져 분별하거나 차별하지도 않을 것이다. 인간의 평등만 주장할 것이 아니다. 만물의 평등을 주장하라는 뜻이다. 인간의 몸이나 참새의 몸이나 천지의 입장에서 보면 같다고 여기면 바로 그것이 신비이다. 이처럼 산다면 아무도 싸우지 않는다.

세성지勢成之는 생사를 따로 생각하지 말고 함께 생각하라는 뜻이다. 성을 쌓는 것도 이룩하는 것[成之]이요, 성을 허무는 것도 이룩하는 것이다. 이처럼 세勢라는 것은 흥망興亡을 함께 생각할 것이요, 성쇠盛衰를 따로 생각하지 말 것이며, 생성과 소멸을 별개로 보지 말라는 뜻이다. 왜냐하면 음양의 교합交合이 세勢이며, 시작을 이루는 것〔成始〕은 생生의 세이고 끝맺음을 이루는 것〔成終〕은 사死의 세이다. 세勢를 노자의 말을 빌린다면 궁즉변窮則變이요, 변즉통變則通이다. 다하면 변하고〔窮則變〕 변하면 통한다〔變則通〕는 것이 세이다. 이러한 세勢의 성지成之를 알고 산다면 아무도 다투지 않는다.

인간에게서 왜 도덕이 떠날 수 없는가? 제51장에서 노자가 말한 도생지道生之, 덕축지德畜之, 물형지物形之, 세성지勢成之를 곰곰이 헤아리면 천지에서 독불장군처럼 살려고 하는 인간을 부끄럽게 할 것이며, 그러한 부끄러움이 인간을 얼마나 무모하지 않게 하는지를 깨우칠 것이다.

도덕은 그러한 깨우침에 뿌리를 둔다. 현대인들이 말하는 인륜人倫:morality의 가지를 제대로 뻗게 해야 인간이 독식하는 세상의 아픔을 고칠 것이 아닌가!

참으로 천지에는 신비롭지 않은 것이 없다. 모래알도 신비롭고 풀잎도 신비롭고 풀잎에 대롱거리는 이슬방울도 신비롭고 이슬을 피해 곰실거리는 벌레도 신비롭고 가만히 서서 그 모습들을 바라보는 인간도 신비롭다. 인간이 이러한 신비를 잊지 않는다면 인간은 좀 겸허해질 것이다. 현대인은 더 이상 오만해져서는 안 된다. 오만하면 도덕을 잊어버리기 때문이다.

현덕玄德을 아는가

노자의 말을 듣다 보면 불가의 선문답禪問答을 듣는 것처럼 여겨질

때가 많다. 물론 불가의 길과 도가의 길이 한 갈래는 아니다. 가는 곳은 다르지만 서로 비슷한 걸음걸이를 보여 준다.

불가의 길에는 생사生死의 유무有無를 모조리 쓸어내 버리라는 해탈解脫의 빗자루가 있다. 불가는 그러한 빗질을 견성見性이라 한다. 온갖 인연의 고리를 끊어 다 쓸어내 버리면 부처가 된다[成佛]고 한다. 성불成佛의 경지를 무심無心이라 하고 그 무심이 곧 도[無心是道]라고 불가는 밝힌다.

도가의 길에는 생사生死와 유무有無가 서로 만나는 무위無爲의 푯말이 서 있다. 도가는 그 푯말을 포일抱一이라 한다. 포일의 경지를 무심無心이라 하고 그 무심이 곧 덕[無心是德]이라는 것이다.

도가의 무심도 무욕無欲이고 불가의 무심도 무욕이다. 그래서 불가의 말이나 도가의 말이 서로 맞물려서 들리는 경우가 많다. 불가의 선종禪宗 삼조三祖인 승찬 대사僧璨大師의 《신심명信心銘》을 읽으면 노자의 말이 되살아날 때가 많다.

움직임을 그쳐 그침으로 돌아가면[止動歸止] 그침은 다시 움직임이 된다[止更彌動].

이 말은 노자의 가고 오는 것[反者]을 되살려 준다.

슬기로운 자는 하는 짓이 없지만[智者無爲] 어리석은 자는 스스로 묶인다[愚人自縛].

이 말은 노자의 이름 없는 질박함[無名之樸]을 되살려 준다.

마음에 맞아들여 평등케 되어[契心平等] 짓고 짓는 짓들이 함께 쉰다[所作俱息].

이 말은 노자의 더할 바 없게 비워 내고[至虛極] 고요함을 지키기를 다하라[守靜篤]를 되살려 준다.

그치면서 움직이므로 움직임은 없고[止動無動] 움직이며 그치니 그침이 없다[動止無止].

이 말은 노자의 나아가는 도는 물러가는 듯하다[進道若退]를 되살려 주기도 한다.

물론 승찬 대사의 말이 노자의 말을 떠올리게 하지만 같은 길은 아니다. 노자는 도道의 길을 밟자고 하는 것이고 승찬 대사는 불佛의 길을 찾자고 하는 것이므로 걷는 길목이 다르다. 도가의 골목은 무위자연無爲自然이고 불가의 골목은 진여법계眞如法界가 아닌가!

부처의 경지에는[眞如法界] 남도 없고 나도 없다[無他無自]고 하듯이 승찬 대사는 '남도 없고 나도 없다'는 경지를 불佛이라고 했지만 노자는 그러한 경지를 도道라고 했다. 그리고 승찬 대사는 그러한 법계法界를 하나로 말미암아 둘이 있지만[二由一有] 그 하나마저도 지키지 말라[一亦莫守]고 말했다. 여기서 서로의 말이 되울려 주긴 하지만 도가의 골목과 불가의 골목이 다른 것임을 알 수가 있다.

불가의 골목에 있는 불佛은 하나마저도 지키지 말라고 하지만 도가의 골목에 있는 도는 하나를 낳고[道生一], 그 하나가 둘을 낳고[一生二], 그 둘이 셋을 낳고[二生三], 그 셋이 만물을 낳으며[三生萬物] 결국 우주 만물의 어머니[玄牝]가 된다고 했다. 이처럼 불가의 무심無心한 불佛은 만물의 생사를 부정하지만 도가의 무심한 도道는 만물의 생사를 긍정한다. 만물의 나고 죽음을 그대로 긍정하고 저마다 편히 살아가게 하는 것을 크고 큰 덕[玄德]이라고 한다. 현덕玄德은 도의 솜씨와 같다. 노자는 만물을 다루는 도의 솜씨를 다음처럼 밝히고 있다.

도가 만물을 낳으면[道生之], 덕은 키워 주고 자라게 하며 편안케 하고 보살펴 돌봐 준다[德畜之 長之育之 亭之毒之 養之覆之]. 그러나 도는 만물을 낳아 주되 갖지 않고〔生而不有〕, 해 주되 공치사를 하지 않으며〔爲而不恃〕, 길러 주되 간섭하지 않는다〔長而不宰〕. 이것을 현덕이라고 한다〔是謂玄德〕.

한 스님이 조주 대사에게 "무엇이 가장 급한 일이냐?"고 물었다. "오줌 누는 짓이 작은 일이긴 하나 내가 몸소 해야만 하는 일"이라고 조주 스님은 잘라 말했다.

오줌 누기를 불가의 귀로 들으면 마음을 찾는 일이고 도가의 귀로 들으면 덕을 찾는 일이다. 마려운 오줌을 누면 시원하지 않느냐? 오줌을 참으면 목숨이 괴로워한다. 마려운 오줌을 누어 버리면 목숨은 시원하다. 괴로운 것은 부덕不德이요, 시원한 것은 큰 덕〔玄德〕이다.

조주 스님이 새로 온 두 스님에게 물었다.

"둘은 이곳에 와 본 적이 있는가?"

한 스님이 와 본 적이 없다고 대답했다.

"차를 마시게."

다른 스님에게 와 본 적이 있느냐고 또 물었다.

"왔었습니다."

"차를 마시게."

절 살림을 맡고 있었던 원주 스님이 끼어들었다.

"와 보지 않았다는 사람에게 차를 마시라고 한 것은 차치하고서라도 왜 와 봤다는 사람에게까지 차를 마시라고 합니까?"

조주 스님이 "원주야!" 하고 불렀다. 원주가 "예" 하고 대답했다.

"차를 마셔라."

조주 스님은 새로 온 스님들에게 차를 팔았단 말인가? 팔았다면 얼마를 받아 이익을 남겼단 말인가?

조주 스님은 차를 마시라고 하되 아끼지도 않고 팔지도 않았다. 다만 원주 스님만 차를 아끼려고 했다. 부처를 파는 자도 있다. 그러면 차를 파는 셈이다. 부처를 찾는 자도 있다. 그러자면 차를 불상佛像 앞에 공양한다. 마음을 찾는 자도 있다. 그러자면 차를 제 목구멍으로 마셔야 한다.

"차를 마시고 마른 목을 축여라." 그러나 차맛이 어떻다고 말하지 마라. 안 될 소리〔戱論〕를 지껄이면 목이 마르다.

"차를 마셔라." 그러나 누구는 차를 마시게 하고 누구는 못 마시게 하지 마라. 이를 불가의 귀로 들으면 선禪이요, 도가의 귀로 들으면 덕德으로 들린다. 하늘에서 내리는 단비는 골라서 적시지 않고 만물의 마른 목을 고루 적셔 준다. 이보다 더 큰 덕〔玄德〕은 없다. 다만 불가의 선禪은 생사를 떠나자고 하지만 노자의 현덕玄德은 생사를 누릴 것이요, 즐거워하라고 한다.

암컷은 새끼를 낳고 젖을 먹여 키운다. 암컷이 새끼를 낳는 것은 도생지道生之요, 젖을 먹여 키우는 것은 덕축지德畜之인 셈이다. 만물이 도道에서 얻은 것을 덕德이라고 한다. 그래서 장자는 덕은 천지에 두루 통하는 것〔通於天地者德也〕이라고 했다.

온갖 목숨을 보라. 먹지 않고 사는 목숨은 없다. 물을 마시는 것도 먹는 것이요, 숨을 쉬는 것도 먹는 것이다.

배설하지 않고 사는 목숨도 없다. 똥만 누는 것이 아니라 오줌을 누는 것도 누는 것이요, 땀을 흘리는 것도 누는 것이다.

온갖 목숨이 먹고 누며 살다 죽을 수 있는 생사도 천지가 없으면 어디서 누릴 것인가! 온갖 먹이는 천지에 있는 것이 아닌가! 천지에 먹이가 있으므로 목숨이 있다. 그래서 덕이 온갖 목숨을 자라게 하고 〔長之育之〕, 편안케 하며〔亭之毒之〕 보살펴 돌봐 준다〔養之覆之〕고 하는 것이다.

인간이 살다 죽는 것도 현덕玄德이며, 곰팡이가 살다 죽는 것도 현덕이요, 피라미가 살다 죽는 것도 현덕이다. 양지를 살게 하는 것이고 양지를 죽게 하는 것이라고 여겨도 현덕은 생사의 훈훈한 뜻과 같다.

도덕을 높이고 받들어야 한다는 노자의 말을 이제 헤아릴 수 있을 것이다. 생사生死와 유무有無를 분별하지 않고 도덕을 분별하지 않는다는 것은 무엇인가? 음양陰陽이 각각 따로가 아니고 동정動靜이 따로가 아니며 허실虛實이 따로가 아님을 말해 준다. 도道의 덕德은 크다.

도덕은 왜 존귀하고 큰가?

낳아 주되 갖지 않는다〔生而不有〕를 생각해 보라. 천지는 있게 두되 소유하지 않는 것이 자연의 가짐〔有〕이다. 오직 인간만이 소유하려고 발버둥친다. 그래서 인간은 도덕을 훔친다. 덕은 갖지 않으므로 크고 인간은 무엇이든 제 것으로 가지려고 하므로 작아진다.

도덕은 왜 존귀하고 큰가?

해 주되 공치사를 하지 않는다〔爲而不恃〕를 생각해 보라. 천지는 목숨이 살도록 해 주지 않는 것이 없다. 이것이 자연의 행위〔爲〕이다. 오직 인간만이 제 몫을 크게 하려고 별별 꾀를 다 내고 다툰다. 그래서 인간은 도덕을 속인다. 덕은 공치사를 하지 않아 크고, 인간은 공치사를 일삼아 작아진다.

도덕은 왜 존귀하고 큰가?

길러 주되 간섭하지 않는다〔長而不宰〕를 생각해 보라. 천지는 온갖 목숨을 길러 주고 돌봐 준다. 이것이 자연의 기름[長]이다. 오직 인간만이 이익이 나면 길러 주고 손해가 나면 해치는 짓을 하며 간섭한다. 그래서 인간은 도덕을 유린한다. 덕은 간섭하지 않으므로 크고 인간은 간섭하므로 작아진다.

조주 대사趙州大師가 차를 마시라고 했던 것도 불가의 스님이 노자의 현덕玄德을 몸소 실천했던 셈이다. 차를 그냥 마시게 하는 사람은 없다. 차값을 치르게 하고 차값을 받고 나면 쫓아 버리는 것이 인생의 현실이다. 그래서 인생의 현실에는 도덕이 잊혀졌다.

原文
의역

도는 낳고, 덕은 길러 주고, 만물은 모습을 지니며, 형세가 이루어진다. 이러하므로 만물은 도덕을 높이 받들지 않을 수 없다.

〔道生之 德畜之 物形之 勢成之 是以 萬物莫不尊道而貴德〕 도생지 덕축지 물형지 세성지 시이 만물막불존도이귀덕

도를 받들고 덕을 귀하게 함은 무릇 그렇게 하라고 해서 따르는 것이 아니라 언제나 그냥 그럴 뿐이다.

〔道之尊 德之貴 夫莫之命而常自然〕 도지존 덕지귀 부막지명이상자연

도가 만물을 낳으면, 덕은 키워 주고 자라게 하며 편안케 하고 보살펴 돌보아 준다.

〔道生之 德畜之 長之育之 亭之毒之 養之覆之〕 도생지 덕축지 장지육지 정지독지

양지복지

그러나 도는 만물을 낳아 주되 갖지 않고, 해 주되 공치사를 하지 않으며, 길러 주되 간섭하지 않는다. 이것을 현덕이라고 한다.

〔生而不有 爲而不恃 長而不宰 是謂玄德〕 생이불유 위이불시 장이불재 시위현덕

도움말

제51장은 천지의 고마움이 곧 살게 하는 것임을 새겨 보게 하는 장이다. 도가 태어나게 하고 덕이 길러 준다는 것이 도덕관道德觀임을 밝혀 준다. 도덕관은 생生의 무륜無倫을 말한다. 무륜이란 무엇인가? 온갖 목숨의 평등을 말한다. 평등이란 무엇인가? 낳아 주되 갖지 않음이요, 길러 주되 갖지 않음이다. 그래서 평등은 존귀하다. 도덕은 만물을 평등하게 한다. 이렇게 제51장은 도덕이 존귀한 연유를 밝힌다.

도생지道生之의 생生은 만물의 생성生成을 뜻한다. 생生은 시작〔始〕이요, 성成은 끝맺음〔終〕이다.

덕축지德畜之의 축畜은 보살펴〔含緼〕 거두어 주고〔滋潤〕 보살피고〔輔翼〕 키워 주는〔陶成〕 것을 뜻한다.

물형지物形之의 형形은 있는 것이면 몸을 받고 그 받음은 도를 타고〔載道〕 덕을 타고〔載德〕난다는 뜻이다. 내 몸이 있다는 것은 도덕을 타고 태어난 셈이다.

세성지勢成之의 세勢는 자연의 작용〔機〕을 말한다. 음양陰陽의 조화造化가 곧 세이며, 성成은 생에서 사에 이르는 과정의 끝맺음을 뜻한다.

장지육지長之育之의 장長은 밤낮의 변화를 따라 자라는 것이요, 육育은 기氣를 받아 튼튼해짐을 뜻한다.

정지독지亭之毒之의 정亭은 휴식하는 것이며 독毒은 불편함을 구제해 준다는 뜻으로 편안함〔安〕을 뜻한다.

양지복지養之覆之의 양養은 천명天命이 내린 성명性命을 잘 보존하고 간직하는 것을 뜻하고 복覆은 상처를 고쳐 돌봐 줌을 뜻한다.

현덕玄德은 신비로워 알 수 없음을 뜻함이요, 이를 크다고 보아도 될 것이다.

제52장 천지를 어머니로 생각할 수 없는가

인간이여 욕망의 구멍을 막아라

덫이란 것이 있다. 덫에는 미끼가 걸려 있다. 욕심이 사나워지면 그 미끼가 목숨을 앗아 간다는 것을 모른다. 족제비는 말린 개구리 탓으로 덫에 치어 죽고 오소리는 썩은 개 꼬리 때문에 덫에 목이 졸려 죽는다. 말린 개구리나 썩은 개 꼬리는 명을 재촉하는 미끼인 셈이다. 인생에도 갖가지 미끼들이 한없이 많다. 천지에서 가장 험한 욕심꾸러기가 인간인 탓이다.

함정이란 것이 있다. 함정 밑에는 가시가 있게 마련이다. 멧돼지는 제 힘만 믿고 거칠게 달리다 함정에 빠져 죽는다. 먹이를 힘겹게 물고 가는 개미는 앞을 보지 못해 함정에 빠져 개미귀신의 밥이 된다. 함정은 약은 것이 어리석은 것을 잡는 꾀이다. 욕심이 꾀를 꼬드긴다.

인간의 꾀가 함정을 판다. 멧돼지는 인간이 파 놓은 함정에 빠지지만 인간은 제가 파 놓은 함정에 빠져 버리곤 한다. 제 도끼로 제 발등을 찍기도 하고 혹을 떼려다 하나 더 붙이는 꼴을 당한다. 욕심이란 마음속에 감추어 둔 소 잡는 칼과 같다. 그 칼날이 마음에 상처를 내서 곪게도 하고 썩게도 한다. 그래서 심하면 인간은 천하게 된다.

천한 인간을 소인배라고 부른다. 소인배는 왜 천한가? 저만 알고 남을 모르는 까닭이다. 소인배는 재주를 믿고 덕을 모른다. 그래서 소인배는 하룻강아지 범 무서운 줄 모르고 오두방정을 떤다. 오죽하면 재주만 앞서고 덕이 없다〔才勝薄德〕는 말이 생겼을까! 지식만을 믿고 겁이 없는 현대인이 모두 소인배의 무리에 든다고 한들 할 말이 없을 것이다.

하루살이는 밤중과 새벽이 있는 줄 모르고 매미는 가을과 겨울이 있는 줄 모른다. 인간의 짧은 지식을 두고 장자가 한 말이다. 물거품은 야단스럽지만 물 밑은 조용하다. 이처럼 근원을 헤아리는 사람은 조용하다.

근원을 헤아리는 사람은 왜 조용한가? 꽃을 보면 보이지 않는 그 뿌리를 생각하는 까닭이다. 근원은 언제나 숨고 말단이 드러난다. 물 위에 거품이 일면 물은 보이지 않고 거품만 보이는 것이 말단이다.

아는 것〔知〕에도 본말本末이 있다. 노자는 자기 속을 아는 것은 명〔自知者明〕이요, 자기 바깥을 아는 것은 지〔知人者智〕라고 밝혔다. 명明은 앎의 근본이며, 지智는 앎의 말단이다. 현대인의 지식은 명明을 버리고 지智만 쫓는다. 그래서 겉이 수수한 사람은 가까이하되 겉만 말끔하게 치장한 사람은 조심하라고 한다.

왜 열 길 물 속은 알아도 한 길 사람 속은 모른다고 하는가? 인간이 명明을 떠났기 때문이다. 그래서 인간의 마음속은 캄캄하고 어둡다. 마음속에 별별 바깥 지식〔智〕들만 기승을 부리고 얽히고 설켜 그렇다. 거울을 밝게 하려면 때를 벗기고 씻어 내야 한다. 밝고 맑은 마음의 귀는 다음과 같은 노자의 말을 새겨들을 줄 안다.

천하에 도가 있다[天下有始]. 그 도는 만물의 어머니이다[以爲天下母]. 이미 만물은 어머니를 두었으므로[旣得其母] 그 자식임을 안다[以知其子].

끊임없이 그 어머니를 모시면[復守其母] 일생 동안 위험을 당하지 않는다[歿身不殆]. 바깥 것을 알려는 구멍을 막고[塞其兌] 그 문을 막으면[閉其門] 일생 동안 애끓이며 바둥대지 않아도 된다[終身不勤]. 그러나 그 구멍을 열어 두고[開其兌] 바깥 일로 얽매이면[濟其事] 일생 동안 구제 받지 못한다[終身不救].

아편에 인이 박히면 좀도둑이 되고 술맛에 빠지면 망나니가 된다. 술꾼이 망나니가 되면 사람이 술을 마시는 것이 아니라 술이 인간을 마셔 버린다. 술에 미친 자가 술기운이 떨어지면 술 외에는 아무것도 보이지 않는다. 그래서 미친개처럼 된다.

성한 개는 밥 주는 주인을 알고 따른다. 그러던 개가 병으로 미치게 되면 밥 주던 주인을 물려고 한다. 술에 빠져 미친개처럼 된 아들 탓으로 애를 끓이며 사는 노파가 있었다.

노파에게는 약간의 재산이 있었다. 그 재산은 자식의 술값 밑천으로 줄어들어 갔다. 결국 자식의 술값을 대 주느라 이것저것 다 팔고 노파에게 남은 것이라곤 몸밖에 없었다.

술값이 있을 때는 자식놈이 집을 나가 술로 제 몸을 탕진하다가 술값이 떨어지면 허깨비처럼 집으로 돌아와 술 마실 돈을 내놓으라고 늙은 어미를 옥박지르곤 했다. 마을에서는 그 망나니 같은 아들놈을 멍석말이로 두들겨 패야 한다는 공론이 돌았다.

마을 사람들이 행패를 부리고 있는 망나니를 동네 마당으로 끌어냈다.

망나니가 미친개처럼 날뛰었지만 힘센 장정들을 이겨낼 수는 없었다. 새끼줄로 망나니를 칭칭 묶은 다음 멍석에 말아 보리타작을 하는 것처럼 도리깨채로 두들겨 팼다. 망나니는 죽는다고 비명을 질렀지만 마을 사람들은 네 놈은 죽어도 괜찮다며 몽둥이질을 계속 했다. 망나니는 멍석에 말린 채로 실신을 하고 말았다.

마을 사람들이 망나니를 멍석에서 끄집어낸 다음 찬물을 끼얹었다. 정신을 잃었던 망나니가 정신을 차렸다. 몰매를 맞아 온몸에 멍이 든 망나니를 향해 마을 어른이 으름장을 놓았다.

"한 번만 더 네 어미에게 술값 달라고 행패를 부리면 관아에 넘겨 버리고 말 것이다. 미친개만도 못한 놈!"

노파는 멀리서 제 자식이 멍석말이 당하는 꼴을 보고만 있었다. 사람들을 볼 면목이 없었던 것이다. 마을 사람들이 망나니를 내팽개치고 모두 물러간 다음 노파는 초죽음이 된 자식을 끌고 집으로 갔다.

"이놈아 그래도 술을 마시겠느냐?"

"술 없이 못 살아."

노파는 마지막 남은 비녀를 팔아 마련한 돈을 모두 망나니의 손에 쥐어 주었다.

"날이 밝으면 주막에 가서 술을 마셔라."

손 안에 돈이 쥐어지자 초죽음이 다 되었던 망나니는 밤 사이를 못 참고 비틀거리며 집을 나갔다.

한편 노파는 그날 밤 감나무에 목을 매고 죽었다.

마을 사람들이 노파의 주검을 관에 넣어 묻고 봉분을 만들어 주었다. 그리고 제 어미를 죽인 놈은 천벌을 받을 것이라는 뒷말을 남기며 자식 탓으로 목을 맨 노파를 가련해했다.

며칠 뒤 망나니도 제 어미의 묘 옆 소나무에 목을 매고 죽었다. 마을 사람들이 망나니의 시체를 끌어내려 노파의 묘 아래쪽 언덕을 파고 병들어 죽은 개 묻듯이 파묻어 버렸다.

"천륜天倫을 어긴 놈은 흙에 묻히는 것도 아깝다."

마을 사람들이 입방아를 찧으며 벌써 죽었어야 했다고 험담을 했다. 낳아 준 제 어머니를 목매게 하고 저마저 그렇게 죽어야 했던 이 이야기는 구한말舊韓末 남도 지리산 어느 산골에서 실제로 있었던 일이다.

술에 빠져 망나니가 된 인간은 술을 탐하는 구멍과 그 문을 열어 놓은 탓이다. 그래서 저를 낳아 준 어머니를 알아보지 못한 것이다. 이제 노자의 색기태塞其兌를 헤아릴 수 있을 것이요, 폐기문閉其門의 속뜻을 짚어 낼 수 있을 것이다.

바깥 것을 탐하는 구멍을 열어 놓으면 인생은 위기로 범벅이 되고 비참하고 잔인한 일이 그치지 않는다는 것을 인간은 알려고 하지 않는다. 그래서 인생의 현실은 항상 불확실하고 불안하며 공포스럽다.

그러나 바깥을 향하는 구멍을 막아 놓고 문을 닫아 두면 위태로울 것도 없으며 애태울 것도 없다고 한 노자의 말을 현대인은 들으려고 하지 않는다. 불빛에 이끌려 타 죽는 줄도 모르고 날아드는 날벌레처럼 인간은 이제 물질에 끌려 헤어나질 못한다.

현대인은 물욕物欲에 미치고 독이 올라 천륜은커녕 인륜도 잊어 가고 있는 중이다. 돈 문제라면 모자母子 사이에도 송사를 벌이는 세상이 아닌가! 현대인은 서슴없이 시간은 돈이라고 선언한다. 그러나 노자는 시간을 돈으로 보지 말라고 한다. 왜냐하면 노자는 밤낮의 시간을 장지육지長之育之로 보았기 때문이다. 재산을 불리고 탕진하는

데 시간을 보내지 말고 목숨을 소중히 하는 데 마음을 쓰라고 노자는 당부한 셈이다. 그러나 현대인은 노자를 비웃는다.

바깥을 향하는 구멍을 막고 그 문을 닫아 두라는 노자의 말은 "하늘은 구멍을 뚫고 사람은 구멍을 막는다〔天之穿 人之塞〕"라는 장자의 말과 같다. 장자의 천지천天之穿은 숨구멍을 뚫어 준다는 말이요, 노자의 색기태塞其兌는 욕심의 구멍을 막아 두라는 말인 까닭이며, 장자의 인지색人之塞은 숨구멍을 틀어막는 짓을 뜻하는 말이요, 노자의 개기태開其兌는 욕심의 구멍을 열어 놓아 숨구멍이 막힌다는 말이기 때문이다.

현대인이여! 인생의 행복을 원하는가? 그렇다면 욕심의 구멍을 막아 두라. 욕심의 문을 닫아 두라. 그리고 천지가 만물의 어머니란 말을 곰곰이 새겨 귀담아들어 두라. 그러면 재물의 다툼도 없어질 것이요, 천지를 쓰레기통으로 만들어 공해에 시달리지도 않을 것이다. 천지를 어머니라고 여기면 누가 천지를 사랑하지 않을 것인가? 이렇게 반문하라.

편안함과 편리함은 같지 않다

마음은 편안함을 바라고 몸은 편리함을 바란다. 도덕은 마음에 편안함을 주고 몸을 부지런하게 한다. 그러나 과학은 마음을 불안하게 하고 몸을 편리하게 한다.

도덕은 인간에게 어떻게 살자고 하는가? 편리함보다 편안함을 먼저 생각하자고 한다. 과학은 인간에게 어떻게 살자고 하는가? 편안함보다 편리함을 먼저 생각하자고 한다.

들길이나 산길을 걷는 이는 심신이 편안하다. 걷느라고 몸은 땀을 흘리지만 긴장하지 않는다. 불안하지 않아 긴장할 필요가 없는 것이 자연이며 무위無爲이다.

도시의 길을 오가는 이들은 심신이 불안하다. 차를 운전하는 사람은 사고가 날까 봐 불안하고, 길을 걷는 이는 해를 당할까 봐 불안하다. 불안해서 긴장을 풀지 못하게 하는 것이 문명이요, 인위人爲이다.

자연이란 무엇인가? 소와 발이다[牛四足].

문명이란 무엇인가? 소의 코뚜레다[穿牛鼻].

장자는 위와 같이 단언했다.

소에게 네 발이 없다면 얼마나 불편하고 불안할까? 소의 네 발은 무위이다. 무위는 자연이다. 자연은 소를 편하게 한다. 어디 소만 그러한가? 소의 네 발과 사람의 두 발은 모두 같다. 노자의 도덕은 무엇인가? 무위자연을 말한다. 그러므로 도덕은 목숨을 편하게 한다.

소에게 코뚜레가 없다면 얼마나 편하고 시원할까? 소의 코에 걸린 코뚜레는 인위人爲이다. 소의 코를 뚫어 걸어 놓은 코뚜레는 인간의 짓인 까닭이다. 인위는 문명이다. 문명은 사람을 편리하게 하지만 소를 불편하게 한다. 문명은 만물을 물질로 활용해 갖가지 물건을 만들어 내 사람을 편리하게 한다. 그러나 문명은 병을 주고 약을 준다. 문명은 몸을 편리하게 하면서 마음은 불안하게 하는 까닭이다. 그러므로 문명은 목숨을 불안하게 한다.

애를 끓이면 마음이 타고, 땀 흘리지 않고 빈둥거리면 몸은 살이 쪄 숨이 가쁘다. 왜 인간은 제 마음을 태우고 군살이 쪄 삶이 고달픈가? 물질을 자원으로 보고 자원을 자본으로 챙기는 인간의 버릇 때문이 아닌가! 이러한 버릇을 인간이 깨우치고 후회하지 않는 한 인생의 아픔을 면하기 어렵다. 아픔이 심해지면 목숨을 앗아 가는 법이다.

인간은 공장에서 만들어 내는 물건만 알았지 굴뚝으로 나오는 연기는 미처 몰랐다. 이제서야 인간은 겨우 환경오염을 두려워하지 않는가! 이보다 더한 아픔은 없다. 천지를 떠나 인간은 목숨을 누릴 수 없다. 인간이 앓고 있는 환경오염은 인간이 썩었다는 것이요, 그렇게 썩게 한 것은 물욕이다. 물욕은 인간의 코를 뚫고 코걸이를 걸어 두려고 한다. 문명의 이기利器들이란 따지고 보면 마음에 걸려 있는 물욕의 코뚜레와 같다.

언제 인간들이 물욕의 광증이 마음에 걸린 코뚜레인 것을 알고 벗겨 내려고 할까? 그렇게 되는 시간이 짧을수록 인생은 그만큼 더 편해질 것이다. 물욕의 코걸이를 벗을 수 있는 길은 어디에 있을까? 노자는 도덕에 있다고 다음처럼 밝힌다.

작음을 보는 것을 명이라 하며〔見小曰明〕 부드러움을 지키는 것을 강이라고 한다〔守柔曰強〕. 맑음이 내는 빛을 활용하여〔用其光〕 그 맑음으로 돌아가면〔復歸其明〕, 몸에 재앙이 붙는 법이 없다〔無遺身殃〕. 이와 같이 함을 습상이라고 한다〔是謂襲常〕.

할아버지와 손자가 들길을 가고 있었다. 쉬어 가자며 둘은 길가 풀섶에 앉았다. 손자가 오줌이 마렵다고 했다.
"풀밭에 누지 말고 콩밭에 누어라."
손자는 할아버지 말대로 콩밭으로 가서 오줌을 누었다.
손자는 할아버지의 손을 잡고 제법 높은 고개를 바라보며 걸어갔다.

고갯마루에 널찍한 바위가 있었다. 손자가 또 오줌이 마렵다고 했다.

"바위에 누지 말고 풀밭에 누어라."

손자가 바위에서 풀밭으로 가 오줌을 누면서 할아버지에게 말했다.

"아까는 풀밭에 누지 말라고 했잖아요."

할아버지는 손자의 오줌 줄기를 보면서 빙그레 웃을 뿐 아무 말이 없었다. 돌아온 손자를 앞에 앉혀 두고 함께 시원한 산바람을 맞으며 찰떡으로 요기를 한 다음 다시 길을 떠났다.

재를 넘자 긴 강이 눈 안에 들어왔다. 손자는 먼 길을 걸어 지쳐 있었다. 할아버지가 업히고 싶어하는 손자를 보고 말했다.

"남자는 다섯 살이 넘으면 업히지 않는다."

강가에 이르러 손자는 넓은 백사장을 보고 쉬어 가자고 했다. 둘은 백사장에 나란히 앉아 흘러가는 강물을 구경했다. 손자가 오줌이 또 마렵다고 했다.

"조금만 참아라."

그리고 할아버지는 길가에 버려진 새끼줄 토막을 주워 들고 와 손자에게 보이며 이렇게 말했다.

"모래밭에 오줌을 다 누면 안 된다. 이 새끼줄을 적시며 누어라."

손자는 새끼줄에 맞추어 오줌을 누었다. 오줌이 튀겨 할아버지의 손등에 묻었다. 손자는 더 재미있어 하면서 오줌을 누었다.

신작로를 걸어가면서 손자가 물었다.

"왜 모래밭에서 오줌을 눌 때는 새끼줄에 묻혀야 해요?"

"오줌은 좋은 거름이 된다. 거름을 함부로 버리면 못쓴다."

할아버지는 오줌이 묻어 있는 새끼줄 토막을 길가에 있는 논에 던졌다. 손자가 거름 되라고 던지는 거냐고 물었다. 할아버지가 고개를 끄덕였다.

호기심이 많은 손자가 또 물었다.

"할아버지는 왜 오줌을 안 누세요? 나는 세 번이나 오줌을 누었는데."

"할아버지 오줌통은 크고 네 놈의 오줌통은 작아서 그래."

그리고 두 사람은 멀리 보이는 마을을 향해 걸었다.

견소見小란 무엇일까?

모래밭에 쏟아지는 손자의 오줌을 새끼줄에 묻혀다가 논에 거름을 주는 할아버지의 마음 같은 것이다.

무욕無欲은 작은 것을 보고 욕심은 큰 것을 노린다. 작은 뇌물은 도둑을 만들고 큰 뇌물은 도적盜賊을 만든다. 그러나 목마른 이에게 한 사발의 냉수는 우정을 심는다.

견소見小의 소小는 욕심이 없는 마음이다. 욕심이 없는 마음은 유리처럼 투명하다. 그래서 견소見小는 밝음[明]이다. 명明이란 무엇인가? 자기를 알려고 살피는 것이 명[自知者明]이라고 노자가 말했다.

수유守柔란 무엇일까?

먼 길을 걸어 어린것이 지쳤지만 업어 주지 않고 스스로 걷게 하는 할아버지의 마음 같은 것이다.

물은 부드러워 잘라지지 않고 무쇠는 굳고 강해서 부러진다. 부드러운 것은 유柔요, 굳고 강한 것은 강剛이다. 부러지게 하는 외부의 힘을 역力이라고 한다. 스스로 부러지지 않는 것은 강强하다. 남을 이기려는 것은 역[勝人者力]이요, 자기를 이겨내는 것은 강[自勝者强]이라고 노자가 말했다. 지친 손자를 업어 주지 않는 할아버지는 손자에게 힘[力]을 이겨내는 강强을 터득하게 하는 셈이다.

바깥 것을 알려고 심사心事를 부리면 탈이 생기고 남을 이겨내려고 용을 쓰면 재앙이 뒤따른다. 그러나 자기를 먼저 살펴서 알고 자기의 심사를 이겨내려고 하는 사람에게 재앙이 올 리가 없다. 그래서 노자는 약하고 부드러운 것이 강하고 굳은 것을 이긴다〔柔弱勝强剛〕고 했다. 강하되 굳지 마라. 이것이 유약柔弱이다. 그러나 강해서 굳어진 것〔强剛〕은 역力일 뿐이다.

　　부드럽고 약한 것이 강한 것임을 현대인은 모른다. 남을 이겨내려고 강할 줄은 알아도 자기를 이겨내려고 강할 줄은 모르는 탓이다. 왜 현대인은 이렇게 되어 가고 있을까? 도덕의 작용을 물려받지 않으려고 하기 때문이다.

　　습상習常이란 무엇인가?

　　상常은 변화하지 않는 것이다. 변하지 않는 것은 도道이다. 그러므로 습상習常은 도의 작용을 물려받는 것을 말한다.

　　도의 작용은 어떠한가?

　　부드럽고 연약한 것이 도의 작용〔柔弱道之用〕이라고 노자는 말했다. 도의 작용은 목숨을 낳는 데 있다. 유약은 첫봄에 싹트는 떡잎 같은 것이요, 강강强剛은 늦은 가을에 떨어지는 가랑잎 같은 것이다.

　　현대인이여! 그대의 인생을 떡잎처럼 할 것인가 아니면 가랑잎처럼 할 것인가? 떡잎처럼 하고 싶다면 그대의 마음에 노자가 알려 준 명明을 지니게 하라.

천하에 도가 있다. 그 도는 만물의 어머니이다. 이미 만물은 어머니
를 두었으므로 그 자식임을 안다.

〔天下有始 以爲天下母 旣得其母 以知其子〕 천하유시 이위천하모 기득기모 이지
기자

끊임없이 그 어머니를 모시면 일생 동안 위험을 당하지 않는다. 바깥
것을 알려는 구멍을 막고 그 문을 막으면 일생 동안 애긇이며 바둥대
지 않아도 된다. 그러나 그 구멍을 열어 두고 바깥 일로 얽매이면 일
생 동안 구제 받지 못한다.

〔復守其母 歿身不殆 塞其兌 閉其門 終身不勤 開其兌 濟其事 終身不救〕
복수기모 몰신불태 색기태 폐기문 종신불근 개기태 제기사 종신불구

작음을 보는 것을 명이라 하며 부드러움을 지키는 것을 강이라고 한
다. 맑음이 내는 빛을 활용하여 그 맑음으로 돌아가면, 몸에 재앙이
붙는 법이 없다. 이와 같이 함을 습상이라고 한다.

〔見小曰明 守柔曰强 用其光 復歸其明 無遺身殃 是謂習常〕 견소왈명 수유왈
강 용기광 복귀기명 무유신앙 시위습상

도움말

제52장은 행복의 근원이 무엇인지를 생각하게 하는 장이다. 그리고 불행의 근원
을 찾아 살펴보게 한다. 인생의 행복도 나에게 달려 있고 불행 역시 나에게 달려
있다. 행복과 불행은 밖에서 오지 않는다. 행복과 불행이란 분별은 천지에 없는

까닭이다. 어떻게 하면 행복할까? 근본을 살피고 말단에 매달리지 마라.

근본이란 무엇인가? 어머니 같은 도道의 작용인 덕德을 따라 사는 것이다. 제52장은 이렇게 밝혀 준다.

색기태塞其兌의 태兌와 폐기문閉其門의 문門은 욕망의 구멍, 외물을 탐하는 구멍 정도로 이해하면 될 것이다.

습상習常의 습習은 물려받는 것을 뜻하고 상常은 도덕이다.

제53장 식자識者들이 정치를 훔친다

왜 유지有知의 정치가 무섭나

백정이라도 마음속에 소 잡는 칼이 없다면 군자요, 정승이라도 마음속에 소 잡는 칼이 있다면 망나니이다. 왜 이런 말이 생겼을까? 백정의 손에 들린 칼은 소만 잡지만 정승이 숨기고 있는 칼은 백성을 잡는 까닭이다.

왜 치자治者의 마음은 밝고 맑게 열려 있어야 하는가? 그래야 백성을 잡는 칼을 숨겨 둘 수 없기 때문이다. 마음속을 밝고 맑게 열어 놓은 이를 성현聖賢이라고 부른다.

성聖은 무엇을 뜻하는가? 도道를 따르는 것[得一]이다.

현賢은 무엇을 뜻하는가? 덕德을 얻어 쓸 줄 아는 것[無爲]이다.

그러므로 성은 사랑을 주되 받지 않는 도道:玄牝의 아들인 셈이고, 현은 심부름꾼인 셈이다. 그래서 성현을 무위자연의 일꾼이라고 부른다.

정치의 무위無爲란 무엇인가? 조작造作하지 않는 것이다.

조작하는 것은 꾀를 내는 짓이다. 옳은 것을 그르게 만들고, 바른 것을 굽게 만들어 속이고 숨기는 짓이다. 그래서 정치의 무위는 무엇이든 꾸미지 말 것이요, 짜맞추지 말라고 한다.

정치의 자연自然이란 무엇인가? 안배安排하지 않는 것이다.

안배하는 것은 골고루 하겠다고 말하면서 뒤로는 더 주기도 하고 덜 주기도 하는 속임수를 숨겨 두는 짓이다. 언제나 안배는 팔이 안으로 굽지 않느냐고 얼버무린다. 그래서 자연은 미운 놈에게 떡을 주고 고운 놈에게 매를 댄다는 그럴듯한 소리를 하지 말라고 한다.

무지無知한 사람은 조작하거나 안배하는 꾀를 낼 줄 모른다. 물은 물이고[水是水] 산은 산이라[山是山]는 것밖에는 모른다. 그래서 성현聖賢은 아는 것도 없고 하는 것도 없다[無知無行]는 것이다.

무지무행無知無行이란 무엇인가?

사람의 손이 가지 않아도 잡초가 꽃을 피우고 씨앗을 맺는 攝理를 따르는 것과 같다. 잡초의 풀꽃 같은 것이 자연이요, 무위가 아닌가! 그러나 아는 것을 앞세우는 짓[有知]은 민들레꽃을 장미꽃으로 만들어 낼 수 있다고 유식有識을 드러낸다. 유식이 기승을 부리면 부릴수록 조작과 안배의 함정이 늘어난다. 그래서 공자도 백성에게 치자는 호랑이보다 더 무섭다고 했다.

현대인은 무지無知와 무식無識을 같다고 여긴다. 무지하면 순박하고 무식하면 무모하다. 이렇게 무지와 무식은 서로 다르다. 무지는 차라리 무식하기를 바라지만 무식은 유식하기를 바란다.

유식有識은 '하나 더하기 하나는 둘'이라는 것을 안다. 그러나 유식은 '하나를 알았으면 둘을 안다'는 뜻을 모른다. 유식은 폭군이 있으면 달래 보려고 궁궐을 기웃거리지만 무지는 폭군이 있으면 간신과 충신이 생긴다는 것을 알고 백성의 품에 안겨 숨는다. 그래서 궁궐에는 성현이 없고 산중에 있다고 하는 것이 아닌가!

무지無知의 지知는 명明이 없는 지智를 뜻하는 것이다. 명明은 '내가 나를 알고 살펴서 삼갈 줄 아는 것'이고, 지智는 '바깥 것만 살펴 탐할 줄 아는 것'이다. 그러므로 무지無知의 지知를 탐욕스러운 지智라고 새기면 무지가 왜 밝고 맑아 순박한 마음인지를 알 수 있다. 명明은 없고 지智만 앞세우는 유식有識으로 무장한 식자識者가 치세의 맛을 알면 간사해지고 영악해지며 탐욕스러워져 정치를 도둑의 소굴로 만든다고 노자는 두려워했다. 노자의 다음과 같은 말을 들어 보면 유지有知의 정치가 왜 무섭고 두려운지를 알 수 있을 것이다.

나로 하여금 잠깐 동안이라도 아는 바를 갖고 대도를 행하게 할 때는〔使我介然有知 行於大道〕 비록 그렇게 해 보는 것마저도 두렵다〔惟施是畏〕. 대도는 매우 평탄하지만〔大道甚夷〕 인간은 험한 샛길을 좋아한다〔而民好徑〕. 그래서 관청은 높은 누대에 서고〔朝甚除〕, 논밭은 황폐해지며〔田甚蕪〕, 곡식을 쌓아 둘 곳간은 텅텅 비고 만다〔倉甚虛〕.

태산이 아무리 높아도 보릿고개만 못하다. 50년대만 하더라도 그 배고픈 고개를 넘는 데 굶기를 밥 먹듯이 했다. 배고픈 백성에게 배부른 길보다 더 큰 길은 없다.

배부른 길을 터 준다던 장면 정권은 이 패 저 패로 갈려 제 몫을 차지하려는 싸움만 하다가 군사정권에 자리를 빼앗겼다. 그리고 군사정권은 군대식으로 보릿고개를 허물어 배부른 길을 트겠다고 다짐했고 '잘살아 보세'란 구호가 강산에 메아리쳤다.

서서히 보릿고개는 낮아져 갔다. 백성들은 그것을 고마워했다. 그러나 군사정권은 배부르게 해 줄 테니 아무 말 말고 시키는 대로 하라는 샛길을 트기 시작했다.

사람은 다른 짐승과 다른 데가 있다. 돼지는 배만 부르면 잘사는데 사람은 그러지 않다. 돼지에게는 먹는 입만 있지만 사람에게는 말하는 입이 따로 있는 까닭이다. 군사정권은 먹는 입만 터 주고 말하는 입을 막으려고 덤볐다.

'잘살아 보세' 란 구호가 슬슬 변색되어 갔다. 세상은 눈먼 암컷을 아내로 삼은 다람쥐의 속셈처럼 돌아갔다.

겨울이 되면 눈먼 암다람쥐는 남편이 주는 도토리만 받아먹었다. 수다람쥐는 알밤만 가려 먹었다. 암다람쥐가 밥이 떫다고 하면 수다람쥐는 제 밥도 떫다고 거짓말을 했다. 이처럼 구멍 속에 사는 두 마리의 다람쥐 사이에서도 쌀밥이 있고 보리밥이 있었던 셈이다.

차관을 들여다 경제 개발을 하면서 쌀밥 먹는 층과 보리밥 먹는 층 사이에 틈이 생기기 시작했다. 그래서 쌀과 보리를 섞어 다 같이 먹자는 말이 나올 수밖에 없었다. 그렇게 말하는 입을 틀어막자니 샛길이 생겼다. 그 샛길을 트는 중장비가 곧 중앙정보부였다.

치세治世의 샛길[徑]이 험해 난세亂世가 되면 은어隱語가 바람처럼 밤낮없이 이리저리 떠돈다.

친구나 동료가 할 말을 못하고 멀뚱거리면 남산에 갔었느냐고 물었다. 말을 줄줄 늘어놓으면 남산 맛 좀 봐야겠다고 농을 떨었다.

친구나 동료가 며칠 나타나지 않으면 남산에 갔었냐고 농담을 했다.

이처럼 은어에 '남산' 이 등장한 것은 남산에 정보부의 서울분실이 있었던 까닭이다. 그 분실에 불려갔다 나오면 입에 재갈이 물려져 말문이 막혔다.

정권의 주인이 바뀌자 '남산' 이 '삼청대' 로 바뀌기 시작했다. 험악한 정치의 샛길을 닦는 중장비가 정보부에서 보안사로 넘겨졌던 까닭이다. 그러나 이것들은 이름만 달라졌을 뿐 썩은 정치의 구린내를 억지로 덮고 막는 짓을 하는 데는 다를 바가 없었다. 그래서 '삼청대에 갔었느냐' '삼청대 맛 좀 봐야겠어' '삼청대 갔나' 등으로 은어가 바뀌어 갔다.

'남산'의 은어는 '식인종' 시리즈를 낳았다. 눈에 난 사람은 쥐도 새도 모르게 잡아가 겁주고 때리고 심하면 증발돼 식인종 시리즈의 비어蜚語들이 난무했다.

'삼청대'의 은어는 '입 큰 개구리' 시리즈를 만들어 냈다. 정치가 전리품을 나누어 먹는 난장처럼 되었던 까닭이다. 한탕주의, 복부인, 투기꾼 등이 난세를 가지고 놀았다.

이처럼 군사정권의 열차는 백성이 원하는 큰길[大道]에서 벗어나 샛길[徑]로 치달았다. 정보부를 앞세워 달렸던 정권의 열차는 사람 타작을 해 권력을 독식했고, 보안사를 앞세워 달렸던 정권의 열차는 돈 타작을 해 권세를 부렸다.

그리고 정권의 열차를 타고 갔던 사람들은 알밤을 먹었고 들판에 서 있던 사람들은 도토리를 먹었다.

유식한 치자들이 백성의 등을 치고 간을 빼 가면 힘 없는 백성은 서로 귓속말로 '남산'이나 '삼청대' 같은 은어로 한恨을 풀고 원怨을 나누어 아픔을 견뎌 낸다. 누가 아픔을 백성에게 주는가? 군사정권이 길러 낸 신흥 세력들이 아니었던가! 언제나 치세의 세력을 잡는 자들은 무식하지 않고 유식하다. 노자는 이러한 자들을 유지有知의 민民이라고 했다.

유지有知의 치자는 입으로는 정치의 큰길[大道]을 트겠다고 하지만 속으로는 정치의 샛길[徑]을 틀 속셈을 숨겨 둔다. 이를 노자는 민호경民好徑이라고 했다.

유지有知는 유위有爲로 통하고 무지無知는 무위無爲로 통한다. 유위는 사욕邪欲을 부채질해 사욕私欲을 채우는 짓을 탐하게 한다. 무위는 무욕無欲으로 이끌어 사욕私欲을 버리게 한다.

그러므로 유위의 대도는 어쩔 수 없이 험한 샛길이 되고 무위의 대도는 평탄한 큰길이 된다. 이러한 연유로 노자는 잠깐 동안이라도 유지有知의 대도를 시행한다는 것은 두려운 일이라고 말한 것이다.

왜 유지有知의 대도란 것은 결국 샛길이 되는가?

사욕私欲에 따라 정치를 조작하고 패를 지어 권세를 안배按配하는 까닭이다.

왜 유지有知의 샛길은 험악한가?

그 샛길이 백성의 한을 맺게 하고 원怨을 낳기 때문이다.

어째서 유지有知의 샛길은 백성의 원한을 사는가? 이에 대하여 노자는 다음처럼 밝혀 주고 있다.

호화로운 옷을 입고[服文采], 예리한 칼을 허리에 차며[帶利劍], 맛있는 음식을 먹다 버리고[厭飮食], 재화가 넘친다[財貨有餘].

누가 위와 같이 누린단 말인가? 정치의 샛길을 트는 치자들이다.

이처럼 정치의 샛길은 치자를 배부르게 하고 백성을 굶주리게 한다. 한쪽은 배부르고 다른 쪽은 굶주리는 것보다 더 무섭고 험한 것은 없다. 나라를 병들게 하고 망하게 하여 나라를 도둑맞게 하는 까닭이다. 그래서 노자는 유지有知의 대도大道는 대도大盜와 같다고 했다. 왜냐하면 유지有知의 정치는 폭군이나 독재자의 수단이기 때문이다.

"진짜 큰 도둑은 어디에 사나?"

"푸른 기와집에서 산다."

이러한 은어가 70년대와 80년대 백성의 입에 오르내렸다. 왜 그랬던가? 권부權府의 실세들이 정치의 샛길을 트고 누렸던 까닭이다.

원문의역

나로 하여금 잠깐 동안이라도 아는 바를 갖고 대도를 행하게 할 때는 비록 그렇게 해 보는 것마저도 두렵다.

〔使我介然有知 行於大道 惟施是畏〕 사아개연유지 행어대도 유시시외

대도는 매우 평탄하지만 인간은 험한 샛길을 좋아한다. 그래서 관청은 높은 누대에 서고, 논밭은 황폐해지며, 곡식을 쌓아 둘 곳간은 텅텅 비고 만다.

〔大道甚夷 而民好徑 朝甚除 田甚蕪 倉甚虛〕 대도심이 이민호경 조심제 전심무 창심허

호화로운 옷을 입고, 예리한 칼을 허리에 차며, 맛있는 음식을 먹다 버리고, 돈이 넘치고 재물이 남아돈다. 이러한 짓들을 큰 도둑이라고 하며 이는 결코 도가 아니다.

〔服文采 帶利劍 厭飮食 財貨有餘 是謂盜誇 非道也哉〕 복문채 대리검 염음식 재화유여 시위도과 비도야재

도움말

제53장은 정치의 큰길과 샛길을 헤아리게 하는 장이다. 대도는 매우 평탄하다〔大道甚夷〕는 매우 깊은 뜻을 지니고 있다. 천지에 도가 있으므로 만물에 분별이나 차별이 없다. 하물며 어찌 사람이 사람을 분별하고 차별할 수 있겠는가? 그런데 정치의 샛길〔徑〕은 특권층을 만들어 백성을 유린하며, 이를 무도無道의 정치라고 한다. 그리고 무도의 정치는 유위有爲의 치세이고 유도有道의 정치는 무위無爲의 치세라는 것을 밝히고 있다.

대도심이大道甚夷의 이夷는 평탄함이다. 여기서 평탄함이란 무위無爲, 무욕無欲을 연상하면 될 것이다.

민호경民好徑의 경徑은 험하고 가파른 샛길이다. 여기서 샛길은 명예와 이익을 추구하며 조작하고 날조하는 못된 생각〔邪見〕을 품는 것으로 이해해도 될 것이다.

조심제朝甚除의 조朝는 관청을 뜻하고 제除는 돌을 쌓아 올리고 흙을 돋우어 높인 누대를 뜻한다.

전심무田甚蕪의 무蕪는 논밭에 씨앗을 뿌리지 않아 황폐함을 뜻한다.

창심허倉甚虛의 창倉은 곡식을 간직해 두는 곳간을 뜻한다.

복문채服文采의 문채文采는 옷의 화려한 장식과 무늬를 뜻한다.

염음식厭飮食의 염厭은 먹다가 남아 버리는 것을 뜻한다.

도과盜誇는 큰 도둑이다.

제54장 덕을 잊지 말 것이며 잃지도 마라

왜 덕을 팽개치고 신음하는가

옛날에는 지성知性보다 덕성德性을 닦으라고 했다. 그러나 지금은 덕성은 무시하고 지성을 닦으라고 한다. 옛날에는 생각하고 행하는 것에 동기가 좋은지를 살피게 했지만 지금은 동기는 접어 두고 결과만 좋으면 된다고 한다. 그래서 현대는 지성이 날카롭게 빛나고 덕성은 케케묵은 낡은 헝겊처럼 버려지고 있다.

그러나 동양의 성현聖賢들은 덕德은 목숨을 사랑하지만 지知는 목숨을 이용한다는 사실을 알고 있었다. 덕은 목숨의 둥지와 같다. 목숨의 둥지를 허물지 마라. 이것이 노자의 끊임없는 당부이다. 현대인은 노자의 당부를 뿌리친 지 이미 오래이다.

덕성이란 무엇인가?

덕성은 먼저 자기를 살피게 한다. 그래서 덕은 자기를 성찰省察하라고 한다. 성찰은 내가 나를 알게 하는 명明의 눈길 같은 것이다. 그러므로 덕성은 먼저 내 속을 알려고 하는 것과 같다.

지성이란 무엇인가?

지성은 먼저 바깥을 살피게 한다. 그래서 지知는 외물外物을 관찰觀

察하라고 한다. 관찰은 내가 바깥 것을 알게 하는 지智의 눈길 같은 것이다. 그러므로 지성은 먼저 내 바깥을 알려고 하는 것과 같다.

덕이란 무엇인가?

천지에 두루 통하는 것이 덕이라〔通於天地者德也〕고 장자가 밝혀 두고 있다. 여기서 천지란 천지 사이에 있는 만물을 뜻한다. 있는 것이라면 무엇에나 덕의 손길이 닿는다. 그래서 덕에는 장長한 바가 있다〔德有所長〕고 한다.

장한 바〔所長〕란 무엇인가?

도가 낳아 준 것을 키워 주고 길러 주고 보살펴 주는 것을 소장所長이라고 한다. 덕이란 본래 도의 쓰임새〔用〕이다. 덕의 쓰임새를 노자는 이미 제36장에서 다음처럼 밝혔다.

부드럽고 연약한 것이 굳고 강한 것을 이긴다〔柔弱勝强剛〕. 부드럽고 연약한 것〔柔弱〕을 도의 작용〔道之用〕이라고 한다. 도지용道之用은 곧 덕이므로 덕은 곧 유약柔弱이다. 이런 도의 덕을 대상大象이라고 한다. 대상에는 겉치레가 없다〔大象無形〕고 하지 않는가! 그래서 덕은 장長한 바가 있지만 공치사를 하지 않는다. 이를 제54장은 다음처럼 밝혀 주고 있다.

선건자善建者와 선포자善抱者.

선善이란 무엇인가?

키워 주고 길러 주고 돌봐 주면서도 공치사를 하지 않는 덕의 소장所長이 곧 선善이다. 선이란 갓난아이를 안고 있는 어머니의 젖가슴과 같은 모습이다. 그래서 선을 더할 바 없이 어울려 모이게 하는 것〔最會〕이라고 하지 않는가! 젖가슴에 안겨 젖을 빠는 갓난아이를 바라보는 산모産母의 눈길을 보라. 그런 눈길이 덕德의 선善이다.

그러므로 덕성에는 선악이 없다. 다만 선만 있을 뿐이다. 덕은 베풀되 이용하지 않는 까닭이다. 그러나 지성은 선악을 따지고 이용가치를 저울질한다. 그래서 덕성은 변함이 없지만 지성은 변덕을 부린다. 변함없는 덕성이 삶의 길이 되면 세상은 넉넉하고 너그럽고 훈훈할 수밖에 없음을 노자는 다음처럼 밝히고 있다.

잘 세우는 것은 뽑혀지지 않으며〔善建者 不拔〕, 잘 껴안은 것은 벗어나지 않는다〔善抱者 不脫〕. 덕을 짓고 놓치지 않는 자손은 잊지 않고 조상에 제사를 올린다〔子孫祭祀不轍〕.

설이나 추석은 조상을 모시는 명절이다. 그러나 이제는 놀러 가는 휴일처럼 되어 버렸다. 명절을 휴일로 둔갑시키는 사람들은 죽은 사람을 위하는 것보다 산 사람들이 즐기는 것이 더 합리적이라고 변명한다. 그리고 제사는 반드시 제 집에서 지낼 것이 뭐 있느냐면서 어디서든 예禮를 갖추면 되지 않느냐고 한다.

그래서 설이나 추석 때면 이색 상품이 사람들의 눈길을 끈다. 이른바 '제사상 차림'이란 신종 사업이 등장했다. 오만 원짜리 상床에서부터 십오만 원짜리 상도 있다는 것이다. 믿어지지 않지만 놀러 가서 제사를 올린다는 말이 실제로 떠돌고 있다.

연말연시를 맞아 관광지에 온 한 젊은 부부가 제사상 상품을 사러 갔다. 그 부부는 오만 원짜리 제사상 앞에서 절을 올리고 제물을 가지고 나갔다. 그러자 상인은 없어진 제물을 다시 상 위에 올려놓고 다른 손님을 기다린다. 이렇게 해서 재미를 톡톡히 본 상인은 상품화된 제상 앞에서 제사를 지내고 간 사람들의 뒤통수에 대고 괘씸한 것들이라고 욕을 퍼부어 준다는 것이다. 이런 웃지 못할 이야기를 듣고 있자면 세상에 이미 정성이란 말은 없어졌다는 것을 실감하게 된다.

제사를 올릴 때 형식만 있고 정성이 없다면 지내지 않는 것만 못하다. 정성은 값으로 매겨지는 것도 아니며 남의 손을 빌리는 것도 아니다. 정성은 마음에서 우러나는 진실이며 성실이다. 오만 원짜리 제사상 앞에서 절만 하고 간 젊은 부부는 부끄러움을 모르는 속물일 뿐이다.

제사상을 돈을 주고 사서 제사를 올리는 것은 차라리 조상을 잊어버리고 제사를 올리지 않는 것만 못하다. 제사상을 사서 하는 제사는 조상의 은덕을 속이는 짓이기 때문이다. 조상에 대한 은덕이란 낳아주고 길러 준 고마움의 표시가 아닌가! 그 생각은 곧 도덕으로 통하는 것이다.

도덕이란 무엇인가? 도덕은 낳아 주고 길러 준 근원이다. 그 근원을 고마워하는 마음을 잊지 말라는 것이 윤리倫理가 아닌가!

조상에게 올리는 제사를 미신이라고 여기지 마라. 우상 숭배라고 할 것은 더욱 없다. 낳아 주고 길러 준 부모를 잊지 않는 것은 도덕을 잊지 않는 첫걸음과 같다. 아버지는 하늘이고 어머니는 땅이란 생각이 모든 도덕의 근본임을 현대인은 모른다. 도덕은 남의 눈이 무서워 체면을 차리는 짓이 아니다. 도덕은 선하자는 것 외에 아무것도 아니다.

선하자는 것은 무엇인가? 덕을 짓고 쌓는 일을 하는 것이다. 선건자善建者는 덕을 짓는 것이요, 선포자善抱者는 덕을 쌓는 것이다. 노자는 이를 사람들이 몸소 행하기를 바라고 제사 올리는 것을 그 예로 든 셈이다.

공자는 군자君子에게 인의仁義로 수신修身하고 제가齊家하며 치국治

國하여 평천하平天下를 하라고 했다. 노자는 자손子孫에게 덕으로 그렇게 하라고 했다.

공자의 군자는 누구인가? 선택 받은 사람이다. 그러나 노자의 자손은 온 백성을 말한다. 노자의 무위나 자연에는 치자가 따로 없다. 모든 것[萬物]이 도의 자손이요, 덕의 품안에 있는 까닭이다. 그러므로 노자는 우리 모두에게 수지修之하라고 절규한다.

수지修之란 무엇인가? 덕 짓는 일[善建者]을 닦고 덕 쌓는 일[善抱者]을 닦으라는 말씀이다. 그래서 노자는 다음처럼 당부한다.

몸으로 수지하라[修之於身]. 그러면 그 덕은 참으로 진실하다[其德乃眞]. 집에서 수지하라[修之於家]. 그러면 그 덕은 참으로 넉넉하다[其德乃餘]. 고향에서 수지하라[修之於鄉]. 그러면 그 덕은 참으로 길다[其德乃長]. 나라에서도 수지하라[修之於國]. 그러면 그 덕은 참으로 풍족하다[其德乃豊].

그리고 천하에서도 수지하라[修之於天下]. 그러면 그 덕은 참으로 막힘이 없다[其德乃普].

위와 같은 노자의 절규를 듣고 나면 장자가 왜 덕은 천지에 두루 통하는 것[通於天地者德也]이라고 했는지를 알 수 있을 것이다.

나아가 원怨을 덕으로 갚으라[報怨以德]는 노자의 깊은 말을 헤아려 새겨들을 수 있을 것이다.

원怨이란 무엇인가? 부덕不德이 빚어내는 절망이요, 좌절이요, 고통이다. 폭군은 백성의 절망이요, 분노이며, 고통이다. 독재와 부정부패도 그렇고 첨단 과학의 산업이 빚어내는 공해公害 따위도 그렇다.

부덕은 참으로 진실한 것[乃眞]을 속인다. 한 사람의 위선僞善은 많은 사람을 울린다. 그래서 원이 된다.

그러므로 거짓을 범하지 말 것이요, 사기를 치지 마라.

부덕은 참으로 넉넉한 것[乃餘]을 옹색하게 한다. 한 사람의 독식獨食은 많은 사람을 쪼들리게 한다. 그래서 원이 쌓인다.

그러므로 부정不正하지 말 것이요, 부패腐敗하지 마라.

부덕은 참으로 긴 것[乃長]을 잘라 버린다. 한 사람의 투기는 많은 사람을 망하게 한다. 그래서 원이 맺힌다.

그러므로 등치지 말 것이요, 한탕주의를 마라.

부덕은 참으로 풍족한 것[乃豊]을 굶주리게 한다. 한 사람의 착취는 많은 사람을 궁핍하게 한다. 그래서 원이 팽배한다.

그러므로 독점하지 말 것이요, 독재하지 마라.

부덕은 참으로 막힘이 없는 것[乃普]을 가로막는다. 한 사람의 아집我執은 많은 사람의 숨통을 막는다. 그래서 원이 폭발한다.

그러므로 전쟁을 말 것이요, 철조망을 치지 마라.

이렇게 생각해 보면 왜 덕이 천지에 두루 통하는 선인지를 알 수 있을 것이다.

덕은 참으로 진실하다. 그러므로 두루 통한다.

덕은 참으로 넉넉하다. 그러므로 두루 통한다.

덕은 참으로 길다. 그러므로 두루 통한다.

덕은 참으로 풍족하다. 그러므로 두루 통한다.

덕은 참으로 막힘이 없다. 그러므로 두루 통한다.

이처럼 덕의 내진乃眞과 내여乃餘, 내장乃長과 내풍乃豊, 그리고 내보乃普가 선건자善建者이며 선포자善抱者이다. 말하자면 이것들은 선善의 손길인 셈이다. 이를 일러 덕에는 장한 바가 있다[德有所長]고 하는 것이 아닌가!

그러나 현대인은 덕을 명심하다가는 망하거나 패한다고 두려워한다. 오직 능률을 따지고 효능을 따지며 이익을 셈하는 지성에 치우쳐 인생을 소모품처럼 소유하려고 한다. 그래서 현대인은 외롭게 따돌리고 등지면서 원한을 사고 팔며 살아간다. 이 얼마나 어리석은 짓인가? 노자는 이렇게 반문하고 있다.

그러나 현대인은 노자의 절규에 벽창호일 뿐이다. 소 잃고 외양간 고치는 것이 인간일 뿐이다.

밖에서 구하지 말고 안에서 찾아라

무지개를 쫓는 소년은 결국 지쳐 쓰러지고 말았다. 무지개는 산마루에 걸려 있는 것이 아니라 제 마음속에 걸려 있다는 것을 미처 몰랐던 탓이다.

보석이 행복의 보증수표인 줄 알고 제 뱃속에 보석을 감추었던 가호賈胡는 제 명에 죽지 못했다.

태양을 제 것으로 만들어 천하의 갑부가 되고자 했던 과부跨父는 해를 제 것으로 소유하려고 해를 잡으러 가다가 목이 말라 황하의 물을 다 마시고도 물이 모자라 갈증을 못 이겨 끝내 죽고 말았다.

이처럼 밖에서 소중한 것을 찾으려고 하면 언제나 그 끝은 험하다. 목숨 그 자체의 행복을 놓고 본다면 꽁보리밥이 금보다 더 귀하고 똥이 진주보다 더 귀하다. 먹어야 살고 누어야 살기 때문이다. 그러므로 바깥 것 탓으로 소중한 목숨을 험하게 할 것은 없다.

행복하고 싶다면 밖에서 보물을 찾지 말고 안에서 덕을 찾아 만나야 한다. 내 마음을 선건자善建者가 되게 하고 선포자善抱者가 되게 한다면 나는 곧 덕의 소장所長을 누리는 목숨이 된다. 이보다 더한 목숨의 행복은 없을 것이요, 이보다 더한 생존의 즐거움은 없을 것이다.

그러므로 남에게 덕을 요구할 것도 아니요, 행복을 구걸할 것도 아니다. 도가 만물에 덕을 베푸는 것처럼 인간 역시 덕은 내가 베푸는 길에서 만날 뿐 남에게 요구하는 길에는 없다. 그래서 공치사를 않는 것이 덕이라고 한 것이 아닌가!

내가 하기 싫은 일은 남에게도 시키지 마라. 내 몸이 매를 맞으면 아프다는 것을 안다면 남도 때리지 마라. 내가 행복을 바라는 것처럼 남도 행복을 바란다고 생각해 보라. 이처럼 내 목숨이 소중하면 남의 목숨도 소중한 것이 아닌가? 이렇게 반문하면서 인생을 살아간다면 성현의 그림자 곁에 있는 셈이다. 나를 닦으라[修身]는 길이 트이는 까닭이다.

공자의 수신修身이 나를 이겨내 예로 돌아가는 것[克己復禮]이라면 노자의 수신修身은 선건자善建者와 선포자善抱者가 스스로 되는 데 있을 것이다. 노자는 성현이 어떻게 수신修身하는지를 다음처럼 밝히고 있다.

몸을 몸으로써 살피고[以身觀身], 가정을 가정으로써 살피며[以家觀家], 고을로써 고을을 살피고[以鄕觀鄕], 나라로써 나라를 살피며[以國觀國], 천하로써 천하를 살핀다[以天下觀天下].

시집간 딸을 고향에 남겨 두고 아들을 따라 북간도로 가야 했던 한 할머니가 있었다. 일제日帝에게 논밭을 다 빼앗겨 지어 먹고 살 땅이 없으니 논밭을 일구어 먹고 살 수 있는 북간도로 가겠다는 아들을 노파는 말릴 수가 없었다.

노파는 떠나기 사흘 전에 딸네 집이 있는 마을로 갔다. 동구 밖 우물가 먼발치에 앉아서 딸이 물을 길러 나오기를 기다렸다. 땅거미가 내리자 딸이 물동이를 이고 나오는 모습이 보였다. 노파는 물을 긷고 있는 딸을 불렀다.

모녀는 손을 잡고 말없이 눈물을 흘렸다. 그렇게 한참이 지난 후 노파는 무겁게 입을 열었다.

"울지 마라. 내 말을 잘 들어라. 북간도에도 냇물이 있을 것이다. 보름마다 냇가로 나가 물에 손을 담글 작정이다. 너도 그렇게 해라. 물은 떨어져 있지 않고 이어져 있지 않으냐. 내가 북간도의 냇물에 손을 넣고 네가 고향의 냇물에 손을 담그면 우리는 함께 물을 잡고 함께 있는 셈이다. 알았느냐? 앞으로 다시는 울지 마라."

노파는 우물을 길어 빈 물동이를 채워 준 다음 울고만 서 있는 딸에게 배고플 테니 물이라도 마시자고 했다. 노파가 건네 준 물을 딸이 절반을 마셨고 나머지를 노파가 마셨다. 이렇게 모녀는 생이별을 했다.

북간도에 간 노파는 매월 보름이면 냇가로 나가 냇물에 손을 담궜다. 겨울이 되어 물이 차면 추위에 떨 딸을 생각했고 여름이 되어 물이 따뜻하면 더위에 지칠 딸을 생각했다.

고향에 남아 있던 딸도 보름만 되면 냇가로 나가 냇물에 손을 담궜다. 겨울이 되어 물이 차면 추위에 떨 어머니를 생각했고 여름이 되어 물이 따뜻하면 더위에 지칠 어머니를 생각했다.

이렇게 모녀는 물을 잡고 수만 리 떨어져 있는 몸을 서로 부볐다.

몸을 몸으로써 살핀다[以身觀身]의 속뜻을 위의 모녀가 헤아리게 한다. 네 몸을 내 몸처럼 살피는 것이 이신관신以身觀身이다. 배고플 테니 물이라도 마시자며 딸에게 물을 마시게 하는 어머니를 생각해 보라. 딸이 절반의 물을 마신 다음 남은 절반을 받아 마시는 어머니를 생각해 보라. 어머니의 몸과 딸의 몸은 둘이면서 하나가 아닌가! 이렇게 살피는 것이 이신관신以身觀身의 관觀이다.

이제 선건자善建者와 선포자善抱者의 깊은 속뜻을 헤아릴 수 있을 것이다. 그 뜻은 천하에 내 몸 아닌 것이 없다는 믿음일 것이다. 마음에 잘 세울 것[善建者]이 있어야 하고, 잘 껴안을 것[善抱者]이 있어야 함을 납득할 수 있는 일이 아닌가 말이다.

천하에 내 몸 아닌 것이 없다면 가정도 내 몸이요, 고을도 내 몸이요, 나라도 내 몸이요, 천하도 내 몸이다. 덕은 너와 나를 분별하지 않는다. 모두가 하나의 어머니[道]를 두고 그 어머니의 품안에서 젖[德]을 빨고 있는 자손[萬物]들이다.

내 몸들이 모여 가정[家]을 이루고, 그 가정들이 모여 고을[鄕]을 이루고, 그 고을들이 모여 나라[國]를 이루고, 그 나라들이 모여 세계[天下]를 이룬다. 이보다 더 크고 넓은 사랑은 없다. 노자는 그러한 사랑을 떠나지 말라고 했다. 그리고 이를 득일得一이라고 했다.

무엇을 살핀다[觀]는 말인가? 우주 만물을 하나로 껴안고 있는 도덕을 살피라는 말이 아닌가! 그러므로 이러한 관觀은 잘 세우는 것[善建者]과 잘 껴안는 것[善抱者]을 닦으라는 수지修之로 통한다. 그러므로 관觀은 포일抱一을 살피는 것이요, 수지修之는 득일得一을 이룩하는 것이다.

만물을 내 몸처럼 살필 줄 안다면 가정도 내 몸이 될 것이요, 고향도 내 몸이 될 것이요, 나라도 내 몸처럼 될 것이며, 천하도 내 몸처럼 될 것이다.

그러나 현대인은 세상을 암시장처럼 바라보려고 한다. 사는 것은 싸게 사들이고 파는 것은 비싸게 팔아야 한다는 상술商術로 무장을 하고 정치를 하고 사회를 이루고 경제를 펼치며 문화를 걸치려고 한다. 그래서 인간은 절망하고 좌절하면서 신음한다.

시비는 왜 있는가? 너와 내가 다르다는 생각 탓이다.

차별은 왜 있는가? 너와 내가 다르다는 생각 탓이다.

귀천은 왜 있는가? 나는 귀하고 너는 천해야 한다는 욕심 탓이다.

빈부는 왜 있는가? 나는 부자가 되고 너는 가난해야 한다는 물욕 탓이다.

전쟁은 왜 있는가? 남의 것을 빼앗아 제 것으로 만들려는 야망 탓이다.

이처럼 나는 나이고 너는 너라는 분별의 경쟁 탓으로 세상은 날이 갈수록 강팍해지고 공포스럽게 표변해 간다.

노자여! 그대는 춘추 전국春秋戰國 시대의 피비린내에 절망하여 만물을 내 몸처럼 소중히 하라고 했던가? 그대의 절규가 오늘날에도 변함없이 유효하다는 것은 생존의 진리와 진실을 말하고 있는 까닭이다.

어디에 그 진리와 진실을 찾는 첫걸음을 놓아야 할까? 노자는 그 첫걸음을 몸을 몸으로써 살피라[以身觀身]는 것에 둔 셈이다. 만물을 내 몸처럼 소중히 하라. 우리가 이 말을 두고두고 새겨듣고 헤아릴수록 잃어버린 덕을 만날 것이고 날마다 꾀하는 부덕의 원怨에서 벗어날 수 있을 것이 아닌가! 참으로 현대는 노자를 신음하게 한다.

원문의역

잘 세우는 것은 뽑혀지지 않으며, 잘 껴안은 것은 벗어나지 않는다. 덕을 짓고 놓치지 않는 자손은 잊지 않고 조상에게 제사를 올린다.

〔善建者 不拔 善抱者 不脫 子孫祭祀不輟〕선건자 불발 선포자 불탈 자손제사불철

몸으로 덕을 닦으라. 그러면 그 덕은 참으로 진실하다. 집에서 덕을 닦으라. 그러면 그 덕은 참으로 넉넉하다. 고향에서 덕을 닦으라. 그러면 그 덕은 참으로 길다. 나라에서도 덕을 닦으라. 그러면 그 덕은 참으로 풍족하다. 그리고 천하에서도 덕을 닦으라. 그러면 그 덕은 참으로 막힘이 없다.

〔修之於身 其德乃眞 修之於家 其德乃餘 修之於鄉 其德乃長 修之於國 其德乃豊 修之於天下 其德乃普〕수지어신 기덕내진 수지어가 기덕내여 수지어향 기덕내장 수지어국 기덕내풍 수지어천하 기덕내보

그러므로 몸을 몸으로써 살피고, 가정을 가정으로써 살피며, 고을로써 고을을 살피고, 나라로써 나라를 살피며, 천하로써 천하를 살핀다.

〔故 以身觀身 以家觀家 以鄉觀鄉 以國觀國 以天下觀天下〕고 이신관신 이가관가 이향관향 이국관국 이천하관천하

내가 어떻게 세상이 그러한지를 알 수 있단 말인가? 나는 위와 같은 것들로 미루어 안다.

〔吾何以知天下之然哉 以此〕오하이지천하지연재 이차

도움말

제54장은 덕德의 손길이 선善이고 덕과 선의 근본이 무위無爲이고 그 쓰임새[用]가 자연自然이라는 것을 헤아리게 하는 장이다. 무릇 인간이 무위의 덕과 선을 행한 다면 인간의 생존에 부덕함[不德]도 없고 불선함[不善]도 없음을 새겨 보게 하는 장 이다.

선건자善建者는 덕이 짓는 것을 뜻한다. 남에게 덕을 베풀어 보라. 그러면 그것은 은혜가 되어 잊혀지지 않는다.

선포자善抱者는 덕이 껴안는 것을 뜻한다. 남에게 덕을 쌓아 보라. 그러면 그것은 둥지처럼 되어 잊혀지지 않는다.

수지修之는 생각과 행동을 선건자善建者와 선포자善抱者의 경지에 둘 수 있도록 그 것들을 닦으라는 뜻이다. 즉 덕을 손수 닦으라 함이다.

내진乃眞은 진실할 뿐 거짓이 없음이다.

내여乃餘는 정이 넘쳐 훈훈함을 뜻한다.

내장乃長은 세월이 흘러가도 변함없음을 뜻한다.

내풍乃豊은 다 같이 풍요함을 누린다는 뜻이다. 가난하면 가난한 대로 부유하면 부유한 대로 온 백성이 함께 어울려 사는 것이 내풍이다. 그러므로 내풍에는 빈 익빈 부익부 따위는 없다.

내보乃普는 지극한 보편성을 얻어 두루 통하게 되는 것을 말한다.

관觀은 보는 것으로 그치는 것이 아니라 본 다음 살펴 참뜻을 헤아려 터득하는 것 을 말한다.